U0613504

乡村公共文化服务研究 2021—2022

白雪华 主编

国家图书馆出版社

图书在版编目（CIP）数据

乡村公共文化服务研究. 2021-2022 / 白雪华主编. -- 北京：国家图书馆出版社， 2024.10
ISBN 978-7-5013-7729-9

Ⅰ.①乡… Ⅱ.①白… Ⅲ.①农村文化—公共管理—文化工作—研究—中国—2021-2022 Ⅳ.①G12

中国国家版本馆CIP数据核字(2023)第006478号

书　　名	乡村公共文化服务研究 2021—2022
	XIANGCUN GONGGONG WENHUA FUWU YANJIU 2021—2022
著　　者	白雪华　主编
责任编辑	王炳乾
封面设计	耕者设计工作室

出版发行	国家图书馆出版社（北京市西城区文津街 7 号　100034）
	（原书目文献出版社 北京图书馆出版社）
	010-66114536　63802249　nlcpress@nlc.cn（邮购）
网　　址	http://www.nlcpress.com
排　　版	北京德彩汇智图文设计有限公司
印　　装	河北鲁汇荣彩印刷有限公司
版次印次	2024年10月第1版　2024年10月第1次印刷

开　　本	710×1000　1/16
印　　张	17
字　　数	278千字
书　　号	978-7-5013-7729-9
定　　价	118.00元

版权所有　侵权必究

本书如有印装质量问题，请与读者服务部（010-66126156）联系调换。

编 委 会

主　　　编：白雪华

副 主 编：罗云川　付　磊　陈移兵

编委会成员(按姓氏笔画排序)：

马聪玲　王　勋　王　洋　王　彬　王旭科
卢　娟　乔玲玲　孙道进　李　昕　李劲松
李雪敏　张　雪　张林江　张晓峰　张皓珏
金颖若　赵　娟　倪晓建　徐振宇

目 录

乡村公共文化设施效能提升研究

——基于北京市乡镇综合文化站的实证分析

靳福松（中国文化管理协会）

苗美娟（对外经济贸易大学政府管理学院）

文 章 赵 静 ［京华洞察文化旅游发展（重庆）有限公司］

乡村公共文化设施是村民参与文化生活、享受文化服务的重要场所，是发展乡村文化、实现乡村文化振兴的重要载体。随着国家对乡村公共文化服务体系建设的重视和推进，以乡镇综合文化站、农家书屋等为代表的乡村公共文化设施在国家行政力量主导下已基本实现数量上的全覆盖，在满足村民基本文化需求、保障村民基本文化权益方面取得一定成效。然而，隐藏在全覆盖背后的是"设施沉睡"和设施效能普遍低下的问题，主要表现为乡村公共文化设施知晓率不高、利用率不高、服务品质不高、发展不均衡等，未能充分发挥出其在助力乡村文化振兴和文化强国中的重要作用。随着公共文化服务迈入高质量发展阶段，乡村公共文化设施建设逐渐由"增量发展"转变为以提升效能为目标的"内涵式发展"，如何推动乡村公共文化设施从"量"的扩张转变为"质"的提升，实现从"有没有"到"好不好"的转变，成为新时代的重要议题。为此，本文围绕"乡村公共文化设施效能提升"这一主题，以乡镇综合文化站为切入点，就影响乡镇综合文化站效能提升的关键要素进行深入剖析，以期为乡村公共文化设施效能提升及乡村公共文化服务高质量发展提供参考借鉴。

一、乡村公共文化设施效能研究现状

乡村公共文化设施提质增效是近年来乡村公共文化服务体系建设的重要内容，相关研究主要集中于制约乡村公共文化设施效能提升的因素、表现及成因、效能提升路径等方面。例如，杨永恒、宋晓霞、陈波等指出，当前我国乡村文化设施"建、管、用"失衡，基层公共文化设施吸引力不够、利用率低下[1-3]；陈波、傅才武等认为，村民使用乡村公共文化设施的频率并没有随财政投入的增加和设施的完善而提高，反而一直呈低水平、"弱参与"状态，政府主导的文化活动和文化设施对村民的吸引力明显偏低，村民文化获得感不强[4-5]；陈建、耿达、李少惠等指出，乡村公共文化设施的全覆盖在很大程度上只是一种低水平、粗放式的覆盖，乡村公共文化设施经常出现"资源闲置""机构空转""设施沉睡""活动流于形式"等效率困境，难以满足村民日益增长的精神文化需求[6-8]。造成乡村公共文化设施效能不高的原因主要集中于国家自上而下的行政化管理体制和分配机制造成供需的错配[9-10]，长期"标准化""基本性"建设造成适用性、特色化不足[11-12]，农村"空心化"造成的参与主体缺失[13-14]等。乡村公共文化设施效能提升的路径集中于乡村公共文化设施提档升级[15]、实现特色发展[16]、供给侧结构性改革[17]、创新运营机制[18]、形成政府—市场—社会发展合力[19]等层面。

乡镇综合文化站是乡村公共文化设施的重要组成部分，与其相关的研究也逐渐聚焦于乡镇综合文化站效能提升层面，如陈洋庚等通过梳理近年来有关乡镇综合文化站的研究，发现相关研究逐渐从关注一般性的文化站设施建设，拓展到文化站效能发挥层面，更多从农民需求层次探讨文化站运行中的困境[20]。目前我国乡镇综合文化站受基层政府思想认识偏差、行政主导的文化治理体系不健全、城镇化进程的负面影响、运行管理体制机制不健全、居民文化消费模式转型升级等的影响，依然存在着发展不均衡、投入增长而绩效下滑、设施空置、功能虚置、供需错位、人员匮乏且专业性不足、文化活动参与度不高、服务效率不高、政府失灵与市场失灵等多重效率困境[21-23]。提升乡镇综合文化站效能的路径侧重于供给侧结构性改革、加强政府购买服务、健全居民需求表达机制、引导社会力量和民间力量参与等[24-25]。

二、北京市乡镇综合文化站效能提升的关键因子分析

（一）样本数据及标准化处理

以北京市近 200 个乡镇综合文化站 2017—2021 年的效能评估数据为样本，通过因子分析法，提取影响乡镇综合文化站效能提升的关键因子。为解决不同年份因指标权重调整造成的数据不一致问题，先通过数据得分率转化对 5 年效能评估数据进行标准化处理。同时，为消除评估指标的年度差异，保证指标在时间序列上的延续性，本文聚焦核心指标，将 5 年中一些连续且价值意义较大的指标提取出来，剔除个别年份零星出现的指标和意义不大的指标，以方便后续因子分析。如表 1 所示。

表 1　2017—2021 年北京市乡镇综合文化站效能评估指标数据

	2017 年	2018 年	2019 年	2020 年	2021 年
乡镇综合文化站数量/个	186	184	183	182	178
效能评估指标数量/个	23	62	114	46	41
筛选后指标数量/个	14	21	34	28	28

筛选后的效能指标可归纳为设施建设、服务供给、数字化建设、社会化建设、制度建设、服务保障六大类。其中，设施建设包括设施选址、设施面积、功能厅室设置及完备、牌匾标识等细分指标；服务供给包括信息公示、开放及运行、文化活动、图书馆服务、特殊群体服务等细分指标；数字化建设包括公共图书馆一卡通覆盖、可用数字资源、无线网络覆盖等细分指标；社会化建设包括社会化运营、文化志愿服务等细分指标；制度建设包括总分馆制建设、群众需求反馈机制、年报制度、公共文化与旅游服务融合发展等细分指标；服务保障包括经费落实、工作人员保障、业余文艺团队建设等细分指标。

（二）数据分析思路及分析结果

1. 数据分析思路

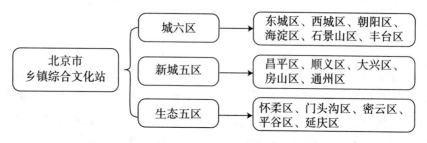

图1 北京市乡镇综合文化站区域分布

按照城市分区规划，北京市乡镇综合文化站分别划归到城六区、新城五区、生态五区（如图1所示）。因生态五区更加代表了"现实意义"中的乡镇综合文化站，故重点对生态五区72个乡镇综合文化站的效能数据进行分析。对比分析生态五区与城六区、新城五区乡镇综合文化站的效能差距，借以考察乡镇综合文化站的均等化水平及发展差异。然后，综合考虑生态五区因子分析结果及生态五区与新城五区、城六区的因子差异结果，得出影响北京市乡镇综合文化站效能提升的关键因子。

本研究运用因子分析法，借助 SPSS 软件分析上述各细分要素对生态五区乡镇综合文化站效能提升的关键影响因子及其比重。

2. 数据分析结果

生态五区效能关键影响因子。表2为2017—2021年生态五区历年影响因子权重及5年平均值，表3为归纳整理后的影响生态五区效能的关键影响因子。可以看出，服务供给、服务保障、制度建设是影响乡镇综合文化站效能提升的主要维度。进一步，文化馆、图书馆总分馆制度建设、文艺活动①、资金保障是影响效能提升的关键要素。从历年指标权重变化来看，五年来一直影响乡镇综合文化站效能提升的关键指标包括文艺活动情况、功能完备情况、特殊群体服务、人员培训；近三年来的新增指标包括文化馆、图书馆总分馆制度建设、资金保障、文旅融合。

---

① 文艺活动包括文艺演出、文体活动及公益培训。

表 2 2017—2021 年生态五区因子分析结果

指标	2017 年系数权重	2018 年系数权重	2019 年系数权重	2020 年系数权重	2021 年系数权重	5 年平均系数权重
文化馆、图书馆总分馆制度			0.139	0.119	0.124	0.127
文化资源整合	0.082					0.082
文艺活动（文艺演出/文体活动及公益培训）	0.115	0.038	0.079	0.080	0.088	0.080
资金保障情况（免费开放经费+文化经费投入）			0.069	0.093	0.076	0.079
功能完备情况	0.078	0.069	0.049	0.053	0.056	0.061
面向特殊人群提供服务区域或项目	0.082	0.056	0.034	0.056	0.056	0.057
人员培训	0.091	0.023	0.045	0.060	0.045	0.053
社会化探索引入社会力量			0.052			0.052
提供无线网络服务	0.063	0.060	0.060	0.039	0.036	0.051
数字化探索			0.051			0.051
文旅融合			0.073	0.038	0.041	0.051
图书馆面积及坐席设置情况		0.063	0.027	0.052	0.060	0.051
户外牌匾标识及室内功能门牌设置	0.053	0.056	0.028	0.048	0.046	0.046
文化专干	0.080	0.053	0.003	0.051	0.030	0.044
无障碍设施设置情况		0.054	0.008	0.057	0.047	0.042
群众业余团队	0.093	0.004	0.034	0.032	0.043	0.041
学习宣传			0.073	0.036	0.009	0.039
一卡通覆盖		0.060	0.024	0.018	0.051	0.038
图书馆文献资源		0.056	0.038	0.011	0.040	0.036
实施公共文化设施服务规范公示服务目录	0.053	0.037	0.004	0.035	0.050	0.036
面积达标		0.061	0.003	0.040	0.039	0.036
图书流转配送	0.065	0.033	0.005			0.034

续表

指标	2017 年系数权重	2018 年系数权重	2019 年系数权重	2020 年系数权重	2021 年系数权重	5 年平均系数权重
制度建设公共文化服务第三方评价机制			0.034			0.034
选址情况		0.054	0.055	0.000	0.022	0.033
文化志愿服务			0.033	0.046	0.018	0.032
免费开放错时开放	0.060	0.072	0.002	0.002	0.025	0.032
群众文化需求征询反馈机制建设	0.061		0.011	0.033	0.019	0.031
公共文化服务年报制度			0.038	0.031	0.022	0.031
借阅服务及图书管理员在岗情况		0.074	0.007	0.018	0.016	0.029
设置情况	0.024	0.054		0.015	0.016	0.027
场馆设置及交通评价		0.024	0.022			0.023
可用数字资源			0.014			0.014

表 3 2017—2021 年生态五区关键影响因子

类别	初始预设的效能影响要素框架	因子分析后的关键影响因子及平均权重
设施建设	设施选址	
	设施面积	
	功能厅室设置及完备	功能完备情况（0.061）；图书馆面积及座席设置情况（0.051）；无障碍设施设置情况（0.042）
	牌匾标识	户外牌匾标识及室内功能门牌设置（0.046）
服务供给	信息公示	
	开放及运行	
	基本文化服务供给	文艺活动（0.080）
	图书馆服务	
	特殊群体服务	面向特殊人群提供服务区域或项目（0.057）

续表

类别	初始预设的效能影响要素框架	因子分析后的关键影响因子及平均权重
数字化建设	公共图书馆一卡通全覆盖	
	可用数字资源	
	无线网络覆盖情况	提供无线网络服务（0.051）
社会化建设	社会化运营	社会化探索引入社会力量（0.052）
	文化能人	
	文化志愿服务	
制度建设	文化馆、图书馆总分馆制度	文化馆、图书馆总分馆制度（0.127）
	群众需求征询反馈制度	
	年报制度建设	
	公共文化与旅游服务融合发展	文旅融合（0.051）
服务保障	经费落实	资金保障（0.079）
	工作人员保障	人员培训（0.053）；文化专干（0.044）
	业余文艺团队建设	群众业余团队（0.051）
其他		文化资源整合（0.082）
		数字化探索（0.051）

生态五区与新城五区、城六区的因子差异。因 2020—2021 年生态五区与新城五区、城六区的差异呈现扩大趋势，故选择 2020—2021 两年数据，通过比较各指标数据均值，分析影响各区间乡镇综合文化站效能的主要因子差异，为生态五区加强关键指标建设和效能提升提供参照。

提取各区指标数值均值差值≥0.1 的指标，如表 4、表 5 所示。生态五区与新城五区、城六区相比，因子差异维度主要集中在制度建设、服务保障层面，因子差异主要集中在文化馆、图书馆总分馆制度建设，资金保障情况，文化志愿服务，文化专干和人员培训，学习宣传，场馆知晓率，群众业余团队，群众需求征询反馈制度，文艺活动及公益培训，文旅融合，提供无线网络全覆盖，特殊群体服务等。

表4 2020—2021 生态五区与新城五区的因子差异

维度	指标	2020	2021
制度建设	文化馆图书馆总分馆制度	0.18	0.62
	群众需求征询反馈制度	0.12	0.10
	文旅融合	0.14	0.07
服务保障	资金保障情况	0.33	0.25
	文化专干和人员培训	0.17	0.15
	群众业余团队	0.07	0.17
社会化建设	文化志愿服务	0.07	0.34
数字化建设	提供无线网络全覆盖	0.04	0.17
服务供给	文艺演出和文体活动及公益培训	0.15	0.07
	特殊群体服务和区域	0.07	0.11
其他	学习宣传	0.08	0.21
	场馆知晓率	0.13	0.15

表5 2020—2021 生态五区与城六区的因子差异

维度	指标	2020	2021
制度建设	文化馆图书馆总分馆制度	-0.05	0.79
服务保障	资金保障情况	-0.04	0.40
	文化专干和人员培训	0.14	0.09
	群众业余团队	0.11	-0.01
社会化建设	文化志愿服务	-0.04	0.30
数字化建设	提供无线网络全覆盖	0.17	0.16
其他	学习宣传	-0.04	0.21
	场馆知晓率	0.18	0.22

生态五区效能提升关键因子的整体分析。表6显示了"生态五区效能关键影响因子"和"生态五区与新城五区、城六区的因子差异"两部分数据整合后的分析结果。从中可看出，影响乡镇综合文化站效能提升的主要维度包括服务供给、数字化建设、制度建设、服务保障层面。而设施建设的影响相对较小，社会化建设因缺乏相关指标及数据，需通过实地调研进一步检验。影响乡镇综合文化站效能提升的关键因子包括文体活动，特殊群体服务，无线网络服务，文化馆、图书馆总分馆制度，文旅融合，资金保障，文化专干

和人员培训，群众业余团队。

表 6　北京市乡镇综合文化站效能提升关键影响因子

影响维度指标因子		
影响乡镇综合文化站效能提升的关键因子	服务供给	文体活动（文艺演出、文体活动及公益培训）
	数字化建设	特殊群体服务
	制度建设	无线网络服务
		文化馆、图书馆总分馆制度
	服务保障	文旅融合
		资金保障
		文化专干和人员培训
		群众业余团队
影响乡镇综合文化站效能提升的次级因子	设施建设	功能完备情况；图书馆面积及座席设置情况；无障碍设施设置情况
		户外牌匾标识及室内功能门牌设置
	社会化建设	文化志愿服务
	制度建设	群众需求征询反馈制度
	宣传推广	学习宣传
		场馆知晓率
有待进一步验证的影响因子		社会化运营
		文化资源整合
		数字化探索

注：有待进一步验证的影响因子是指指标数据仅出现在一年中，且权重较高的影响因子。

三、北京市乡镇综合文化站效能提升的典型案例分析

本文从生态五区的 72 个乡镇综合文化站中，选取平谷区平谷镇文化服务中心、延庆区康庄镇文体中心、门头沟王平镇文化中心 3 个效能优异或提升显著的案例进行深度访谈与个案研究，提炼总结优秀个案的特色做法及成功经验，为其他地区提供参考借鉴。

（一）创新做法

1. 平谷区平谷镇文化服务中心

平谷镇文化服务中心开放于 2013 年，建筑面积 3600 平方米，户外活动广场 2000 平方米，内设有会议室、培训室、乒乓球室、多功能厅、排练室、棋牌室、书画室、电子阅览室、图书室、儿童阅览室等多个功能场室，辐射 13 个行政村和 8 个社区，服务 6.1 万常住人口。平谷镇文化服务中心近 5 年的效能评估数据一直位于生态五区乡镇综合文化站前 10、北京市乡镇综合文化站前 25%。其在效能提升中的创新举措主要体现在以下几个方面。

（1）创新展现形式，增强活动吸引力

为增强传统文化活动的吸引力，平谷镇文化服务中心积极创新传统文化表现形式和传播方式，以评书、互联网等群众喜闻乐见的特色化、现代化方式传播传统文化，活动效果显著。如开展"渔阳书社"评书云分享活动之"年节话年俗"，通过老百姓喜闻乐见的传统艺术——"评书"，将农历新年的传统民俗文化传递给老百姓，广受欢迎。

（2）线上线下联动，促进公众广泛参与

平谷镇文化服务中心积极推动线上服务，通过线上线下联动，激发群众参与热情，提升服务效能。如通过"幸福渔阳"微信公众号定期举办线上云展览、开办线上公益培训课堂，让居民在家里就能享受到丰富的文化大餐。如开展"钩编情·匠人心"之十二生肖闹新春优秀钩编作品云展览，将钩编学员线下培训中制作的十二生肖非遗作品，拍照上传至微信公众号进行线上云展览，丰富居民日常文化生活。通过搭建学员作品交流展示的线上平台，调动更多居民的参与积极性。

（3）政府购买服务项目，丰富高品质服务供给

为克服基层文化工作人员数量不足且专业性缺乏所造成的服务内容单一、文化活动单调等现实问题，平谷镇文化服务中心积极通过购买服务方式，聘请社会专业机构人员或团队开展系列培训课程，实现高品质、专业化服务供给。一是向各类社会企业购买服务。如向专注儿童口才培训的北京两个黄鹂教育科技有限公司购买服务项目，开办少儿语言艺术公益培训线上课堂；向优亇漫绘本馆购买绘本阅读、亲子阅读等服务项目。二是向乡镇文艺团队或民间社会组织购买服务。如向乡村妇女自发成立的平谷新农人巾帼讲师团购买以儿童简笔画、非遗剪纸等为主要内容的系列线上课程；购买乡镇艺术团队的评书云分享系列服务。

（4）调动文化能人积极性，塑造高素质服务队伍

如果说政府购买服务是通过政府投钱方式提升服务效能的外生保障，那么文化能人积极在场馆内外开展系列活动，则成为公共文化场馆效能提升的重要内生力量。平谷镇文化服务中心积极探索"政府购买服务—培育文化能人—文化能人志愿服务"的可持续发展模式，通过政府购买服务的方式开展培训、培养能人，然后借力回馈社会，培育和打造高素质服务队伍，充实基层团队力量。如将优秀书法学员打造为宣传者、讲解者，面向基层群众普及书法知识，实现学员从服务参与者、学习者到服务提供者、讲解者、志愿者的角色转变，激发村民参与热情。

2. 延庆区康庄镇文体中心

康庄镇文体中心开放于 2014 年，建筑面积 4000 多平方米，设有会议室、图书室、少儿阅览室、多功能厅、棋牌室、排练室、培训室、健身房等多个场馆，实现 Wi-Fi 全覆盖。康庄镇文体中心在 2018—2020 年的绩效评估中排名提升明显，由 2018 年第 100 名提升至 2020 年的第 38 名。其在效能提升中的创新举措主要体现在以下几个方面。

（1）创新线上线下活动方式，扩大服务覆盖面和适用性

为满足广大群众的精神文化需求，丰富群众精神文化生活，康庄镇文体中心通过举办线上文化交流活动，线下录制、线上直播等方式，利用传统节日举办文艺汇演活动。如春节期间举办了"文化扮靓妫川　共迎冬奥盛会"——康庄镇新时代文明实践所 2021 年线上云拜年特别活动，从 31 个新时代文明实践站线上报送的节目中选取 10 个节目进行录制。节目形式有鼓舞、腰鼓舞、广场舞、歌伴舞、快板、三句半、二重唱、情景剧、独唱等。异彩纷呈的文艺演出不仅满足了群众的精神文化需求，还充分展示康庄镇群众的文艺特长，推动了基层公共文化事业发展。

（2）开展"点单派单"服务，实现政府供给与百姓需求精准对接

延庆区打造新时代点单预约平台，统筹整合延庆区党政机关、企事业单位、社会组织等各类志愿服务资源，为延庆区乡镇文体中心提供"点单派单"服务，实现"群众点单—中心派单—志愿者接单—群众评单"良性循环。"点单派单"平台现有科技科普服务、教育服务、文化服务、医疗养老服务、理

论政策宣讲服务、健身体育服务、法律咨询服务 7 大类。其中，文化服务包括合唱培训、摄影培训、戏曲培训、舞蹈培训、器乐培训 5 类。目前，康庄镇文体中心每年共"点单派单"48 次，每月 4 次；31 个乡村每年"点单派单"420 次，平均每村每个月 1—2 次。这种类似外卖的"点单派单"机制，促进了优质资源向基层免费下沉，实现政府供给与百姓需求的高效匹配，调动村民文化参与热情。同时，"点单派单"服务有效缓解了乡镇和村基层专业人员不足、活动内容单一的现实问题，提升了文体中心服务效能。

（3）培育乡村文化骨干和文化志愿者，调动村民参与积极性

为了在解决基层专业人员不足的问题之前调动村民参与文化活动的积极性，康庄镇文体中心充分发挥基层文化组织员、文化志愿者等乡村文化能人的能动作用，将其培育成开展文化活动的组织者、宣传者、推广者、需求对接者，组建起由文体中心工作人员、文化组织员、文化志愿者等组成的专兼职骨干文化服务队伍，实现政府单一"送文化"到多元"种文化"的转变，激发乡村文化发展内生动力。其中，文化组织员是延庆区政府通过购买服务方式为每个村配备的 1 名有工作热情、服务意识和爱好文化活动的"六会"人才，即会做群众工作、会指挥唱歌、会舞蹈编排、会乐器演奏、会计算机技能、会组织活动，具体负责村级公共文化设施管理、文化活动组织、文艺人才培养、群众需求对接、益民工程推进、文化市场督查和文物保护管理等多项工作，实现了基层文化工作从无人管到专人管的转变。

3. 门头沟区王平镇文化中心

王平镇文化中心地处门头沟区半山区地带，辐射辖区 8000 人口。王平镇文化中心在 2018—2020 年的效能评估中提升明显，由 2018 年的倒数第 7 名提升至 2020 年排名的前 1/3。其效能提升的创新举措主要体现在以下几个方面。

（1）实现基础设施提档升级，拓展多元服务功能

王平镇文化中心始建于 2016 年，2019 年正式投入使用，总面积 2500 平方米，共三层。文化中心内设有镇级图书馆、电子阅览区、儿童阅览区、排练厅、培训室、书法绘画室、琴房、音乐教室、手工室、舞蹈室、健身房等功能场所，并且配备了朗读亭等现代化设备，还设置有 500 余平方米的综合活动大厅，具备演出、电影放映等功能。文化中心的落成不仅填补了山区文化服务设施的空白，而且以崭新的设施、齐备的功能满足了新时期人民群众对公共文化场馆的新要求、新期待，市民在其中可以享受到多元化的公共文

化服务，文化中心成为群众参与文化生活的重要阵地和新地标。

（2）引入社会力量管理运营，提升服务品质

为更好地服务基层群众，让山区群众也能享受到优质的文化服务，王平镇在延庆区文化和旅游局的帮助下，通过政府购买服务方式，积极引入专业的社会力量管理运营。2019 年，王平镇引进北京演艺集团参与文化中心日常运行管理。文化中心作为北京演艺集团新拓展的远郊区公共文化服务平台之一，为让居住分散的村民享受到高品质的文化服务，专门选派 90 后年轻人深入场地开展活动，吸引周边群众，让村民感受文化的魅力。2021 年引进北京欣德文化咨询服务有限公司开展社会化管理运营，负责提供包括主题讲座、展览展示、阅读导读、知识竞赛、文艺知识普及及培训、文艺演出、传统文化及非遗传承、文艺团队培训、文体特色活动 9 大类 85 项服务内容，极大丰富了山区居民的文化生活，增强了山区居民公共文化服务的获得感、幸福感、满足感。

（3）发展线上粉丝文化社群，增强用户黏性

除利用微信公众号宣传推广日常活动外，王平镇文化中心主动搭建起线上文化社群，通过微信建群，将对文化活动感兴趣的、具有共同爱好的乡村居民聚集在一起参与活动、分享心得、交流探讨、征集主题需求、发布讲座消息、探讨讲座收获、收集服务反馈。微信社群的建立不仅方便了文化中心对服务和活动的宣传推广，同时也进一步拉近了文化中心与百姓的距离，方便群众及时了解文化中心所开展的各项服务内容，增强了用户黏性。

（二）问题障碍

1. 免费开放补助资金不足

经费不足是影响北京市乡镇综合文化站效能提升的重要因素，且是短时间内较难以改变的影响因素。资金不足导致文化站只能利用有限的经费开展一些常规性的基本服务项目，个性化、特色化、品质化、创新性服务缺乏，这就造成基层服务吸引力不足、活动参与率低。具体体现在：①免费开放补助资金不足且未及时下拨，如平谷镇文化服务中心表示免费开放补助资金只能用于开展一些基本活动和日常维修维护、设备更新；康庄镇文体中心表示经费少、活动多，支撑不了花费二三十万的大型文化活动，免费开放补助资金未能及时下拨，2021 年免费开放补助资金年底才下拨，造成突击消费、资

金利用不合理等问题。②免费开放补助资金使用不便，即免费开放补助资金管控严格，且没有与之相对应的具体细化、明确的政府购买服务清单目录和服务范围，导致文化站在购买社会服务后面临无法报销的风险，进而阻碍文化站去购买一些插画、茶艺培训等费用偏高，但大众喜爱的个性化、特色化服务项目，免费开放补助资金面临使用障碍。

2. 文化服务专业人员不足

专业人员不足亦是影响乡镇综合文化站效能提升的关键因素。各乡镇综合文化站普遍没有达到北京市人民政府《关于进一步加强基层公共文化建设的意见》中"为每个街道（乡镇）配备 3 至 4 名文化专职工作人员"的要求，导致基层公共文化设施无法开展常态化、专业化服务。具体体现在：①在编人员数量少且身兼数职，工作任务量大，对文化服务的关注度有限。如平谷镇文化服务中心、康庄镇文体中心仅有 2 名在编人员，北房镇综合文化中心只有 1 名在编人员，除负责文化中心管理运营外，还身兼体育、旅游等多项工作。②工作人员专业性不足，缺乏提供舞蹈类、声乐类、绘画类等的专业培训老师，现有管理人员无法成为有效师资力量，只能通过政府购买公益岗位、服务外包、区级资源下派等方式为村民提供文化活动。③缺乏专业培训。④政府购买公益服务人员工资较低，难以调动人员工作积极性。如北房镇综合文化中心购买 2 名非编人员，每月按照北京市月最低工资标准 2320元发放，较低的工资导致员工开展夜间服务、延时服务及节假日服务存在障碍，影响服务效能。

3. 群众参与积极性不足

乡村人口"空心化"及新媒体的应用普及使得乡村文化参与主体性较低，乡村公共文化设施人气不足、设施空转。一方面，城镇化发展造成乡村人口普遍"空心化"，年轻人外出打工，即便文化站组织开展了多项活动，但参与人数较少，且基本都是 50 岁以上中老年人。如王平镇文化中心因地处山区，年轻人及儿童一般都前往城区，平时和周末因参加活动的儿童人数不足而无法开展活动，只能在寒暑假才能开展面向儿童和青少年的活动项目。另一方面，随着电视、互联网和手机的普及，以及抖音等新媒体的推广应用，村民越来越倾向于居家享受文化娱乐生活，村民个体文化生活日渐兴起，而乡村公共文化生活趋向衰落。两类现实问题不断分流着乡村公共文化设施的用户群体，加剧村民对公共文化设施的疏离感，导致村民对公共文化设施的认同感、参与感降低。

4. 制度效能发挥不足

乡镇综合文化站普遍反映，总分馆制特别是文化馆总分馆制的作用没有充分发挥，依托总分馆下沉的辅导、培训类资源和服务有限，乡镇综合文化站作为"挂牌"分馆没有享受到总分馆制带来的优质资源供给和效能提升等方面的便利条件，难免有"挂牌式"运动之嫌，基层公共文化服务紧张的问题加剧。

5. 考核指标合理性不足

一是乡镇综合文化站普遍反映现有绩效评估指标数量太多，部分指标设计不合理，有些指标之间存在交叉和重复问题，如在"经费落实"下分指标中，包括免费开放经费、文化经费投入，在填写上报时给基层带来困扰和负担，某乡镇文化站还将"一卡通"指标理解为村民交300元押金后才可免费借阅书籍，抬高了村民看书门槛，降低了潜在参与度。二是指标没有进行及时调整，特别是受疫情防控影响，各文化站效能普遍较低，但依然采用固有指标进行评价，在活动举办数量、大型活动要求等方面不太切合实际。三是缺乏创新性、特色化指标设计，导致文化站过多关注考核目标和任务的完成情况，而较少能够提供富有创意、特色、高水平、品牌化的服务活动。

典型案例反映出的各地提升效能的创新做法以及制约效能提升的问题障碍，进一步验证了基于效能评估数据而得出的关键因子分析结果，即影响乡镇综合文化站效能提升的关键维度主要在于服务供给、数字化建设、制度建设等层面，关键要素具体包括资金保障、服务和活动优化、数字化建设、社会化参与、特殊群体服务、总分馆制度建设、人员专业素质、文化能人培育等。

四、乡村公共文化设施效能提升的关键路径

基于上述分析结果，本文认为在经费和人员编制缺少等问题难以有效解决的前提下，乡村公共文化设施建设应坚持问题导向，依据影响其效能提升的突出矛盾和问题短板，因地制宜，靶向施策。重点包括以下几个方面。

（一）设施提档升级，打造多功能文化服务综合体

为改变基层公共文化设施因设备陈旧、功能单一而造成村民不愿到馆的现实困境，要着力通过场馆设施提档升级、功能拓展优化，推动乡村公共文化设施品质发展。将乡村公共文化设施打造成为集宣传教育、图书阅览、休闲娱乐、体育健身、科学普及等多功能于一体的品质化、舒适化、现代化、综合性的乡村公共文化空间，改变人们对基层文化设施灰头土脸、设施陈旧的传统认知，满足全面建成小康社会居民日益增长的精神文化需求和对美好生活的新向往。

（二）加强政府购买服务，丰富高品质服务供给

政府向社会力量购买公共文化服务是缓解基层公共文化专业人员不足、文化活动单一、效能低下问题的有效途径。乡村公共文化机构可通过政府购买服务方式，聘请乡镇文艺团队、民间社会组织等专业机构为基层群众提供培训、讲座等多元化、特色化、专业化的高品质文化服务，适应人民群众对美好生活新需求，将政府购买服务作为基层公共文化设施效能提升的重要支撑。

（三）创新数字服务方式，扩大文化服务覆盖面和适用性

随着农村互联网基础设施的日益完善和新媒体的应用推广，互联网、新媒体等已渗入乡村居民的日常生活，成为村民休闲生活的重要渠道，这为利用数字化技术提高村民对公共文化服务的可及性提供了现实基础。同时，数字化服务允许村民跨越时空限制，远距离参与各类公共文化活动，这对因"空心化"造成的主体缺失、新媒体带来的村民个体文化发展而公共文化衰落等问题提供了有效应对路径，让外出务工农民依然可以"看得见乡愁"。为此，乡村公共文化机构要积极借助互联网、新媒体等优势，拓展数字文化服务，通过举办线上云展览、线上云讲堂、直播等活动，吸引公众广泛参与，扩大乡村公共文化服务的覆盖面和适用性，以数字化手段助力公共文化设施效能提升。

（四）引入社会力量管理运营，提升基层设施服务效能

社会力量承接基层公共文化设施管理运营是实现设施效能提升的有效路

径,社会力量通过制度性嵌入、专业性嵌入、服务性嵌入和技术性嵌入,真正有效改善乡村公共文化设施服务效能[26]。然而目前乡村公共文化设施运营和服务的承接主体多为企业,文化类的社会组织较少。为此,要创设多元激励机制,通过政策引导、购买服务、场地提供、配送资源等形式积极培育和发展文化类社会组织。特别是要充分发挥乡村文化能人、乡村文艺团队等在本地洞察、机动灵活性、公益属性等方面的优势,充实乡村公共文化空间社会化运营和优质服务提供的参与主体。

（五）培育文化能人,增强文化队伍内生动力

乡村公共文化设施要注重挖掘乡土文化人才,积极培育乡村文化能人和文艺团队,发挥村民在乡村公共文化空间建设中的主体地位和积极性,深入开展丰富多彩的文化志愿服务活动。鼓励和支持村民自发创作文艺作品、开展各类文体活动,实现自我参与、自我表现、自我服务,使村民成为乡村文化建设的主角。民众的主体参与让村民由乡村公共文化服务的参与者、享受者转变为乡村公共文化服务的创造者、生产者,实现政府"送文化"向"种文化"的积极转变。

（六）整合社会资源,推动优质资源下沉

基层公共文化设施普遍资源缺乏,服务供给能力有限。为缓解乡村公共文化设施因资源不足、服务单一、活动单调等带来的效能低下困境,应加大社会优质资源整合力度,通过整合区级和社会优质资源,实现优质资源向基层下沉,不断丰富乡村公共文化服务供给,优化基层公共文化资源配置。其中,要充分发挥文化馆图书馆总分馆制的作用,依托总分馆制打通优质文化资源下沉通道,将更多优质资源下沉到基层一线,进而推进县域内公共文化资源的共建共享和互联互通。

（七）开展"点单"服务,实现供需有效对接

作为政府主导建设的乡村公共文化设施,服务供给一般采取自上而下的行政化配置方式,这容易导致政府资源供给与村民需求的"供需错位"。政府供给格式化、同质化明显,村民对乡村公共文化设施的认同感不强,从而导致公共文化服务设施的闲置与"沉睡"。乡村公共文化设施的效能提升必须进

行体制结构优化，建立健全群众文化需求表达反馈机制，以需求导向倒逼供给侧改革，促进供需对接[27]。为此，要积极推进供给模式创新，开展"菜单式""订单式"的服务，实现供给侧结构性改革，促进供需有效对接，以吸引基层群众的广泛参与。

（八）优化绩效评估体系，以评促效能提升

绩效评估是促进乡村公共文化设施改善服务条件、提升服务质量的有效途径。因此，可通过定期开展乡村公共文化设施绩效评估，发挥以评促建、以评促管、以评促效能提升的作用，推动乡村公共文化设施补短板、强弱项、提质量，实现高质量发展。在构建绩效评估指标体系时，要针对现有指标体系的不足进行增补完善，增加一些反映新时代要求的指标，如社会化指标、数字化指标；增加一些体现活动创新性、特色化引领的指标，鼓励和支持基层公共文化设施在保质保量完成基本任务的基础上，有所创新发展。同时，要增加对乡村公共文化设施工作人员有关评估指标的相关培训，在对指标正确理解的基础上积极推动乡村公共文化设施高质量发展。

参考文献

[1]杨永恒.激发内生动力　建设和谐美好农村文化[J].行政管理改革，2019（5）：30-32.

[2]宋小霞，王婷婷.文化振兴是乡村振兴的"根"与"魂"——乡村文化振兴的重要性分析及现状和对策研究[J].山东社会科学，2019(4)：176-181.

[3]陈波，李晶晶.文化高质量发展视域下乡村公共文化空间指标体系研究[J].湖北社会科学，2021(8)：34-40.

[4]陈波，侯雪言.公共文化空间与文化参与：基于文化场景理论的实证研究[J].湖南社会科学，2017(2)：168-174.

[5]傅才武，王文德.农村文化惠民工程的"弱参与"及其改革策略——来自全国21省282个行政村的调查[J].中国图书馆学报，2020(5)：54-73.

[6]陈建.乡村振兴中的农村公共文化服务功能性失灵问题[J].图书馆论坛，2019(7)：42-49.

[7][9][19]耿达.公共文化空间视角下农村公共文化服务体系建设研究[J].

思想战线，2019（5）：137-146.

[8]李少惠，邢磊.社会组织嵌入：农村基层公共文化服务效能提升路径研究[J].图书馆学研究，2021（10）：32-38.

[10]高春凤.传统村落公共文化空间的保护与振兴策略[J].长白学刊，2019（6）：146-151.

[11]潘颖，孙红蕾，郑建明.文旅融合背景下的乡村公共文化发展路径[J].图书馆论坛，2021（3）：68-77.

[12][16]贺芒，简娟凤.主体互惠：平衡乡村公共文化空间生产的标准化与差异化——基于政治机会结构理论的分析[J].北京行政学院学报，2021（5）：36-45.

[13]陈波.公共文化空间弱化：乡村文化振兴的"软肋"[J].人民论坛，2018（21）：125-127.

[14]高春凤.叙事性表达视角下乡村公共文化空间的构建路径[J].学习论坛，2019（2）：59-65.

[15]李少惠，张玉强.乡村公共文化振兴的基本样态与实践路径[J].图书馆论坛，2021（3）：78-86.

[17]陈波，邵羿凌.影响中国农村居民文化参与的因素研究——以江西省三村九十户调查为例[J].中国软科学，2018（12）：56-66.

[18]李国新.关于加强农村公共文化服务建设的思考[J].中国图书馆学报，2019（4）：4-11.

[20]陈洋庚，曾杨.乡镇综合文化站：逻辑演进、现实困境及破解路径——基于文献分析[J].智库时代，2018（43）：116-118.

[21]傅才武，许启彤.基层文化单位的效率困境：供给侧结构问题还是管理技术问题——以5省10个文化站为中心的观察[J].山东大学学报（哲学社会科学版），2017（1）：50-59.

[22][27]陈庚，李婷婷.公共文化服务体系建设的效能评估及其优化策略——以文化站为例[J].文化软实力研究，2019（3）：46-55.

[23]刘妍妍.乡村振兴战略下乡镇综合文化站发展的问题与对策研究[D].济南：山东大学，2021.

[24]傅才武，侯雪言，申念衢."双失灵"背景下建设新型文化共享空间的理论与实践——以湖北乡镇"点播影院"试点为中心的考察[J].福建论

坛(人文社会科学版)，2018(8)：56-63.

[25][26]李少惠，邢磊.社会组织嵌入：农村基层公共文化服务效能提升路径研究[J].图书馆学研究，2021(10)：32-38.

城乡一体化进程中的公共文化服务：
问题、案例与对策[*]

肖　鹏　曾　文（中山大学信息管理学院）
赵庆香（武汉大学信息管理学院）

2008年，中共十七届三中全会通过《中共中央关于推进农村改革发展若干重大问题的决定》，该文件从国家层面首次提出"城乡经济社会发展一体化"，并确立到2020年基本建立"城乡经济社会发展一体化体制机制"的目标。2020年，中共十九届五中全会通过的《中共中央关于制定国民经济和社会发展第十四个五年规划和二〇三五年远景目标的建议》明确将"推进城乡公共文化服务体系一体建设"列为新时期提升公共文化服务水平的重要任务。

然而，现阶段城乡间公共文化服务仍存在明显的不平衡现象，特别是农村地区资源不足、人才紧缺、政策与文化需求不匹配等挑战仍制约着公共文化服务的均等化、普惠化发展。随着"十四五"时期的到来，我国迈入城乡融合发展的新阶段，促进城乡一体化发展也是公共文化服务高质量发展的重要工作[1]。其中的关键议题包括：如何在农村空心化、有限的财政条件和城乡融合发展政策下，破解城乡公共文化服务的现存问题；如何理解公共文化服务体系建设在乡村振兴中的应有作用；如何实现城乡一体化宏观政策与公共文化服务体系建设的有效衔接等。课题组在前期研究中对上述议题的关注和思考，成为本文的研究起点。

已有研究对公共文化服务城乡一体化问题及创新举措进行了较多的探讨，

---

* 本文是"城乡一体化背景下公共文化政策的历史演变与未来展望"课题的最终研究报告简要版。在课题研究过程中，部分内容已在学术期刊公开发表。其中，"二、城乡关系调整及其对公共文化政策的影响"和"四、结论"中的"（一）研究结论"来自《图书馆杂志》2023年第4期《城乡一体化背景下公共文化政策的历史演变与未来展望》一文，略有删改；"三、城乡一体化背景下基层公共文化发展的实践经验"中的"（二）激活地方力量参与文化建设"的部分内容来自《图书情报工作》2021年第6期《捐赠公共图书馆获税收优惠政策研究》一文。

但缺乏对创新案例系统性的分类和归纳以及根源成因的考察和剖析。因此，本文将通过一系列的调查研究，梳理和调研我国城乡一体化发展历史中的文化发展政策、公共文化服务的优秀实践案例等，重点探索城乡一体化背景下公共文化服务的定位、挑战和发展模式。

一、城乡关系调整及其对公共文化政策的影响

（一）城乡关系调整的历史分期与历史回顾

改革开放后许多学者开始关注我国的城乡关系问题，并依据党和国家城乡发展战略，以 1949 年、1979 年和 2002 年为重要节点，将城乡关系演变总体划分为二元结构时期、二元结构松动时期、城乡一体时期[2]。1949 年至 1978 年，为促进工业化和经济建设，我国逐步建立了城乡二元体制，致使城乡二元结构形成和固化[3]。改革开放至 21 世纪初，我国为了破除城乡二元体制、促进城乡协调发展做出了很多努力，但其实施效果在不同领域差异较大，城乡二元体制呈现进退交错的发展格局[4]。自 2002 年党的十六大开始，统筹城乡发展、推进城乡一体化成为城乡关系政策的关键词[5-7]。

2017 年，党的十九大报告提出"实施乡村振兴战略……建立健全城乡融合发展体制机制和政策体系"[8]，继城乡统筹和城乡一体化之后，党中央提出了城乡融合的新理念，同时将乡村发展提升到了国家战略高度。2021 年中央一号文件强调县域内城乡融合发展、基础设施和公共服务等推进乡村振兴的重点[9]。国家"十四五"规划再次强调全面推进乡村振兴战略，并将城乡融合作为重要内容[10]。不久之后，《中华人民共和国乡村振兴促进法》通过，为乡村振兴提供了法律保障和依据，其为城乡融合开辟了单独一章，同样提到"全民覆盖、普惠共享、城乡一体的基本公共服务体系""县域城乡融合发展"等关键信息[11]。2021 年底，《"十四五"城乡社区服务体系建设规划》将"社区服务机制城乡联动、基础设施城乡衔接、基本公共服务城乡统筹"作为基本原则[12]。2022 年 5 月，《关于推进以县城为重要载体的城镇化建设的意见》进一步指出了县城对城乡融合发展的关键支撑地位和城乡融合发展的有效路径[13]。

学界基本认同城乡统筹、城乡一体化、城乡融合是层层递进的关系[14-15]，而乡村振兴战略是国家对缩小城乡差距、促进城乡融合的积极回应，相关政

策在乡村发力，但其着眼点是"全国一盘棋"，目标是城乡协调发展[16]。从党的十九大以来的政策所提出的战略和措施来看，我国当前的城乡发展战略不仅强调乡村经济发展，同时也关注提升基本公共服务质量、挖掘和保护地方特色、注重生态文明建设、传承历史文化，不仅要以城带乡，缩小城乡差距，也要保持和发挥乡村的特色和优势，以形成"工农互促、城乡互补、协调发展、共同繁荣的新型工农城乡关系"[17]。

（二）城乡一体化背景下的公共文化政策演变

公共文化服务体系于 2005 年正式被《中共中央关于制定国民经济和社会发展第十一个五年规划的建议》提出之后，我国公共文化政策迅速增多，此前的相关政策多囊括在"文化事业"中。但是，城乡公共文化服务体系一体化建设成为文化政策中的重要内容不是一蹴而就的，自党和国家开始着力破除城乡二元体制、促进城乡统筹，乡村文化建设受到了更多关注。改革开放至 2004 年间的文化政策中，关于乡村文化建设的内容与后来的公共文化服务体系建设思路有着密切联系。因此，为了连续和完整地呈现相关政策的变化，除了关注与公共文化领域相关的法律规章、中共中央文件、发展规划等政策文件，本文还将追溯改革开放至 2004 年间的文化事业政策文件，考察近 40 年来在城乡一体化背景下公共文化政策的演变过程。

1. 建立和健全农村文化网：1982—2004 年

改革开放之初，如前所述，相关政策中多用"文化事业"一词囊括图书馆、文化馆、博物馆等公益性文化建设内容。《中华人民共和国国民经济和社会发展第六个五年计划》在第三十三章第四节"文物、博物馆、图书馆"中对省、市、县的两馆建设和文物工作作了部署，而将农村文化事业放在了"少数民族地区文化事业和群众文化事业"一节中，要求"逐步建立和充实农村集镇文化中心"[18]。《中华人民共和国国民经济和社会发展十年规划和第八个五年计划纲要》指出"进一步办好图书馆……等各类文化活动场所。要充分发挥集体和个人的力量，积极建设城市、集镇、农村的群众性文化设施，增加活动网点"。该文件第一次提出了"'八五'期间，要努力做到县县有图书馆、文化馆，乡乡有文化站"的目标[19]，这一目标后在多份文件中出现，成为乡村文化建设的核心内容之一。《中华人民共和国国民经济和社会发展"九五"计划和 2010 年远景目标纲要》则提出"加强图书馆……等公共文化设施建设。搞好农村文化网和边疆文化长廊建设"[20]。1997 年，我国第一个专门的文化规划《文化事业发展"九五"计划和 2010 年远景目标纲要》发布，对基层公共文化事业提出了"健全县、乡（镇）、村三级文化网络"的要求，和"市市有博物馆，县县有图书馆、文化馆，乡乡有文化站"的建设任务，对图书馆事业也提出"基本建成藏书丰富、类别齐全、布局合理的国家、省、市、县、乡五级图书馆网络"的具体要求[21]。《文化事业发展第十个五年计划纲要》提出"进一步巩固和扩大城乡基层文化设施网点，填补'两馆一站'设施空白点"[22]。

这些政策话语表明我国对乡村文化事业发展的重视，要建设城市群众文化设施，也要发展县、乡镇、村文化设施和文化活动场所，五级图书馆网络的提出体现了统筹城乡文化的思路。但是，上述政策大多数内容还是与 20 世纪 50 年代的政策文件中对农村文化建设要求"在全国范围内建立农村文化网，基本上做到每个县都有县报、文化馆、图书馆、书店、影剧院、职业剧团"[23]表述相近，思想基本一致，那就是城市和乡村各自都要开展文化建设，城乡还没有正式被当成一个整体对待。

2. 形成覆盖全社会的公共文化服务体系：2005—2019 年

建立覆盖全社会的公共文化服务体系是在党的十六届五中全会上提出的[24]。随后，《中华人民共和国国民经济和社会发展第十一个五年规划纲要》中提出"加大政府对文化事业的投入，逐步形成覆盖全社会的比较完备的公共文化服务体系"，对中共中央的建议作出确认[25]。《国家"十一五"时期文化发展规划纲要》将城乡和区域之间文化的共同发展作为发展目标，发展重点包括抓好基层文化建设、保障农民和城市低收入群体的基本文化权益，并提出了坚持公共服务普遍均等的原则，对农村文化建设则提出了推进农村文化建设重点工程、加大文化资源向农村的倾斜、建立农村文化建设的长效机制三方面要求[26]。之后的《中华人民共和国国民经济和社会发展第十二个五年规划纲要》《中华人民共和国国民经济和社会发展第十三个五年规划纲要》《国家"十二五"时期文化改革发展规划纲要》《国家"十三五"时期文化发展改革规划纲要》，中共中央、国务院及各部委发布的相关文件中，基本以建立和完善覆盖全社会的公共文化服务体系[27]，促进城乡基本公共文化服务均等化[28-30]，保障老年人、未成年人、农民工、残疾人、农村留守妇女儿童等群体的文化权益[31-33]为公共文化发展的关键目标和理念，以总分馆制[34-35]、基层综合性文化服务中心[36]和数字文化建设工程[37-40]分别作为实体上和虚拟上缩小城乡差距、实现广大人民群众基本文化权益的手段和途径，《中华人民共和国公共文化服务保障法》和《中华人民共和国公共图书馆法》均以法律形式确认和保障了上述内容。

随着城乡一体化发展战略的提出和推进，城乡公共文化也在朝着一体化方向发展，在以城带乡原则的指导下，以建立和完善覆盖城乡的公共文化服务网络为目标，将基层公共文化设施网络作为打通公共文化服务"最后一公里"的基本途径，加大文化资源向乡村倾斜，强调实现城乡公共文化服务均等化；另外，切实关注农民工和农村留守妇女儿童等特殊群体的基本文化权益保障问题，并且从单纯的文化援助转向制度和长效机制的建立[41]。

3. 城乡公共文化服务一体化：2020年至今

党的十九大以来，我国覆盖城乡的公共文化服务设施网络更加健全，城乡群众享受公共文化服务更加便利。但当前城乡公共文化服务仍存在着发展不平衡等问题。随着文化和旅游的融合发展，城乡一体化和乡村振兴战略的深入推进，公共文化服务发展面临新的机遇和挑战。党的十九届四中全会提出"完善城乡公共文化服务体系，优化城乡文化资源配置"[42]。2020年，习近平总书记在教育文化卫生体育领域专家代表座谈会上的讲话提出了推进城乡公共文化服务体系一体建设的工作要求[43]。2021年文化和旅游部、国家发展改革委、财政部联合印发的《关于推动公共文化服务高质量发展的意见》（下称《意见（2021）》）将"加强城乡公共文化服务体系一体建设"作为主要原则[44]。国家"十四五"规划提出"完善公共文化服务体系""优化城乡文化资源配置，推进城乡公共文化服务体系一体建设。"[45]《"十四五"文化和旅游发展规划》将"推进城乡公共文化服务一体建设，实现城乡基本公共服务全覆盖"作为促进城乡融合发展的重要措施[46]。随后出台的《"十四五"公共文化服务体系建设规划》《"十四五"公共服务规划》都将推进城乡公共文化服务体系一体建设作为公共文化发展的重要任务，前者更是将其列为七大主要任务之首[47-48]。

"城乡公共文化服务体系一体建设"高频出现。这一话语的正式提出表明"十四五"时期健全现代公共文化服务体系的新高度，即由均等化来到了一体化。均等化和一体化都是为了消除城乡居民公共文化服务的不平等，但均等化更多是城乡两个主体所享服务逐渐相等的过程，而一体化则强调城乡作为一个整体内部共同享受服务的过程[49]。均等化仍旧重要，但一体化的目标却更进一步。具体来看，《意见（2021）》首次提出"将若干人口集中，工作基础好的乡镇（街道）的综合文化站建设为覆盖周边乡镇（街道）的区域分中心"[50]。"分中心"体现了城乡整体布局的思路。《"十四五"公共文化服务体系建设规划》将健全和完善城乡公共文化服务协同发展机制既作为目标，又作为主要任务[51]，精准体现了城乡统筹、协调和融合的思想。

（三）城乡一体化的历史演变对公共文化政策的影响

1. 基本公共文化服务向乡村延伸

21世纪初，为推动乡村文化与其他领域共同发展，缩小与城市的差距，《国务院办公厅转发文化部国家计委财政部关于进一步加强基层文化建设指导意见的通知》《中共中央办公厅、国务院办公厅关于进一步加强农村文化建设的意见》等一系列针对乡村文化建设的文件相继发布。随着城乡统筹和城乡一体化的提出和推进，为建立起适应城乡一体化建设要求的公共服务体系，乡村和城市的公共文化事业也逐渐被作为一个整体统筹谋划。相关法律规章、党内法规制度、发展规划等多份文件多次传达了基本公共文化服务向乡村延伸的要求，主要内容可以概括为图书馆、文化馆、博物馆等基础公共文化设施的硬件延伸，和文化服务下沉、基层文化队伍建设的软件延伸。例如，《"十四五"文化和旅游发展规划》提出"深入推进县级图书馆文化馆总分馆制建设，推动优质公共文化服务向基层延伸"的主要任务和"夯实基层人才队伍……开展基层公共服务队伍培训"的保障措施[52]。

多地相关法规规章等文件也深度关注城乡基本公共文化服务均等化，如《上海市公共文化服务保障与促进条例》第十七条规定："区人民政府应当建立以区级公共图书馆、文化馆为总馆，以社区文化活动中心为分馆，以居（村）综合文化活动室为基层服务点的总分馆制，推动公共文化资源共享和服务延伸。"[53]《浙江省公共文化服务保障条例》第二十四条规定："各级人民政府应当依托公共图书馆、文化馆、博物馆、美术馆、综合档案馆、公共数字文化工程、农村电影放映工程等提供流动文化服务，促进优质文化资源向基层流动。"[54]许多地方还出台了专门的基层公共文化服务规定，如《上海市社区公共文化服务规定》《深圳市基层公共文化服务规定》，这意味着乡村公共文化服务已经成为公共文化服务高质量发展的重点。

2. 在城乡关系重塑中发挥文化力量

公共文化政策正朝着推动城乡在社会、经济、文化等全领域一体化的方向前进。促进劳动力等生产要素在城乡双向自由流动要以城乡公共服务均等化为前提[55]，作为公共服务的一个方面，公共文化的均等化本就是城乡经济社会协调发展的前提之一。如果说推动城乡公共文化服务均等化、标准化、数字化是新时代公共文化服务发展到一定阶段的必然选择，那么以文化力量撬动城乡融合则可以被视作其融入趋势所展现的"大文化"格局。起初，公共文化政策在任务、措施、要求中体现文化建设助推城乡协调发展的导向。例如，《关于推进基层综合性文化服务中心建设的指导意见》将"开展基层党员教育工作""配合做好其他公共服务"作为基层综合性文化服务中心的功能定位之一[56]，要求为乡村组织振兴、公共服务均等化提供阵地保障。

乡村振兴战略提出后，公共文化政策更加关注如何以文化的力量重塑城乡关系，政策文本中直接提到"乡村振兴""城乡融合"等话语。例如，《"十四五"文化和旅游发展规划》中明确将促进城乡融合发展作为文化建设的重要任务之一，提到"把城乡文化建设同新型城镇化战略有机衔接起来，以城带乡、以文化人，不断提高城乡居民的文化获得感"[57]。《"十四五"公共文化服务体系建设规划》提出了"以文化繁荣助力乡村振兴"的任务，包括盘活传统文化资源、开展乡村民俗活动、推进乡村文化和旅游融合发展等方面[58]。《意见（2021）》要求"紧紧围绕乡村振兴战略，将乡村文化建设融入城乡经济社会发展全局，融入乡村治理体系……适当拓展乡村基层综合性文化服务中心旅游、电商、就业辅导等功能……打造特色乡村文化和旅游品牌，拓展乡村文化和旅游发展新模式"[59]，让乡村公共文化服务助力财富创造和经济发展。

3. 保障底线的标准化建设成为关键

标准化的主要效用在于保障底线，是促进公共文化资源下沉、城乡均衡发展的基础。2015 年，中共中央办公厅、国务院办公厅印发的《关于加快构建现代公共文化服务体系的意见》提出"建立基本公共文化服务标准体系"，要根据国家指导标准，制定地方标准，附件《国家基本公共文化服务指导标准（2015—2020 年）》规定了基本服务项目、硬件设施、人员配备三大项目，基本服务项目包括读书看报、收听广播、观看电视、观赏电影、送地方戏、设施开放、文体活动七项[60]，是第一个国家层级的基本公共文化服务标准，其中的一些内容体现了服务体系建设重点向基层倾斜的导向[61]。《国家基本公共服务标准（2021年版）》中列入了公共文化设施免费开放、送戏曲下乡、收听广播、观看电视、观赏电影、读书看报、少数民族文化服务共七项公共文化服务，加上"弱有所扶"类别中的"残疾人文化体育服务"，共八项[62]。每一项都明确了服务对象、内容、标准，支出责任和牵头负责单位，并且对其细化、量化、具体化，是对先前标准的充实和完善[63]。

二、城乡一体化背景下基层公共文化发展的实践经验

根据上述政策分析，城乡一体化背景下公共文化服务建设与发展，其关键词在于"基层"。本文也将城乡一体化建设的关键，放在基层公共文化机构的运作和发展之上。在研究中，基层机构改革是一个特别需要指出的关键背景，这牵涉基层公共文化如何适应新时期城乡关系的问题。机构改革之后，基层职能融合加快、效能提高，对工作人员的素质也提出了更高的要求，但同时，也出现一些改革期和过渡期必然出现的"阵痛"。第一，文化职能逐渐边缘化，服务阵地面临缺失风险。在新一轮的基层机构改革中，文化站与其他机构整合挂牌成为一种现象，基层职能整合趋势明显，场地共用情况突出，这对于基层公共文化服务效能的提升是不小的挑战。第二，乡镇和乡村（尤其是乡村）的文化人才不足。一方面，基层文化队伍缩减；另一方面，由于职能整合，基层文化工作者身兼数职，且文化工作往往并非其主要工作，导致基层文化人才的专业性下降。第三，服务体制有待进一步理顺。一方面，上下级部门的职能划分不清晰。由于受到上级的业务指导与同级主管部门的双重管理，基层公共文化机构出现多头管理的现象。另一方面，机构整合后，文化职能的承担者变得模糊。上级文化行政管理部门和文化业务指导部门与基层进行对接时，基层公共文化机构容易角色缺位。这些问题都影响到基层公共文化服务供给，导致部分文化站服务内容和形式单一，文化活动活力不足，服务效能低下。面对这些改革中的难点，各地积极探索，积累了不少可供参考借鉴的经验。

（一）基层文化机构融通融合

以共享的发展理念为导向，坚持融通融合，是建设高质量基层公共文化

服务体系的关键路径。但如何实现融合发展是有待探索的难题。基层公共文化机构与新时代文明实践中心的共建共享是目前机构融合的典型方式。此外，在城乡文旅融合趋势下，文化服务中心与旅游服务中心融合发展也是基层机构整合的重要方式。根据改革实践，文化站与新时代文明实践中心、党群服务中心挂牌成立，以及基层文化旅游体育职能整合的现象突出，上述整合路径能够有效应对改革带来的影响。因此，考虑到案例的代表性、案例与机构改革背景的相关性，下文选取了中山市"三中心"共建共享、潮州市"两中心"融合发展两个创新案例。"三中心"共建共享、"两中心"融合发展为解决改革后文化职能边缘化、服务阵地缺失等问题提供了具体的经验。潮州市"两中心"融合发展在2021年广东公共文化研讨会上被评为"两中心"融合建设最佳实践案例之一。本文对上述案例进行分析，并总结了以下创建经验。

1. 推动机构融合，强化城乡公共文化服务主体

在城乡一体化背景下的基层公共文化机构融合发展，并不是简单的机构之间的合作，而是在有整合条件与空间的前提下开展工作。基层综合性文化服务中心、党群服务中心、新时代文明实践中心虽然先后分别在国家不同政策中提出建议，分属不同的部门主管，但是三个机构的功能定位、服务对象、提供的公共服务内容均存在一定的交叉，这为各个"中心"建立共建共享机制、为发展城乡公共文化服务机构主体奠定了重要基础。

从中山市"三中心"共建共享实践来看，首先，发挥基层党组织的治理功能，在"三中心"共建共享机制中，党组织可通过建立职责清单、党员带头当志愿者等方式组织机构融合与服务开展；其次，共享共建阵地资源，在城乡一体化的背景下，建立"三中心"阵地资源有效利用机制，能够解决服务场地缺失的问题。在实践中，场地共用情况明显。在实际的建设过程中，基层综合性文化服务中心、党群服务中心、新时代文明实践中心基本不会各自分开独立建设，而是其中两个机构或者三个机构都建在同一个地点。场地有限使得三个机构统筹发展成为必然趋势。

2. 瞄准文旅融合，推动城乡文化资源互相流动

在部分有条件的地区，基层机构的融合工作还可以按照文旅融合的思路展开。这一思路适用于旅游资源丰富、旅游产业发展较好的旅游名镇（村）、历史文化名镇（村）、重点旅游扶贫村、南粤古驿道沿线、文化艺术之乡，或依托景区、线路等不同类型重点乡村旅游区域的文化旅游公共设施[64]。

从潮州市"桂坑村文旅驿站建设"融合实践来看：一是整合城乡资源。桂坑村文旅驿站以党群服务中心为主要阵地，整合基层综合性文化服务中心、志愿服务驿站、村级卫生站等资源，实现功能多元化，包括旅游咨询服务、讲解翻译服务、交通志愿服务等，此外，利用村祠堂、村史馆、文化旅游景点等人流集聚区域，打造公共服务阵地；二是突出当地特色，村落在基层党组织的引领下，基于潮漳高速环线交通优势与丰富的生态人文资源，建成"罗厝古围寨—原生态食品小作坊—枫岛公园—东山庵古寺—石庵—玉瑶山庄"特色文旅路线；三是提供政策支持，省级文化和旅游厅印发了《广东省加快推进文化和旅游融合发展三年行动计划（2020—2022 年）》《省文化和旅游厅关于开展基层综合性文化服务中心与旅游服务中心融合发展工作的通知》《基层综合性文化服务中心与旅游服务中心融合发展建设指引（试行）》等文件。其中，后两项文件对"两中心"融合发展作出具体指引，对财政资金支持、建设位置、功能配置等作出明确规范。在村一级，桂坑村文旅驿站制定了《文旅驿站管理制度》《志愿服务项目》《驿站服务项目表》等规范。

（二）激活地方力量参与文化建设

积极鼓励和引导新乡贤等地方文化人才参与公共文化服务体系建设，多渠道引进文化人才，这是激活乡村内生动力、完善公共文化服务供给方式的重要途径，也是推动城乡公共文化服务一体发展、实现乡村文化振兴的时代要求。本文以中山市左步书屋、固原文化大院为案例。中山市左步书屋彻底改变了中国民营图书馆的形象，解决了管理不善等问题，成为新时代民营图书馆的标杆。固原市农村文化大院与乡镇综合文化站、村级文化活动室相互补充、相互促进，拓宽了农村文化建设的途径，有效解决了公共文化服务供给不足、不平衡的难题。

1. 以文化人，激发地方文化人才的建设情怀

乡贤和地方优秀的文化能人是推动乡村振兴的重要力量，发挥他们在公共文化领域的示范引领作用和资源聚集作用，对于构建一体化的城乡公共文化服务体系具有关键意义。中山左步书屋的建设中，书屋的主人徐家杰为基层公共文化服务带来的不仅是资源和一座图书馆，其家乡情怀和精神力量对于推动地方文化发展也具有一定意义。地方优秀的文化能人熟悉本地的文化资源和基础条件，能够更好地号召和引导村民参与公共文化活动，同时激发

基层的文化创作活力。在固原文化大院的案例中，正是在文化能人的带动和文化大院的号召下，村民参加文化活动的积极性越来越高，一批农村文化团队不断发展壮大，提升了乡村文化的"造血"功能，为广大村民提供了更加丰富且贴近民生的公共文化产品，有效解决了乡村公共文化服务供给不足和不平衡的难题。

要激励地方力量参与文化建设，经费是一个逃不开的问题，实施税收优惠政策则是一个重要的可能路径。针对我国社会捐赠税收优惠政策缺乏统一规范和存在落实障碍等问题，首要任务是出台一项专门的社会捐赠税收优惠的规范性文件。其次，可以适当减少通过捐赠获得税收优惠的限制，促使更多社会主体加入捐赠者行列。而在现有政策下，成立地方性公共文化事业的基金会是合理路径，有助于引流公益捐赠助力乡村公共文化建设，缩小城乡差距。

2. 以文育人，多渠道引进和多元化培育人才

针对基层文化机构普遍面临的人才引进数量不足、专业人才欠缺、人才专业化水平不够、人才工作热情不高等问题，固原文化大院注重发挥地域文化资源优势，吸引了专业舞蹈演员加入文化大院人才队伍。在文化能人带动和引领之下，积极开展各类非遗技艺培训班，并组织村民积极参与，吸纳村民成为文化创作者，丰富村民精神文化生活，带动村民就业增收，促进了优秀传统文化的创造性转化、创新性发展。这既激发了群众的参与热情，又通过创收补贴保障了文化大院的持续运行。为了满足人才队伍的数量需求，基层文化机构还可以探索更为灵活的人才任用机制，如完善政府雇员制度和购买服务制度，优化志愿者招募制度，实行退休人员返聘制度等；在人才培育方面，可以积极联系区县级文化机构，寻求与行业协会和多方社会力量之间的合作，不断探索培训方式与内容的创新和培训资源的优化。

3. 以文培元，挖掘与发展地方传统文化资源

在城与乡的关系之中，"乡"往往看似是弱势的一方，然而与"城"相比，其也有独特的资源条件，即扎根本土的优秀传统文化。在这样的背景下，需要充分挖掘以非物质文化遗产为代表的地方传统文化资源，推动传统资源创新性、创造性发展，让优秀传统文化活起来并融入百姓的日常生活之中。如固原各文化大院在发展过程中充分依托和利用地方戏曲、红色文化、民俗非遗、民族体育、农耕文化等为代表的特色文化资源，打造了一批主题突出、

特色鲜明的农村文化大院。

（三）推动文旅志愿服务深入发展

志愿者本身就是具有流动性、公益性的关键群体，是促进城乡公共文化一体化的重要主体之一；同时，"文化和旅游志愿服务"的融合也是"文旅融合"的一个关键切面，文旅志愿服务将在乡村振兴的工作中发挥日益显著的作用。本文以南沙区培育扶持民间团体、乳源县推动非遗和文旅志愿服务融合作为案例。广州市南沙区培育扶持民间团体，激发了民间文化活力，一定程度上缓解了公共文化服务中文化产品数量不足、服务范围和能力有限的问题，满足了人民群众日益增长的精神文化需求；乳源县推动非遗和旅游资源结合的文化志愿服务机制建设，为各村镇输送了文化发展的内生动力，从"送文化"到"种文化"，激发了群众自主创编的积极性，满足了当地群众对精神文化生活新期待。

1. 以制度规范筑牢文旅志愿保障体系

以法律或政策的形式明确志愿服务中的基本法律问题，有利于形成目标明确、责任清晰的运行框架，促进文化和旅游志愿服务保障体系的建设。就志愿者招募的规范化而言，首先需要明确文化和旅游志愿服务招募的目的和标准，据此制定招募计划，根据志愿者的意愿、背景、优势安排服务项目。在招募过程中注重招募渠道和宣传方式的创新，借助传统媒体和新媒体，设计具有吸引力的、多样化的宣传材料，同时联动社会力量助力招募。

就志愿者培训的规范化而言，政府可以从培训计划、培训团队、培训课程等几方面着手，设计系统、全面的计划，邀请富有经验的专家学者，编写或选用实用性教材，对志愿者展开长短期结合的、具有针对性的培训，建立起一批专业化、职业化志愿服务团队。

就志愿者管理的规范化而言，政府应当制定志愿服务管理实施办法等相关制度，加强对志愿者、志愿组织及志愿行为的规范管理，培育、孵化和扶持一批具有广泛影响力的志愿服务组织，在财政补助、税收、资源等方面提供帮助，助力其形成特色鲜明的服务品牌[65]。例如，广州市南沙区出台了《广州市南沙优秀文艺作品奖励试行办法》《南沙区民间文艺团体扶持资金管理办法》等相关政策，为基层文艺团体提供专项资金支持。鼓励民间文艺团体通过竞争获取扶持资金。在相关激励制度促进下，南沙区培育扶持了上百个优秀文艺团体，这些团体创作并展示了大量优秀的文艺创意和作品。通过社区文化节、春风行等活动，南沙区群众得以享受高品质的文化盛宴，进一步激发了享受文化服务、参与文化活动的热潮。

就志愿服务过程的规范化而言，应转变传统的服务形式，提供人性化服务，满足公民多元化需求。当中的重点之一是建立起完善的志愿者服务回馈机制，营造尊重并推崇文化志愿者社会服务的良好氛围，相关部门应着手设计一套详尽具体的、切实可行、具有可操作性的回馈机制[66]，使文化和旅游志愿服务"有迹可循"，为优化文化和旅游志愿服务提供具体参考。

2. 引入专业人员助力文旅志愿项目开发

文化和旅游志愿服务的专业化包括志愿者的专业价值和专业技能。文化志愿服务的专业化对志愿者的要求包括奉献精神、服务热情、艺术水平、专业技巧和鉴赏能力，需要志愿者能够结合专业技能创新志愿服务的形式和内容，以胜任专业化和创新性服务的要求[67]。乳源县"金鸪鸪"瑶乡文艺帮扶共建项目与地方高校合作孵化文艺项目，通过专家与民间文艺志愿者"一对一"结对的方式扶持民间文艺骨干，极大提升了民间艺术团体的创作水准，为各村镇输送了文化发展的内生动力，从"送文化"到"种文化"，激发了群众自主创编的积极性。

（四）建设基层数字公共文化体系

城乡一体化的最大问题之一，是城乡资源的不平衡。公共文化服务数字化、网络化、智慧化发展，能够在一定程度上缓和基层公共文化服务资源不足的情况。本文选取了中国广州从化云上"村晚"和日本东京都中小型图书馆网站建设两个案例。广州从化云上"村晚"成为全国"村晚"示范点展示活动之一。日本东京都中小型图书馆网站的建设是全球基层公共文化服务数字化建设的典范。

1. 以数字化、智慧化保障基层公共文化需求

公共文化服务智慧化、数字化发展以现代数字技术的发展为基础。整体来看，边远、贫困地区的数字技术发展仍较为落后。根据中国互联网络信息中心（China Internet Network Information Center，CNNIC）发布的第49次《中国互联网络发展状况统计报告》，截至2021年12月，我国整体网民规模超过10亿，互联网普及率达到73.0%[68]；然而，其中农村地区互联网普及率为

57.6%[69]；60 岁及以上老年群体互联网普及率为 43.2%[70]。可见，农村地区仍有接近一半的区域上网困难。此外，老年人的数字公共文化服务可获得性也有待关注。在农村地区日益"空心化"的当下，老年群体是本地公共文化服务的主要对象。老年人的技术鸿沟是乡村数字文化服务需要关注的现实问题。值得欣慰的是，在县域总分馆体系的建设下，农村等基层地区的相关建设得到了上级政府的保障、支持，以及上级公共文化机构的业务指导，使其具有攻克各项难题、提升公共文化质量的优越条件。同时，依托中央补助地方公共文化云建设项目资金等，"村晚"网络化以及数字文化服务建设将进一步发展起来。如在"村晚"云直播活动中，广州市从化区采用 5G 新技术，打造 4K 高清直播效果，是科技赋能文旅、文化彰显科技的有益尝试。

2. 以地方化、个性化培育数字公共文化阵地

东京都中小型图书馆网站的设立和发展理念很好地体现出，数字化可以"慢"下来，也需要逐步地培育和发展数字公共阵地。总体来看，以东京都为代表的日本基层公共文化网站呈现出以下特点：

首先，网站设计将当地特色文化与便民、平等、包容等理念相结合，一般包含导航系统、检索系统、组织系统等完整的要素；其次，以网站为代表的数字公共文化阵地的用户界面（User Interface，UI）设计关系到用户的使用体验，也直接影响公共文化的形象，因此 UI 设计注重直观、易用的感受，整体风格偏向轻松、活泼。最重要的是，受日本基层公共文化机构"课题解决型"发展理念的影响，在常规功能之外，大多日本中小型图书馆网站在无障碍服务、商务支援服务、教育支援服务的功能设计方面也非常突出[71]。

三、结论

（一）研究结论

1. 凸显文化对乡村振兴的赋能作用

文化在乡村振兴中能发挥的作用是贯穿全过程和全领域的，不仅能起到内在的智力保障和精神动力作用，提升文明程度和文化自信，也能对产业振兴、人才振兴、组织建设等方面提供支撑[72]。浙江达人村、陕西袁家村、四川战旗村等案例的成功都离不开乡土文化的深度参与。随着文化在经济发展中的渗透和带动作用不断加强，文化对经济发展的赋能作用越来越受到关注。

如前文所述，公共文化政策已经开始注重发挥文化在重塑城乡关系中的作用，城乡政策也开始将乡村特色文化产业发展、文化和旅游融合发展等内容纳入其中。但总体而言，在城乡政策中，关于文化的内容和条款并不多，所占篇幅也较少，更多还是强调城乡布局、产业融合等经济发展内容，以及人口、土地、资本等要素的流动，公共资源的均衡配置；此外，文化，尤其是公共文化，更多还是以提升人民群众科学文化素养、丰富文化生活、建设乡村精神文明风貌为目标，其与产业振兴、人才振兴、生态振兴、组织振兴的深度关联没有得到进一步挖掘。如《乡村振兴战略规划（2018—2022）》明确提出"推动乡村文化振兴"，包括加强农村思想道德建设、弘扬中华优秀传统文化、丰富乡村文化生活三方面[73]，其他城乡政策也基本以这三方面为重点，尚未挖掘到公共文化蕴含的更大能量。

《"十四五"文化和旅游发展规划》《"十四五"公共文化服务体系建设规划》《意见（2021）》均为公共文化基础设施建设、公共文化服务助推乡村振兴和公共文化融入城乡经济社会发展全局等，提供了一些方向指引和实践遵循。虽未全面深入，但有思路启发。城乡政策需要更加注意到，文化建设不只能改善乡村精神风貌，对于从城市到农村的居民，由自然生态、多样物种、风俗人文构成的乡村特色文化是让他们驻足消费、投资创业的关键；对于乡村居民，公共文化基础设施是思想道德水平和科技文化素质提升的阵地和"补给站"，文化产品供给是产业振兴和人才振兴的精神和智力支撑，乡土文化不仅能催生文化创意，联结政府、企业家、艺术家、农民等相关各方[74]，提升产业附加价值，还能陶冶人、团结人、留住人，推动组织振兴，形成有利于城乡改革的氛围。

2. 激活乡村主体意识，对接实际需求

长期以来，我国破除二元结构的政策导向是城市帮扶农村，文化方面也是如此，为了加强乡村文化建设，我国在体制机制上推进图书馆、文化馆总分馆制建设，文化供给上广泛开展文化科技卫生"三下乡"、"送欢乐下基层"、流动文化服务车等一系列文化下乡活动。这些措施的推行改变了乡村公共文化基础设施落后的局面，提升了乡村公共文化服务效能，推进了城乡公共文化标准化、均等化，改善了乡村社会风气，一定程度上满足了乡村居民日益增长的文化需求。但同时，乡村一直被动接受城市文化的单向输入，这种单向的供给是一种行政行为，脱离了乡村实际，且较为强势，没有与乡村文化内生动力结合，暗含着城市文化先进、乡村文化落后的逻辑，不利于群众文化需求表达[75]。现有政策下的总分馆体系中总馆都设在城镇，业务管理都集中于总馆，乡村分馆或基层服务点工作人员并无太多话语权，并且他们往往身兼数职，通过基层分馆上升空间有限，积极性也就不高，其他机构对于文化这类不能立见成效的事业参与热情也并不高。

"十三五"时期以来的规划文件中开始推行"菜单式""订单式"文化服务，鼓励开展乡村节日民俗活动，支持"村晚"等村民自办文化，对于增强公共文化服务的针对性和互动性，建立村民的主体意识有一定作用，但这些内容较为笼统和零散，没有全面回应实际需求和体现对人的关注。村民需求得到关注，主动性才容易激活。《中共中央 国务院关于做好 2022 年全面推进乡村振兴重点工作的意见》提出"推动基本公共服务供给由注重机构行政区域覆盖向注重常住人口服务覆盖转变"[76]是一个重要信号，文化政策应当捕捉并回应这一信号，让服务跟着人走而非跟着行政机构走。《意见（2021）》提出根据新出现的居民聚集情况开展公共文化建设、为基层文化队伍搭建展示才华的平台[77]等内容，均体现了对人和实际需求的关注，有待出台更具体措施指导和保障村民自办文化，将多方群体纳入其中，推动文化进城，真正增强乡村文化认同和文化自信。而对于基层机构工作人员来说，观念上需要让他们意识到文化是盘活乡村经济、保持乡村特色的根源，办好文化事业对于整个乡村振兴、城乡融合以及他们的事业都有着长远效用，具体措施上则要给予乡村基层服务点更多自主权。

3. 重视流动人口的基本文化权益保障

自改革开放以来城乡人口流动政策放宽之后，我国有大量乡村人口流向城市。据第七次全国人口普查数据显示，2020 年全国流动人口 3.76 亿人，较 2010 年增长 69.73%。其中，乡村流向城镇的人口为 2.49 亿人，较 2010 年增长 1.06 亿人，占总流动人口的 66.2%，城镇化率和乡城流动人口比重持续提高[78]。乡村流向城镇的人口大多成为外来务工人员，他们数量庞大，是城乡联系的桥梁和纽带，并且在未来一段时间将会继续存在，保障这部分群体的基本文化权益是构建社会主义和谐社会的基本要求，也是城乡协调发展的应有之义。国家和有关部门曾出台过《国务院关于解决农民工问题的若干意见》《文化部关于高度重视农民工文化生活，切实保障农民工文化权益的通知》等涉及农民工文化权益保障的规范性文件，文化政策当中也有相关内容，如

《意见（2021）》就提出"加强对城市新生代外来务工人员的文化帮扶，推动他们更好融入城市，成为城乡文化交流的重要力量"[79]，《"十四五"文化和旅游发展规划》也提到要保障流动人口的文化权益[80]。但与未成年人、老年人、残疾人等其他特殊群体相比，流动人口权益保障受到的重视明显不够，如《"十四五"公共文化服务体系建设规划》中就没有专门写到流动人口，而是以"等特殊群体"概之[81]，而最突出的体现是，我国尚没有专门针对流动人口的全国性法律规章和服务标准。保障流动人口享有与城市居民同等的文化权益，也是推进城乡公共文化服务一体化进程中不可忽视的重要内容。

此外，虽然我国目前城乡之间的人口流动还是以由乡到城为主，但近年也出现了城市向乡村流动的现象，城市居民通过下乡担任志愿者、投资兴业、行医办学、捐资捐物、法律服务等方式服务乡村振兴事业。随着乡村振兴战略的深入实施，还会有更多人口流向乡村。《关于加快推进乡村人才振兴的意见》提出要以完善的公共服务设施保障吸引人才留在乡村[82]，公共文化设施自然也包括在其中。综上所述，由城到乡的流动人口文化权益也需要受到重视。当前基层公共文化服务对象还是以当地村民为重点，在文化和旅游融合的背景下，游客服务开始受到关注，但针对更多不同群体的公共文化服务规范和指引还有待制订。

4. 加强对基层公共数字文化建设的重视

当前的公共文化政策中，对整个乡村公共数字文化建设的重视程度还有待提升，对于通过数字化手段保护与传承乡村优秀传统文化的重视程度也有待提升。自全国文化信息资源共享工程实施开始，利用现代化信息技术加工、整合、传播文化信息资源就成为了贯通城乡公共文化服务的重要手段。《中共中央　国务院关于实施乡村振兴战略的意见》提出"实施数字乡村战略，做好整体规划设计……弥合城乡数字鸿沟"[83]，公共数字文化作为数字乡村战略的一部分，理应有相应的规划实施方案与各项配套政策。而目前还没有专门的乡村公共数字文化建设规划，"十四五"时期也尚未出台公共数字文化建设规划。《文化部"十三五"时期公共数字文化建设规划》《"十四五"文化和旅游发展规划》《"十四五"公共文化服务体系建设规划》中，具体到乡村数字文化服务的内容较少，且大多局限于基础设施建设，少部分涉及数字文化服务。乡村公共文化服务数字化有待得到更多关注，出台专项规划等政策。

乡村公共数字文化建设的内容主要包括对文化基础设施的数字化，图书馆、文化馆信息资源以及乡村文化遗产等文化资源的数字化。其对乡村振兴和城乡一体化的作用主要有两方面：一是加强文化服务保障、丰富文化产品供给、提升公共文化服务效能，弥合城乡在文化领域的"数字鸿沟"，让城乡人民享有更高质量的精神文化生活；二是保存乡村文化资源，实现乡村优秀传统文化创造性转化和创新性发展，增强文化自信。《"十四五"文化和旅游发展规划》和《意见（2021）》等文化政策都比较关注第一个方面，更强调通过智慧图书馆体系建设、公共文化云等项目建设创新乡村公共文化服务内容和服务方式，对于以数字化手保护和传承乡村文化资源，展现和传播乡村文化魅力着墨不多。而《数字乡村发展战略纲要》和《数字乡村发展行动计划（2022—2025 年）》都强调对乡村优秀传统文化的数字化保护、传承、宣传[84-85]。这对于公共文化政策制订的启示是：应该更加关注为传统建筑、农业遗产、民俗风情、传统技艺等文化遗产建设数字资源，讲好中国故事。

（二）研究展望

城乡一体化进程中的公共文化服务发展是一个涉及广泛的主题，但由于课题组时间、精力以及篇幅的限制，仍有许多内容未能展开，值得后续进一步研究。

（1）持续开展城乡公共文化服务体系一体化建设的实践调研。我国国土辽阔，东部、中部、西部等各个地区的现实情况存在差异，同一地区的城乡状况、基层情况也有所不同。本文以广东为对象展开研究，尽管广东覆盖了发达的珠三角地区和欠发达的粤东西北地区，具有一定代表性，但调研范围仍比较有限。在未来，还需要对全国其他地区，尤其是经济欠发达地区的建设状况展开更深入、系统的调查。

（2）加强城乡公共文化服务一体化建设的制度壁垒分析。本文将重点放在了案例研究之上，对于保障机制的研究相对欠缺，但根据笔者的调研感受，事实上，城乡公共文化服务一体化更需要解决的，其实是机制问题，尤其是目前一些很难解决的机制构建问题。某种程度上，案例的经验也必须沉淀为机制，才是长远的、可持续的。

（3）进一步聚焦"县域"在城乡公共文化一体化中的作用。本课题研究的缺憾之一，是对"县域"的功能缺乏关注。2021 年 7 月，《中共中央　国务院关于加强基层治理体系和治理能力现代化建设的意见》明确提出基层治理是国家治理的基石，同时强调了县级政府在加强乡镇（街道）、村（社区）治理体系和治理能力现代化建设中的重要作用[86]。2022年的《政府工作报告》中也明确指出，要"推进以县城为重要载体的城镇化建设""加强县城基础设施建设"，同时"中央财政将加大对地方财力支持，补助资金直达市县"[87]。从上述相关文件可以看到，在全国统一大市场和城乡一体化的建设中，县级政权将承担着越来越重要的作用，而这事实上是"对大中型城市尤其是大城市发展为核心的城镇化道路的一种反思"。随着国家治理体系和治理能力现代化的推进，县级政权在国家政策实施中的地位和作用不断提高和加强，县域一级的文化治理要求不断提高，文化发展任务也日益艰巨。在这一背景下，激活县级公共文化机构对于推动城乡公共文化一体化建设具有关键意义。本文针对人才机制的研究已有聚焦"县域"特殊功能的意图，但这一工作仍有待拓展。

参考文献

[1]李国新.摹画未来　指引方向　明确任务　促进发展——《"十四五"公共文化服务体系建设规划》解读[J].图书馆论坛，2021(8)：1-6.

[2]谢志强，姜典航.城乡关系演变：历史轨迹及其基本特点[J].中共中央党校学报，2011(4)：68-73.

[3]张海鹏.中国城乡关系演变70年：从分割到融合[J].中国农村经济，2019(3)：2-18.

[4]国务院发展研究中心农村部课题组，叶兴庆，徐小青.从城乡二元到城乡一体——我国城乡二元体制的突出矛盾与未来走向[J].管理世界，2014(9)：1-12.

[5]全面建设小康社会，开创中国特色社会主义事业新局面[EB/OL].[2024-06-04].https://www.gov.cn/test/2008-08/01/content_1061490.htm.

[6]高举中国特色社会主义伟大旗帜　为夺取全面建设小康社会新胜利而奋斗——在中国共产党第十七次全国代表大会上的报告[EB/OL].[2021-11-26].https://fuwu.12371.cn/2012/06/11/ARTI1339412115437623_all.shtml.

[7]胡锦涛在中国共产党第十八次全国代表大会上的报告[EB/OL].[2021-

11-25]. https：//www. 12371. cn/2012/11/17/ARTI1353154601465336_all. shtml.

[8]习近平：决胜全面建成小康社会　夺取新时代中国特色社会主义伟大胜利——在中国共产党第十九次全国代表大会上的报告[EB/OL]．[2021-11-25]. https：//www. 12371. cn/2017/10/27/ARTI1509103656574313. shtml.

[9]中共中央　国务院关于全面推进乡村振兴加快农业农村现代化的意见[EB/OL]．[2021-11-26]. http：//www. moa. gov. cn/xw/zwdt/202102/t20210221_6361863. htm.

[10]中华人民共和国国民经济和社会发展第十四个五年规划和2035年远景目标纲要[EB/OL]．[2022-02-25]. http：//www. gov. cn/xinwen/2021-03/13/content_5592681. htm.

[11]第十三届全国人民代表大会常务委员会.中华人民共和国乡村振兴促进法[EB/OL]．[2022-02-23]. http：//www. npc. gov. cn/npc/c30834/202104/8777a961929c4757935ed2826ba967fd. shtml.

[12]国务院办公厅关于印发"十四五"城乡社区服务体系建设规划的通知[EB/OL]．[2022-02-25]. http：//www. gov. cn/zhengce/content/2022-01/21/content_5669663. htm.

[13]中共中央办公厅　国务院办公厅印发《关于推进以县城为重要载体的城镇化建设的意见》[EB/OL]．[2022-05-31]. http：//www. gov. cn/zhengce/2022-05/06/content_5688895. htm.

[14]张克俊,杜婵.从城乡统筹、城乡一体化到城乡融合发展：继承与升华[J].农村经济,2019(11)：19-26.

[15]孔祥智,张效榕.从城乡一体化到乡村振兴——十八大以来中国城乡关系演变的路径及发展趋势[J].教学与研究,2018(8)：5-14.

[16]本刊编辑部."城乡融合与乡村振兴"学术笔谈[J].城市规划学刊,2019(S1)：64-66.

[17]中国共产党第十九届中央委员会第五次全体会议公报[EB/OL]．[2024-05-06]. https：//www. gov. cn/xinwen/2020-10/29/content_5555877. htm.

[18]中华人民共和国国民经济和社会发展第六个五年计划[J].中华人民共和国国务院公报,1983(9)：307-410.

[19]中华人民共和国国民经济和社会发展十年规划和第八个五年计划纲要

[J]. 中华人民共和国国务院公报，1991(12)：374-414.

[20] 中华人民共和国国民经济和社会发展"九五"计划和 2010 年远景目标纲要[J]. 中华人民共和国国务院公报，1996(7)：200-243.

[21] 文化事业发展"九五"计划和 2010 年远景目标纲要[G]//王怀安. 中华人民共和国法律全书：第 8 卷. 长春：吉林人民出版社，1998：1847-1860.

[22] 文化事业发展第十个五年计划纲要[G]//孙家正. 中国文化年鉴 2002—2003. 北京：新华出版社，2004：310-318.

[23] 文化部、中国新民主主义青年团中央委员会关于配合农村合作化运动高潮开展农村文化工作的指示[J]. 中华人民共和国国务院公报，1956(8)：195-200.

[24] 中共中央关于制定"十一五"规划的建议（全文）[EB/OL]. [2022-01-26]. http://cpc. people. com. cn/GB/64162/64168/64569/65414/4429220. html.

[25] 中华人民共和国国民经济和社会发展第十一个五年规划纲要[EB/OL]. [2022-02-26]. http://www. gov. cn/gongbao/content/2006/content_268766. htm.

[26] 国家"十一五"时期文化发展规划纲要[EB/OL]. [2022-01-26]. http://www. gov. cn/govweb/gongbao/content/2006/content_431834. htm.

[27] 中共中央办公厅、国务院办公厅关于加强公共文化服务体系建设的若干意见[G]//中共中央文献研究室. 十六大以来重要文献选编：下. 北京：中央文献出版社，2006：1132-1142.

[28] 中共中央关于深化文化体制改革推动社会主义文化大发展大繁荣若干重大问题的决定[EB/OL]. [2022-01-26]. https://www. 12371. cn/2012/09/28/ARTI1348823030260190. shtml.

[29] 中办国办印发国家"十二五"文化改革发展规划纲要[EB/OL]. [2022-02-26]. http://www. gov. cn/jrzg/2012/02/15/content_2067781. htm.

[30] 中共中央办公厅 国务院办公厅印发《国家"十三五"时期文化发展改革规划纲要》[EB/OL]. [2022-02-26]. http://www. gov. cn/xinwen/2017-05/07/content_5191604. htm.

[31] 中华人民共和国国民经济和社会发展第十二个五年规划纲要[EB/OL]. [2022-02-26]. http://www. gov. cn/2011lh/content_1825838_2. htm.

[32] 中共中央办公厅 国务院办公厅印发《关于加快构建现代公共文化服务

体系的意见》[EB/OL].[2022-02-26].http://www.gov.cn/gongbao/content/2015/content_2809127.htm.

[33]中华人民共和国国民经济和社会发展第十三个五年规划纲要[EB/OL].[2022-02-26].http://www.gov.cn/xinwen/2016-03/17/content_5054992.htm.

[34]文化部 新闻出版广电总局 体育总局 发展改革委 财政部关于印发《关于推进县级文化馆图书馆总分馆制建设的指导意见》的通知[J].中华人民共和国国务院公报,2017(22):98-101.

[35]东莞图书馆.公共图书馆服务规范(GB/T28220-2011)[EB/OL].[2022-02-26].https://www.dglib.cn/dglib/zcfg/201604/07ca50fa9d4a4685a3304866021bf2e0.shtml.

[36]国务院办公厅关于推进基层综合性文化服务中心建设的指导意见[EB/OL].[2022-02-26].http://www.gov.cn/zhengce/content/2015-10/20/content_10250.htm.

[37]关于实施全国文化信息资源共享工程的通知[G]//财政部教科文司.教科文财务管理手册:2001—2002年.北京:中国财政经济出版社,2007:375-389.

[38]文化部、财政部关于实施"数字图书馆推广工程"的通知[G]//中华人民共和国文化部.中国文化年鉴.北京:新华出版社,2013:196-198.

[39]文化和旅游部办公厅关于印发《公共数字文化工程融合创新发展实施方案》的通知[EB/OL].[2022-02-26].http://www.gov.cn/zhengce/zhengceku/2019-09/25/content_5433092.htm.

[40]文化部 财政部关于印发《"公共电子阅览室建设计划"实施方案》的通知[EB/OL].[2022-02-26].http://www.gov.cn/zwgk/2012-02/27/content_2077526.htm.

[41]王素芳.弱势群体文化权利保障的国家战略视野——基于《国家"十一五"时期文化发展规划纲要》的解读[J].图书与情报,2007(5):20-22.

[42]中共中央关于坚持和完善中国特色社会主义制度 推进国家治理体系和治理能力现代化若干重大问题的决定[EB/OL].[2022-02-25].https://www.12371.cn/2019/11/05/ARTI1572948516253457.shtml.

［43］习近平：在教育文化卫生体育领域专家代表座谈会上的讲话［EB/OL］.
［2022-02-25］. http://www. gov. cn/xinwen/2020-09/22/content_554
6157. htm.

［44］［50］［59］文化和旅游部　国家发展改革委　财政部关于推动公共文化服
务高质量发展的意见［EB/OL］.［2022-02-26］. http://www. gov. cn/
zhengce/zhengceku/2021-03/23/content_5595153. htm.

［45］中华人民共和国国民经济和社会发展第十四个五年规划和2035年远景目
标纲要［EB/OL］.［2022-02-25］. http://www. gov. cn/xinwen/2021-03/
13/content_5592681. htm.

［46］［52］［57］文化和旅游部关于印发《"十四五"文化和旅游发展规划》的
通知［EB/OL］.［2021-11-25］. http://zwgk. mct. gov. cn/zfxxgkml/ghjh/
202106/t20210602_924956. html.

［47］［51］［58］文化和旅游部关于印发《"十四五"公共文化服务体系建设规
划》的通知［EB/OL］.［2021-11-25］. https://www. mct. gov. cn/whzx/bn-
sj/ggwhs/202107/t20210706_926236. htm.

［48］关于印发《"十四五"公共服务规划》的通知［EB/OL］.［2022-02-26］.
http://www. gov. cn/zhengce/zhengceku/2022-01/10/content_5667482. htm.

［49］缪小林，高跃光.城乡公共服务：从均等化到一体化——兼论落后地区如
何破除经济赶超下的城乡"二元"困局［J］.财经研究，2016（7）：
75-86.

［53］上海市第十五届人民代表大会.上海市公共文化服务保障与促进条例［EB/
OL］.［2022-03-12］. https://law. sfj. sh. gov. cn/#/detail?id=6003cbe930
96735fa4852a2b.

［54］浙江省人民代表大会.浙江省公共文化服务保障条例［EB/OL］.［2022-
03-12］. http://ct. zj. gov. cn/art/2020/7/3/art_1229135376_744777. html.

［55］宋晓梧.加快农业转移人口市民化进程［N］.人民日报，2019-05-20
（13）.

［56］国务院办公厅关于推进基层综合性文化服务中心建设的指导意见［EB/
OL］.［2022-02-26］. http://www. gov. cn/zhengce/content/2015-10/20/
content_10250. htm.

［60］中共中央办公厅　国务院办公厅印发《关于加快构建现代公共文化服务

体系的意见》[EB/OL].[2022-02-26].http://www.gov.cn/gongbao/content/2015/content_2809127.htm.

[61]徐益波.新形势下的现代公共文化服务体系建设与公共图书馆——基于《意见》和《标准》的文本分析[J].图书与情报,2015(1):131-133.

[62]关于印发《国家基本公共服务标准(2021年版)》的通知[EB/OL].[2022-03-12].https://www.ndrc.gov.cn/xwdt/tzgg/202104/t20210420_1276842.html?code=&state=123.

[63]李国新.筑牢公共文化服务高质量发展的基础——《国家基本公共服务标准(2021年版)》中的基本公共文化服务[J].图书馆研究与工作,2021(7):16-19.

[64]广东省文化和旅游厅.省文化和旅游厅关于开展基层综合性文化服务中心与旅游服务中心融合发展工作的通知[EB/OL].[2022-03-26].http://whly.gd.gov.cn/special/xy/ggfw/content/post_3130431.html.

[65]李敏.深入推进志愿服务制度化建设[J].中国特色社会主义研究,2019(3):73-78.

[66]刘建中,熊国柱,刘丽莎.充分发挥文化志愿者力量 努力办好各类社会文化——以东莞市动员组织志愿者参与文化建设为例[J].社会建设研究,2017(2):139-147.

[67]良警宇.中国青年文化志愿服务的实践与创新[J].中国青年社会科学,2022(1):19-27.

[68][69][70]中国互联网络信息服务中心.CNNIC发布第49次《中国互联网络发展状况统计报告》[EB/OL].[2022-03-28].http://www.cnnic.net.cn/gywm/xwzx/rdxw/20172017_7086/202202/t20220225_71724.htm.

[71]陈苗,戴颖聪,曾斯钰.日本中小型图书馆网站信息构建及对中国的启示[J].农业图书情报学报,2022(8):52-64.

[72]孙若风.期待文化在乡村振兴中全线出击[J].中国乡村发现,2021(2):96-102.

[73]中共中央 国务院印发《乡村振兴战略规划(2018—2022年)》[EB/OL].[2022-05-31].http://www.gov.cn/zhengce/2018-09-26/content_5325534.htm.

[74]孙若风.文化是撬动城乡融合的新杠杆[J].乡村振兴,2021(9):21-24.

[75]罗哲，唐迩丹.农村公共文化服务的结构转型：从"城市文化下乡"到"乡村文化振兴"[J].四川师范大学学报(社会科学版)，2019(5)：129-135.

[76]中共中央　国务院关于做好2022年全面推进乡村振兴重点工作的意见[EB/OL].[2022-02-23].http：//www.gov.cn/zhengce/2022-02/22/content_5675035.htm.

[77]文化和旅游部　国家发展改革委　财政部关于推动公共文化服务高质量发展的意见[EB/OL].[2022-02-26].http：//www.gov.cn/zhengce/zhengceku/2021-03/23/content_5595153.htm.

[78]国务院新闻办就第七次全国人口普查主要数据结果举行发布会[EB/OL].[2022-01-20].http：//www.gov.cn/xinwen/2021-05/11/content_5605842.htm.

[79]中华人民共和国中央人民政府.文化和旅游部　国家发展改革委　财政部关于推动公共文化服务高质量发展的意见[EB/OL].[2022-02-26].http：//www.gov.cn/zhengce/zhengceku/2021-03/23/content_5595153.htm.

[80]文化和旅游部关于印发《"十四五"文化和旅游发展规划》的通知[EB/OL].[2021-11-25].http：//zwgk.mct.gov.cn/zfxxgkml/ghjh/202106/t20210602_924956.html.

[81]文化和旅游部关于印发《"十四五"公共文化服务体系建设规划》的通知[EB/OL].[2021-11-25].https：//www.mct.gov.cn/whzx/bnsj/ggwhs/202107/t20210706_926236.htm.

[82]中共中央办公厅　国务院办公厅印发《关于加快推进乡村人才振兴的意见》[EB/OL].[2022-05-31].http：//www.gov.cn/xinwen/2021-02/23/content_5588496.htm.

[83]中共中央　国务院关于实施乡村振兴战略的意见[J].中华人民共和国农业部公报，2018(2)：4-15.

[84]中华人民共和国中央人民政府.中共中央办公厅　国务院办公厅印发《数字乡村发展战略纲要》[EB/OL].[2022-03-22].http：//www.gov.cn/zhengce/2019-05/16/content_5392269.htm.

[85]中华人民共和国国家互联网信息办公室.数字乡村发展行动计划(2022—2025年)[EB/OL].[2022-03-22].http：//www.cac.gov.cn/2022-01/25/c_1644713315749608.htm.

[86]中共中央　国务院关于加强基层治理体系和治理能力现代化建设的意见

［EB/OL］．［2024－01－01］．https：//www．gov．cn/gongbao/content/2021/
content_5627681．htm.

［87］李克强．政府工作报告——2022 年 3 月 5 日在第十三届全国人民代表大会
第五次会议上［EB/OL］．［2024－01－01］．https：//www．gov．cn/premier/
2022－03/12/content_5678750．htm.

民族民俗文化旅游区标准体系建设：现状与方向

庄馨雨（青岛大学）

为进一步提升民族民俗文化旅游区建设质量，增强民族地区文化旅游相关国家标准的适用性和科学性，完善文化旅游区国家标准体系，民族民俗文化旅游区标准体系建设工作势在必行。本文从可持续发展视角出发，构建民族民俗文化旅游区标准体系并对区域民族民俗旅游可持续发展水平进行评估，从而找出制约因素，这是民族民俗旅游产业发展的需求，对民族民俗地区旅游业的可持续发展具有重要意义。本文以中国云南民族民俗文化旅游区为案例，通过查阅相关文献及实地调研，结合研究对象的特点及标准化工作现状，针对文化旅游区相关问题、旅游区建设和配套设施等的优劣势，构建包含通用基础标准体系、旅游区保障类标准体系、旅游要素标准体系三个子体系的标准体系，为发展中国高质量文旅示范区，提高城市旅游核心竞争力，推动文旅融合绿色可持续发展提供参考。

当前，我国城乡建设面临从高速增长阶段向高质量发展阶段转变的重要时期，旅游业作为国民经济的支柱产业，对我国乡村振兴、美丽乡村建设都具有重要的现实意义。民族民俗文化旅游是一种特殊的文化旅游，能促进少数民族地区及偏远地区旅游业的发展，同时也对偏远地区的脱贫致富及民生改善有着重要的推动作用。我国文化旅游产业呈现为更加注重旅游的特色化、多样化和品质化，高质量高标准的文化旅游区建设受到了前所未有的重视和关注。

2021年10月，《国家标准化发展纲要》提出完善绿色发展标准化保障，进一步加强标准化工作，推动高质量发展，建立持续优化生态系统建设和保护标准、碳达峰碳中和标准，实现可持续发展目标。标准化和多学科的交叉融合及应用为进一步探索因地制宜创新型的发展理念与模式，推动我国文化与旅游业的发展提供有针对性的科学指引，以此促进文化旅游区的转型朝着更加良性和绿色可持续方向发展。

当前，一些旅游区存在文化含量不高，缺少当地特色的问题，在游客不再满足于"到此一游"，而是需要"深度体验"的情况下，没能提供更优质的民族民俗特色资源和服务，缺少对民族民俗文化旅游的深度挖掘。因此，品质化的民族民俗文化旅游区标准是解决上述问题的重要技术依据，为基础标准、质量标准的良好有序运行提供了理论支持。为进一步提升民族民俗文化旅游区标准质量，增强民族地区文化旅游区国家标准的适用性和科学性，民族民俗文化旅游区标准体系及系统评估研究工作势在必行。

鉴于民族民俗旅游的特殊性和对传统文化资源的依赖性以及当前在开发和管理等方面存在的问题，本文从可持续发展视角出发，构建民族民俗文化旅游示范区标准体系，并对区域民族民俗旅游可持续发展水平进行评估，以便找出制约因素。

研究对象选择中国云南省，通过查阅相关文献及实地调研，结合该文化旅游区的特点及标准化工作现状，构建民族民俗文化旅游区标准体系。本研究通过分析案例地区文化与旅游标准化建设现状，找出其标准化建设和运营存在的问题，并构建民族民俗文化旅游区相关标准体系，以此为我国文化旅游区的高质量建设和发展，文旅融合助推我国城乡一体化建设进程提供参考。

一、文献综述

自《民族民俗文化旅游示范区认定》（GB/T 26363—2010）、《民族民俗文化旅游示范区认定》（GB/T 26363—2022）国家标准发布以来，各种民族民俗文化旅游区的标准化建设工作得到了有效开展，为发展高质量旅游提供助力。旅游区标准建设方面的相关研究也日渐完善。

（一）民族民俗文化和旅游关系的理论研究

我国民俗学家钟敬文提出旅游资源需要民俗来丰富，民俗也需要旅游来保护的观点。学者仲富兰将民俗文化定义为"沟通人们物质生活和精神生活，反映民间社区和集体的人群意愿，并主要通过人作为载体进行世代相传的生生不息的文化现象”[1]。因此，民族民俗文化本质可表达为：反映民族民众物质与精神生活、沟通联系民族族群中的人群意愿，并通过族群内的人们进行世代相传的民俗文化现象。“旅游凝视”（Tourist Gaze）是厄里在法国思想家福柯“凝视”概念基础上提出的，厄里认为旅游者作为权利主体，通过“凝视”对客体施加作用力，从而使主体参与客体所处环境的社会性建构。“凝视”是一种隐喻，不仅表示旅游者所投射的目光和相关行为，还包括旅游动机行为诉求和感觉反馈等要素在旅游过程中及过程后共同对旅游地造成的影响[2-4]。少数民族群落大多分布在地域边缘地区，导致民族文化发展的相对独立和文化发展的隔断不通。旅游者来到民俗文化村，最先接触到的是不同于旅游者自身所处文化环境的独特民俗文化，其中所反映的民族性和差异性满足了旅游者的好奇心，但是文化闭塞所造成的语言不通、文化冲击等会削弱旅游者探索的积极性，使其凝视的方向从原先的激进转为保守，最终流于表面[5-7]。

（二）民族民俗文化旅游区相关标准研究

标准化是一个动态的、连续的过程，包括标准制定与修订、发布与实施、咨询与阐释、意见与反馈、效果与评价等多个环节。《民族民俗文化旅游示范区认定》对民族民俗文化旅游示范区认定的依据、条件及要求加以规定，并对民族民俗文化表征且具备旅游功能的特定区域进行认定。虽然在发布标准之前已经进行了一系列严格的程序，但在实际操作和监督中仍存在一些不确定性，且随着市场需求的变化，标准需要在一定的时间内进行修订。对标准的评价应贯穿整个标准化阶段，目前的标准评价研究大多集中在标准方法可行性的评价方面，主要采用层次分析法。各国的评价方法各有其特点，这些特点是由各国政治、社会、文化和法律背景所决定的[8-9]。但所有有效的评价过程都有一个共同的基础，即强调有计划、有目的地收集评价的相关结果，进行严格的调查分析，从而提高相关结果的应用质量。

综上可见，民族民俗文化旅游是一个涉及产业利益、监管制度、社会经济环境的均衡问题[10-12]，学者们的研究成果主要集中在民族民俗文化与旅游的关系研究、民俗文化旅游开发中旅游资源的开发利用、开发模式的构建以及对民族地区的影响研究等方面，为民族民俗文化旅游区的研究提供了理论基础，但依然需要进一步补充和深化。

一是学者们大多从旅游学角度对文化旅游区加以研究，因研究视角的限制往往只针对其中一个侧面提出对策，研究思路与研究视角较单一，没能将其放在更为开阔、系统的旅游文化发展中考察，其整体性和系统性构建还需补充和完善。

二是目前关于民族民俗文化旅游区的相关研究大多集中于某个城市，较少有研究根据我国不同地区特点而展开的。针对不同地区特点和当地风土人情，实地考察调研存在的问题，从而设计构建民族民俗文化旅游区标准体系是本研究的创新点。

因此，针对以上问题，在对民族民俗文化旅游区标准体系、民族民俗旅游的可持续发展等有关概念进行梳理的基础上，紧扣民族民俗文化旅游区的特点，为标准体系的有效协同运行提供理论依据和实证支持，促进民族民俗文化旅游区的一体化管理，为保护及传承我国民族民俗文化，推进乡村振兴和城乡一体化建设提供对策和参考。

二、云南民族民俗文化旅游特点及现状分析

本研究选取云南省作为案例进行实地调研和分析，通过问卷调查和访谈的形式，获取基础数据，掌握了云南地区文化旅游区的建设情况及存在问题。

（一）普遍存在民族民俗文化遗产与现代文化冲突的问题

调研发现，随着历史的变迁，部分村落的建筑结构演变为砖木混合，这类建筑与原有的传统木质建筑形成了鲜明对比。随着社会经济的发展，现代化气息也越发浓厚，古老文化正在与现代文化进行博弈。

（二）民族民俗文化旅游区内传统技术难以传承

调研发现，当地很多古建筑的修建和维护依赖于建筑师傅多年积累的经验和技能，较少使用现代化设计手段，有的建筑甚至连图纸都不会有，从而导致这种传统技术的传承延续性较差；而城镇化的不断发展使很多人走出村寨，这也使少数民族地区传统工艺技术无法得到有效传承。

（三）当地居民本身保护意识的缺失及旧有模式的打破

调研还发现，很多当地人不再满足于村寨的自给自足，村民对原有文化

和当地传统建筑的保护意识缺失。随着越来越多的游客进入景区，在某种程度上打破了原有的生活形式，旧有的农耕生活逐渐被客栈和小生意所取代，这对当地文化旅游区内传统文化的保护与传承无疑是一种巨大挑战。

三、案例地区民族民俗文化旅游区的实证分析

（一）调研问卷内容及信效度分析

1. 问卷内容

本文在深入研读文献，比较不同国家、地区和国际标准化组织的文化旅游法规、标准体系的基础上，结合云南地区的实际特点，设计座谈调研，了解该地区民族民俗文化旅游区存在的突出问题。通过 SPS 案例分析法，设计针对当地居民、游客的实验调查问卷，对政府相关管理部门、当地居民、游客、标准使用者及技术专家采用走访座谈、定向意见收集的形式进行半访谈式调研，在综合考量人口结构、经济发展水平、民族民俗文化旅游特色等指标的基础上，依据实地调研结果，揭示民族民俗文化旅游示范区标准施行规律，据此设计民族民俗文化旅游标准体系。

本问卷结合云南地区文化旅游景区内食、住、行、购、娱情况设计问卷，问卷采取满意度评价方式，选项设计参考《旅游区（点）质量等级的划分与评定》（GB/T 17775—2003）中对不同等级景区的划分，分为非常符合、符合、不清楚、不太符合、非常不符合，相应记 5、4、3、2、1 分，最终核心指标如表 1 所示。

表 1　文化旅游区建设标准指标

一级指标	二级指标
旅游示范区管理	管理机构和体制
	管理标准
	管理人员培训
	应急管理预案
旅游环境	植被覆盖率
	可持续环保材料

续表

一级指标	二级指标
旅游环境	设施地方特色
	环境卫生
	空气质量
	声标准
	水环境
物质文化传承	遗产类资源
	传统建筑保护
	示范区特色产品
	地方文化特色
非物质文化传承	民间文学和艺术
	传统节日和庆典
	体育游戏和文化娱乐
	当地文化传承
传统文化保护	居民传统文化保护意识
	传统文化保护制度
	传统文化传承人
	传统文化培训
	传统古文化保护专项资金
	新老社区的分离
公共服务	人文与自然结合的景观
	公共服务设施
	民俗文化博物馆或展览馆
	示范区内社会秩序
宣传与营销	示范区宣传工作
	消费意愿
旅游市场主体	游客分类

2. 问卷发放情况

问卷发放时间为 2021 年 7 月 20 日—9 月 1 日，共收回有效问卷 161 份。问卷由调查人员直接向游客发放并进行一对一调查，便于及时解答游客对问卷的疑问，另外对相关管理部门、当地居民、标准使用者及技术专家采用走访及半访谈形式调研，对于文化旅游区建设现状得到了较好的访谈结果。关于被调研对象性别方面，游客男女比例基本为 1∶1；游客年龄多集中于 18—60 岁，占整体数量的 75.5%；受教育程度比较均匀地分布于初中、高中、中专、大专、本科、硕士及以上，其中，本科教育水平的游客略多；客源有 70% 为本省游客，可见受到疫情影响，跨省旅游比疫情防控之前减少，旅游区主要服务对象还是周边居民。

3. 问卷信效度分析

为保证因子分析数据有意义，首先要确保变量之间的相关性，通过测度克隆巴赫系数（Cronbach'α）确定问卷信度，信度分析可用来确定问卷数据的可靠性，信度系数越高则问卷调查结果越可信；再分析 KMO 测度值来确定问卷效度，KMO 大于 0.8 且显著性小于 0.05 时，说明问卷效度合格且可以做因子分析。通过 SPSS 分析，本问卷信效度均合格，可以进行下一步因子分析（见表 2）。

表 2　文化旅游区问卷信效度分析

可靠性统计		
Cronbach'α		项数
0.961		32
KMO 和巴特利特检验		
KMO 取样适切性量数		0.934
巴特利特球形度检验	近似卡方	3253.739
	自由度	496
	显著性	0.000

（二）因子分析

本研究对云南地区展开实地调研、收集问卷数据并进行数据分析，为文化旅游区标准体系的构建奠定了数据分析基础，并得出需要完善标准体系的依据和判断。按照提取公因子大于 1 的原则，为保证因子分析的命名分析效果和信息保证量，从 32 个景区标准体系建设相关因子中提取 7 个公因子，能够解释变量的 88.615%，将这 7 种因子分别命名为 1 游览体验、2 服务感受、3 餐娱活动、4 管理体制、5 旅游环境、6 文化传承、7 宣传营销（见表 3）。

表 3   文化旅游区标准评价指标因子旋转成分矩阵

	成分						
	1	2	3	4	5	6	7
整体游玩质量	0.889		0.778		0.902	0.856	
环境质量	0.802				0.883		
厕所安排	0.763						
游客投诉	0.751						0.588
重游意愿	0.718						
建筑保护	0.682					0.667	
相关建筑	0.622						
咨询服务		0.851					0.776
购物场所		0.779					
导游素质		0.786		0.665			0.533
餐饮质量			0.747	0.755			
娱乐活动	0.665						

在这 7 种因子中，因子 1 "游览体验"、因子 5 "旅游环境"、因子 6 "文化传承"的方差贡献率较高。文化旅游区建设之初，计划体现包含古建筑在内的一系列地区特色文化，调研发现，旅游区对于当地地区文化的宣传介绍程度不足，因此可以通过建立标准体系的形式，将地区文化数字化、产业化，以录影、书籍、杂志等形式深度挖掘地区文化产业潜力，将游览体验向文化旅游方向靠拢，保护当地传统文化。

因子 2 "服务感受"方差贡献率相对较低，这也与笔者在调研过程中发现的旅游区现状符合。因受到疫情的严重影响，景区内的游客 80% 以上为本地居民，且多为半日、一日类短期游览，有些景区虽设有提供导游咨询服务的专门机构，但整体对导游的需求还是很少，目前旅游业发展仍处于较低的水平。为解决这种现象，开发城市旅游产业潜力的同时带动周边区域的旅游发展，旅游区标准体系的建设内容也应包括和周边地区的旅游合作中如游客交通、住宿等长线旅游所必须考虑的问题。

因子 3"餐娱活动"方差贡献率较低。调研发现，随着人们生活水平和质量的提升，众多游客比较重视旅游景区的餐饮种类和餐饮质量等相关问题，因此，在构建民族民俗文化旅游区标准体系的时候应体现对于因子 3"餐娱活动"的关注。

因子 4"管理体制"和因子 7"宣传营销"相对其他因子方差贡献率较低，今后文化旅游区可以向着强化管理体制机制，加大宣传营销力度，进而带动当地旅游产业的可持续发展。实地调研还发现，游客认为最需要改进的为旅游区的餐娱活动和服务感受，在卫生、餐饮质量方面，认为需要改进的游客人数也比较多。由此可见，文化旅游区亟需通过建立标准体系来改善整体游览体验，提升标准化水平，实现旅游产业的可持续性发展。

四、民族民俗文化旅游区标准体系构建方案

（一）文化旅游区标准体系构建目标

构建符合民族民俗文化旅游区的标准体系，标准体系内的各个子体系应符合科学合理的结构标准[13-15]，通过标准体系的构建，规范旅游区内公共服务、旅游服务、综合管理等各项工作，达成旅游区运营管理、游览体验的优化，促进民族地区旅游业的可持续发展。另外，标准体系构建应基于民族民俗文化旅游区标准明细（见表4），并解决前文因子分析发现的现存问题，针对案例示范区实际情况构建标准体系。

表 4   民族民俗文化旅游区标准明细表

类别	标准号	标准名称	实施日期
A16	GB/T 41011—2021	旅游景区可持续发展指南	2021/11/01
	GB/T 26363—2010	民族民俗文化旅游示范区认定	2011/06/01
	GB/T 26362—2010	国家生态旅游示范区建设与运营规范	2011/06/01
	GB/T 26353—2010	旅游娱乐场所基础设施管理及服务规范	2011/06/01
	GB/T 31383—2015	旅游景区游客中心设施与服务规范	2015/09/01

续表

类别	标准号	标准名称	实施日期
A12	GB/T 18973—2016	旅游厕所质量等级的划分与评定	2016/08/29
	GB/T 18972—2017	旅游资源分类、调查与评价	2018/07/01
	GB/T 26353—2010	旅游娱乐场所基础设施管理及服务规范	2011/06/01
	GB/T 26355—2010	旅游景区服务指南	2011/06/01
	GB/T 26356—2010	旅游购物场所服务质量要求	2011/06/01
	GB/T 38547—2020	旅游度假租赁公寓基本要求	2021/02/01
A22	GB/T 16766—2017	旅游业基础术语	2018/04/01
	GB/T 31384—2015	旅游景区公共信息导向系统设置规范	2015/09/01
	GB/T 10001.2—2021	公共信息图形符号 第2部分：旅游休闲符号	2021/10/01
L67	GB/T 26360—2010	旅游电子商务网站建设技术规范	2011/06/01

（二）文化旅游区标准体系构建方案

文化旅游区标准体系应至少包含通用基础标准体系、保障类标准体系、旅游要素相关标准体系三项，并在这三项基础上加以优化。

1. 通用基础标准体系的构建

通用基础标准体系大多参考《服务业组织标准化工作指南 第2部分：标准体系》（GB/T 24421.2—2009）内对服务通用基础标准体系的描述，最终简化后的通用基础标准体系如图1所示。

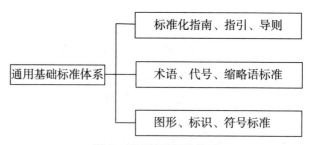

图1 通用基础标准体系

旅游区通用基础标准体系是标准化工作的基础，《服务业组织标准化工作指南 第2部分：标准体系》是应对服务业标准体系构建的指南，并没有针对旅游景区的标准体系进行构建，导致通用基础标准体系构建过于冗杂，标准体系内关于数值、数据、测量的相关标准并不适配旅游区的实际工作，所以相应标准也可弃用。

2. 旅游区保障类标准体系的构建

旅游区保障类标准体系的构建结构图如图 2 所示。

首先，为支持标准化工作的进行，文化旅游景区内应设立专门的标准化部门并实施相应的标准化体系管理，以管理循环法（PDCA 循环）形式促进标准体系的持续改进，标准化管理体系内应包含标准实施监督、标准执行、标准实施效果审查等相关标准，在持续改进的同时解决旅游区标准执行较差的问题。其次，在人力资源管理上应考虑标准化人才的引入和旅游区其他员工的标准化职业技能培训，保证标准化工作的持续有效进行。最后，考虑到旅游区环境改善问题，后续对环境的影响也应有相关标准约束，旅游区对环境的影响也应实时检测、持续改进。

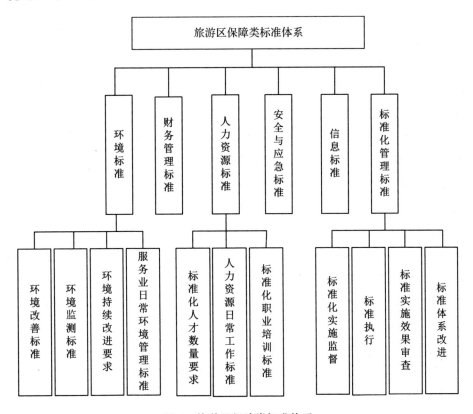

图 2　旅游区保障类标准体系

3. 旅游要素标准体系的构建

旅游要素标准体系应包含旅游中食、住、行、娱、购五类与游客旅游体验相关的子体系，根据前文对案例旅游区的数据调研和分析结果，构建标准体系如图 3 所示。

在旅游餐饮方面，除必备的环境、卫生、设施、服务相关标准外，根据旅游区现状来看，由于区内团队游客相对较少，景区内的餐饮供应方多为小商小贩，餐饮形式偏向夜市，若想以此开拓周边地区旅游市场，开发旅游景区的长线旅游线路，在餐饮服务方面必须添加预订服务和团队用餐服务相关规范。

在旅游住宿方面，虽然目前需求量较少，旅游区内仍然有一定数量的旅店，且旅店建筑风格也与周边环境融合效果较好。为巩固这一优势，在后续扩建中，应把旅馆建筑风格要求纳入标准体系构建，将旅游区民族民俗文化的卖点直接体现在游客可实际参与使用的建筑上，提高区内旅游资源吸引力。

在旅游交通方面，调研发现，针对机动车和非机动车的停车场数量足够，且途经景区的公共汽车数量也较多，但旅游专线交通工具较少。因此应在旅游交通标准体系中规定旅游专线交通工具数量、路线，并对相应交通工具的外形、涂装等进行规范化管理，以此打造地区特色旅游品牌。

在旅游娱乐方面，结合前文问卷结论，文化旅游区娱乐相关内容亟需改善。目前区内娱乐活动以不定期举办的灯展、戏剧和街头表演为主，虽然大部分游客对此评价较好，但部分低年龄段游客对此兴趣不浓，相关娱乐活动虽能一定程度上体现当地地区文化特色，但游客参与感不足。因此，在文化旅游娱乐方面可利用景区优势开发娱乐项目，通过标准确保相关娱乐项目的安全和服务质量，使游览体验更加多元化；但仅开发此类娱乐项目，旅游区核心竞争力还是不足，为提高核心竞争力，应提高区内所提供的导游服务质量，对导游的解说词、解说顺序、解说方式都提前规范培训，让游客在充分了解区内各项建筑文化背景的前提下游览，使游览体验更加深入人心。此外，还应充分开发旅游区内物质和非物质文化遗产内容。

在旅游购物方面，区内配有手工产品且价格比较合理，但并没有很好地展现其特有的文化特色。区内的旅游产品承载着地区文化传承和宣传的功能，在旅游产品贩卖上可加入部分录影、书籍、杂志等兼具文化和收藏价值的商品，旅游区现有的购物场所建筑设计也能与整体环境相互融合。

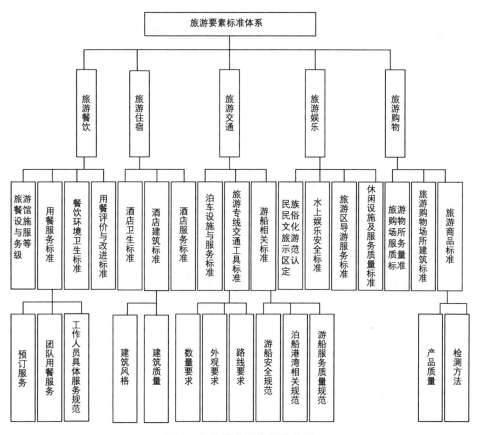

图 3 文化旅游要素标准体系

五、民族民俗文化旅游区标准体系评价机制及推行举措

(一) 民族民俗文化旅游区标准体系的评价

民族民俗文化旅游区标准体系的评价是对标准体系搭建是否合理的综合检验。评价要素可分为三部分：标准体系的基本评价要素、标准体系运行实施后的效果评价要素和标准体系的效益评价要素。标准的效果评价以民族民俗文化旅游区为对象，检验旅游环境、游客旅游体验、示范区内购物场所及厕所等设施、传统物质文化遗产和非物质文化遗产的保护、精神形态遗产及基础设施建设的保护效果等。标准体系的效益评价要素从标准体系实施运行后带来的效益出发，分为经济效益、社会效益和生态环境效益等，如图 4 所示。

（二）民族民俗文化旅游区标准体系的推行举措

民族民俗文化与旅游产业的融合在保护少数民族地区的传统文化、传承及发展当地文化旅游业之间需要找到一个平衡点，以此探索一条联动发展、互利共赢的新路径。本论文尝试通过构建民族民俗文化旅游区标准体系，探索适合我国民族民俗文化旅游可持续发展的路径。标准体系推行举措具体如下所述。

（1）以当地民族民俗风情为特色的文化旅游区开发是当地文化旅游产业发展的必由之路。通过民族民俗旅游改变当地的社会与经济面貌，开发民族民俗旅游周边产品，意味着一片土地的文化存续状态的改变。如果旅游的开发导致当地面貌的破坏，当地民族文化特色的改变，那么这种旅游开发是失败的，很难推动民族地区文化旅游的可持续发展。因此，要加强民族文化内涵的探索、理解和保护，促进旅游的可持续发展[16]。

（2）明确文化旅游区保护对象。强调对当地旅游文化资源的保护和文化资源中能对旅游者产生吸引力的内涵[17-18]，在时代发展的大背景下，引导政府及当地旅游部门进行合理使用，在结合传统文化结晶的同时，吸收现代文明的精髓，真正实现二者完美结合，科学合理发展当地旅游文化。

（3）制定民族民俗旅游业统一规范，对民族民俗文化遗产的保护设立奖惩机制。国家和地方政府应制定相应的政策法规及标准规范，搜集整理各少数民族民俗资料，将各类民俗的名称、种类等予以详细记载，制定相应的管理标准。同时，挑选一些有代表性的民俗项目编入国家或地方的非物质文化遗产目录予以特殊保护，以此维持少数民族民俗的原生性。对于故意乱用、滥用少数民族民俗文化元素等的行为，规定相应的惩罚措施；对为民族民俗文化旅游的传承发展做出特殊贡献的个人和集体给予表彰奖励。

（4）提高当地居民的旅游意识，建立健全全民参与的保护机制。政府应加大宣传及培养力度，激发年轻一代对于本族文化传承的热情，提升其文化认同感。政府部门还应鼓励人们发展自身文化，并投入资金支持，积极引导当地人弘扬和发展传统文化，让文化带来效益。在民族民俗文化保护方面，要提高当地居民的传统文化保护意识，主动了解当地文化并自觉传承和发扬本民族文化，培养民族民俗文化艺人，鼓励其开展各式各样的培训[19]，传承民族民俗传统文化技艺并发扬光大。

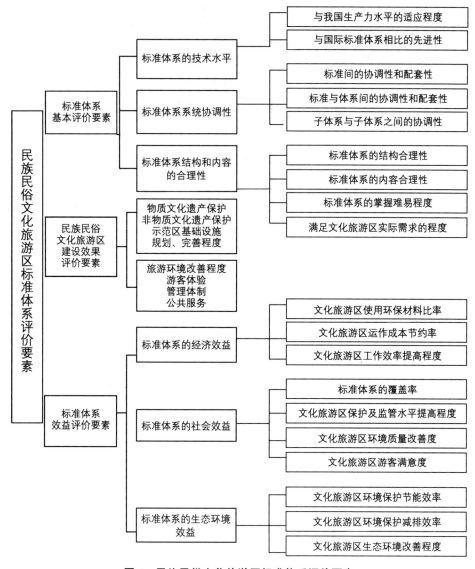

图4 民族民俗文化旅游区标准体系评价要素

（5）创新驱动，打造融虚拟现实、人工智能于一体的呈现模式。聚焦痛点、堵点、难点，强化制度创新，不断推动旅游与优秀传统文化、红色革命文化、乡村民俗文化之间的深度融合。推动线上线下结合和文化的"云传播"，积极进行线下文化产品的推广、创新、迭代和产业生态优化，将虚拟旅游与在地旅游更好地结合。

（6）塑造文旅融合新模式。推动网红经济、夜间经济、创意经济等模式的发展，实现供应链重塑、产业链整合、价值链融合。打造夜游主题观光点、夜娱文化体验点等，丰富文旅产品新形态。打造民族民俗文化与旅游融合发展示范区，积极推进地域之间、城乡之间的文旅产业协调发展。依托中医药文化体验、温泉养生等服务，拓展康养旅游市场，发展康养旅游，将文化旅游与民族民俗旅游示范区建设相融合，实现文化和旅游的绿色可持续发展[20]。

民族民俗文化旅游以其独特的文化元素、深厚的文化底蕴和高层次的文化感受，在旅游中发挥着不可替代的作用。我国民族民俗文化旅游资源丰富，具有发展民族民俗文化旅游的巨大潜力，因此，坚定文化自信，推动民族民俗文化和旅游的融合，保护和传承我国民族民俗文化，构建民族民俗文化旅游区标准体系是实现民族文化保护和传承的路径之一。标准服务于实践，没有高标准就没有高质量。在当前全球气候变化和能源节约的大背景下，完善绿色发展标准化保障，加强标准化工作，推动高质量发展，建立相应的标准体系机制，实现标准化和多学科交叉融合，为进一步探索因地制宜创新型的发展理念与模式，践行我国文化与旅游业的融合发展提供有针对性的科学指引，以此推动民族民俗文化旅游区朝着更加良性和绿色可持续方向发展。

参考文献

[1]仲富兰.中国民俗文化学导论[M].上海：上海辞书出版社，2007：25-27.

[2]URRY J. The tourist gaze[M]. 2ed. London：SAGE Publications Ltd，2002：16-20.

[3]厄里.游客的凝视[M].3版.上海：上海人民出版社，2016，4(4).

[4]HULTMAN J，HALL C M. Tourism place-making：governance of locality in Sweden [J]. Annals of tourism research，2012(2)：547-570.

[5]JANE C D. Authentic new orleans：tourism, culture, and race in the big easy by Kevin Fox Gotham[J]. American journal of sociology，2009(3)：103-105.

[6]JEM B，XAVIER F. Which tourism rules? [J]. Annals of tourism research，2003(1)：35-37.

[7]MAC D R. Cultural rural tourism：evidence from Canada [J]. Annals of tourism research，2003(2)：307-322.

［8］MOORE S A，POLLEY A. Defining indicators and standards for tourism impacts in protected areas：Cape Range National Park，Australia［J］. Environmental management，2007(3)：52-55.

［9］蔡萌，汪宇明. 低碳旅游城市：旅游城市转型发展的新标杆［J］. 旅游论坛，2010(3)：253-257.

［10］李春田. 企业标准体系需进行结构改革——试回答"企业标准体系该怎么办?"［J］. 中国标准化，2015(5)：90-97.

［11］刘发军，赵明丽. 智慧旅游标准体系建设研究［J］. 信息技术与标准化，2013(8)：49-52.

［12］李万莲，李敏. 旅游服务质量满意度影响因子的区域差异研究——安徽三大旅游板块的比较分析［J］. 经济管理，2011(3)：108-113.

［13］潘勤奋. 全球化环境下我国旅游标准体系建设［J］. 商业时代，2007(33)：105-107.

［14］唐宁，王成，杜相佐. 重庆市乡村人居环境质量评价及其差异化优化调控［J］. 经济地理，2018(1)：160-165，173.

［15］王季云，姜雨璐. 旅游业标准体系的思考与重构［J］. 旅游学刊，2013(11)：67-74.

［16］［17］章锦河. 城市旅游转型与旅游制度创新的思维转向［J］. 旅游学刊，2019(3)：7-8.

［18］RAY P. Standardization of tourism education and training to address the increasing demand for tourism staff in the East Asia/pacific region［J］. Asia pacific journal of tourism research，2001(1)：32-36.

［19］杨圣敏. 中国民族志［M］. 北京：中央民族大学出版社，2003：427-429.

［20］薛澜，翁凌飞. 中国实现联合国 2030 年可持续发展目标的政策机遇和挑战［J］. 中国软科学，2017(1)：1-12.

乡村振兴战略中"艺术乡建"的回顾和审视

张嫚嫚 王 敏 康旭霞（四川省文化馆）

乡村文化振兴是国家乡村振兴战略的重要部分，贯穿乡村振兴的全过程。当下，中国当代艺术版图中的"在地艺术"正逐渐染绿中国农村文化生态之林。在地艺术，即在当地进行艺术创作，重视艺术与地方的融合，以达到对地方文化、多元文化的保护与发展的目的。伴随着城市化进程所带来的大规模改造，以及农村农民文化意识的觉醒和艺术审美的回归，特别是国家乡村振兴战略推行和新农村建设及乡村扶贫事业的蓬勃发展，"在地艺术"在全球化语境下的视觉艺术和空间文化潮变中，凭借自下而上的"自发"与自上而下的"自觉"汇成一股"艺术乡建"（艺术介入乡村的一个代名词）的涌流。

"艺术乡建"是公共文化服务于新农村建设的一种行为方式。它以"地方知识重建"为切入点，依靠乡村"田园"和"文化"两个力点支撑，突出以"此在"关系为核心的"在地艺术"重要特征，以"现象学还原"意识对地域文化进行解读与重构。它赋予乡村文化品格，构建乡村生态空间场景，并且不断探索符合乡村文化特征以及中国特色与时代需要的发展路径。为此，我们有必要对"艺术乡建"的实践发展历程进行回顾与审视，探讨它的产业衍生规律、发展方向以及可持续性。

一、中国乡村文化建设的百年之路

20 世纪初在以农耕文明为底色的中国，农村社会随着工业化的到来迅速衰退。面对深重的民族危机，当时的知识精英分子为救亡图存，不断提出"科学救国""教育救国""农村文化振兴"等种种变革主张和方略。

关于文化振兴，梁漱溟在邹平创办了乡农学堂，成立农村合作社，开展村民的伦理道德教育，力图通过对农村旧文化进行创造性的转化来实现社会的现代改造，以此推动了乡村的都市化建设。1936 年，梁漱溟在《乡村建设大意》中提出，乡村就是我们中国文化有形的根；就无形的来说，真有道理的老道理就是我们中国文化无形的根[1]。所谓乡村建设，就是要从中国文化里转变出一个新文化来[2]。

更早提出"乡村建设"概念的是卢作孚。他在嘉陵江三峡地区的乡村重建实践注重以人为核心，以青年为主体。实践过程致力物质积累，注重社会秩序重建、良好风俗习惯的树立；并且吸收先进文化、铲除劣根性文化、增强民族自信、学习现代科技……在践行以身垂范、推广知行结合等理念的辅助下实现他所设想的农村文化的构建[3]。紧接着，米迪刚从"乡村自治"设想出发，开展了翟城村村治和绥西试办屯垦计划。该"村治"计划就政治组织结构、农业经济发展、乡村空间规划以及空间审美的符号与表现等方面进行探讨，展现了农村多元的社会文化交互特征，是中国近现代农村的首次现代化改造[4]。

1923 年，中华平民教育促进会以河北定县为实验区，在陶行知、朱其慧和晏阳初主导下进行了历时十余年的乡建实验。在众多不同背景和学科的参与者、记录者和对话者的号召下，尝试开展以"唤醒民众""人的改造"为基本思想的较系统的平民教育运动，并提出"除文盲，作新民"的口号；推出"用文艺教育救愚，用生计教育救穷，用卫生教育救弱，用公民教育救和"等一整套文化教育活动；同时也尝试了科学的、合理的制度设计。定县乡建中的"文艺"或"文化"的概念远远超出了"美术"的范畴，包括平民文学、广播节目、平民戏剧等[5]。

这一时期乡村建设运动的实践方式主要以教育为目标来改造农村社会，是当时的知识精英分子社会责任的自觉表达。在当时，社会舆论伴随各种社会团体、学术流派推波助澜，乡村建设遍地开花，陶行知在晓庄、燕京大学和清河的乡村改革实验也都卓有成效。

新中国成立以后，国家走上社会主义道路。改造乡村成了中国现代化的重要内容之一，也是 20 世纪中国乡村社会变迁的主旋律。此后，中国农村发展经历了土地改革、合作化、人民公社与集体化等重要历史事件，乡土文化、农村社会的价值体系以及生活方式也相应地发生了巨大变化。

中国共产党在不同历史阶段进行了符合政治经济社会发展需要、符合时代需求的农村文化建设。党的十八大以来，随着社会主义新农村建设这一重大战略任务的推行，农村生态文明建设显著加强，农民获得感显著提升[6]。之后，党的十九大提出的"乡村振兴"战略将"建设美丽乡村"的发展方向上升到了一个新的高度，强调要"让群众望得见山、看得见水、记得住乡愁""树立和践行绿水青山就是金山银山理念"[7]，在乡村建设路径上突出了"美丽、生态、宜居"等概念。其中一个显著特点是强调乡村自身的独特价值，推进农村生态文明建设，重建乡村的主体性。新时代的乡村建设指导思想在不断升华。

近年来，面对乡村建设浪潮，大量社会学家、艺术家、建筑师以及相关领域的专家学者纷纷投入其中，关于"乡村建设"探讨的内容逐渐多元化，实践途径亦日渐出新。以地方知识重建为关切点[8]的"艺术乡建"论述研讨也开展得如火如荼，并逐渐形成了以探寻在农村市场化的大环境中，引发中国农村物质与精神生活的巨变以及农民的价值观的转变逻辑，理论分析农村的发展规律，论证包含乡土文化在内的乡村文明文化价值观点，揭示其内涵、动因和规律的主旨遵循原则。在此原则的引导下，各地方政府及专家学者开创了乡村振兴目标下，以视觉文化和空间建设实践为主导方向的"艺术乡建"实践路径，并显示出其特立独行的作用和气质。

二、"艺术乡建"引动乡村公共空间文化嬗变

艺术进入乡村建设并非一个现代话题。现存于广袤农村的大量古建筑，包括古寨堡、古祠堂、古戏台、古牌坊、古驿道、古关隘、庙宇，甚至砖瓦瓷窑、酒肆茶坊、古农田水利工程遗址等，均凸显出可贵的文化底蕴和艺术创造性。但是，随着时间的流逝和时代的变迁，大量的文化遗存并没有得到保护及有效运用，被淹没在岁月的沙尘中。在相当长一段时间内，"艺术乡建"仍然缺乏"内生动力"。

随着改革开放，家庭联产承包责任制的推行，让广大农民的经济收入和自主意识得到巨大提升，这一切强烈冲击着旧有的宗法和等级观念。改革开放与市场经济带来的平等自由的文化之风渗透农村社会生活的各个方面，人们的思想观念也因此冲破了旧的束缚，大刀阔斧地裂变着人们固袭封闭的心

理外壳。人们潜意识中那种与生俱有的自我发展、自我表现的需求不断被引流，并不可遏制地日益复苏着文化创造意识。最终，"艺术乡建"悄然而生。

甘肃天水秦安县叶堡镇石节子村，这个名不见经传的黄土高原上贫困而凋敝的小山村，它因为艺术家靳勒（一个土生土长于此，更喜欢人们叫他"村长"的西北师范大学美术学院副教授）开展的乡建实践，创建了国内第一家乡村美术馆——石节子美术馆，并将村民的生产、生活等纳入美术馆。尽管有人质疑："美术馆，这个艺术殿堂，可以这样随意定义吗？"但不妨碍靳勒在村口挂上"石节子美术馆"的牌子。

这是一个覆盖石节子村全村的艺术现场，靳勒希望它能成为实现现代文化与传统文化的衔接与调和，使之相互促进，共同发展的样本。

怀揣"用艺术拯救农村，修复人与自然的关系""村庄令艺术更生活，艺术让乡村更美好"理想的靳勒解释说："和所有美术馆不同，石节子美术馆关注人。这是一座和人的生存有关的美术馆。"[9]他曾在网络上宣布，要在这个全世界最"土"的美术馆展开一系列当代艺术实践。石节子村以八层阶梯状分布在坡地上，由13户60多名村民组成。如今，每一户人家都成为美术馆的一个分馆，并以主人的名字命名，"海禄馆""茂林馆""保之馆""女女馆"……馆的名字是用粗铁丝焊接的（来自中国美术学院一位学生的作品）。村里人不仅把最近几年参与艺术活动的照片放大装在相框里，还在村庄的空闲角落里摆放起许多雕塑。在那些雕塑中，有纳着鞋底向远方眺望的母亲，有北方街头卖冬果梨的老汉和馋嘴小孩，还有穿牛仔裤、青春洋溢的都市女郎。它们被漫不经心地安放在杂草中、电线杆上。甚至，连村里的老树桩都被装上了枝丫，取名为"生生不息"。

创意者说，"在石节子村，生活与艺术其实难以区分"。因此，整个自然村庄的建筑、植被、院落、家禽、农具以及村民，都是艺术的一部分。据悉，这个设计灵感来自于20世纪德国著名政治艺术家博伊斯"人人都是艺术家"的理念。靳勒希望实现"打造艺术村庄就是让村民和艺术、艺术家发生关系，面对面交流；要有所思有所想，重新认识自己，减少差距；让更多人关注村民，改变村庄，为新农村建设提供一种新的可能性"[10]这样的目的。2007年，在德国举办的世界三大艺术展"卡塞尔文献展"（先锋艺术的试验场）上，石节子村的村民靳女女、李保元、孙保林、靳茂林等4人作为参与者第一次以艺术家的身份进入国际艺术殿堂。

　　石节子村的当代艺术实践，是期许通过艺术的方式改变村庄，达成艺术使村庄更美好的目的，这是村庄令艺术回归生活的愿景的一次尝试，突出呈现了艺术乡建中典型的以"此在"关系为核心，以"地方知识重建"为切入点的"在地艺术"的重要特征。

　　另一个以"内生动力"触发的"在地艺术"的乡建实践案例出现在四川郫县。郫县地处都江堰精华灌区，是川西农耕文化的核心区域，平原和林盘的邂逅，传统乡村聚落的有机融合，构成了成都平原特有的大地景观，林盘文化根深蒂固。从唐代至今，兴旺千年，声名卓著的全国五大盆景流派之一的"川派盆景"技艺代代传承。盆景制作需求与花木种植经验发展壮大了郫县的花木园艺产业，而其中的农科村更是被媒体誉为"鲜花盛开的村庄""没有围墙的农民公园"[11]。随着到农科村洽谈业务和参观的客户日益增多，原有的餐饮、住宿服务满足不了客源需求。1990 年，来这里参加望丛赛歌会的领导和中外旅游专家及各界艺术家们向地方政府提出顺应市场需要，及时开展民俗旅游的建议。在政府的大力支持下，村民们大胆创新、自主设计，将自家院落打造成专门为游客提供"农家饭"和住宿等服务的接待点，风靡全国的"农家乐"便始于此。而根植在血脉里的林盘文化与园艺审美使农科村的村民们在打造院落的同时也注重了对川西民居小桥流水、修竹环绕的独特风格的保留。

　　农科村"农家乐"的发展也吸引了艺术家的到来，他们与村民们一起，从古桥溪流、田畴古道、村舍竹林、炊烟鸡鸣……去感知数千年来成都平原的农耕文明，并期许着将这份感知具象化呈现给人们。一位不知名的画家在回忆他参与"农家乐"打造的初衷时，引用了一段描述："……漫漫长夜，陪伴我的是那绵长、邈远、神秘而优美的鸡啼声，声声阵阵，鸿蒙初开的感觉；鸡声茅店月，人迹板桥霜。远古以来，这声音不知催追了多少早行人，又有多少士子赖它相偎相伴。"[12]被感动的画家想找个形式留下这天籁之音，于是，他将固化的（村野、板桥、鸡毛店）、非固化的（鸡声、蟋鸣、稻香味）元素复制成可以储存的情感。然后通过对在地文化的解构、浓缩与想象性关联，他再版了一个浓缩独特川西农居生活气息、情景交融的农家乐园。画家强调，这个创作给人一种思想启示：文化需要贯彻一种理念，即把人们的文化需求整合到生活中去，还要有与居民生活的密切相合性，能够很好地体现"文化即生活"。可以说，这种"艺术"与我们所熟悉的绘画、雕塑相比，并不怎么相似。它是用声音、言语、行为以及气味等元素浓缩在一起的一个场景。这种以"就地创作，就地展示"[13]为特征的"在地性"艺术（Site-Specific Art）实践，有别于传统艺术所推崇的"静穆的伟大，高贵的单纯"。它展现出是原始、自然，甚至有些粗糙的情韵。艺术家正是通过这种与在地环境骨肉相连的艺术构建，去触发人们从久违了的"乡愁"中获得归属感，掀起心中情感的涟漪。

至此，这种发端于"内生"并以"此在"关系为核心的原创艺术已经介入基层农村的微观意识。它随着乡村振兴国家战略的推行，顺应着朝气蓬勃、景象万千、内涵丰赡的新农村发展和建设的需求，逐渐形成艺术有效赋能乡村振兴的宏观意识。

如今，为了挽救濒临失传的手工工艺，保护形形色色的传统特色民居，重现传统民族民间年节盛景和民俗典礼，无数实践的先行者涌现出来。人们从开办乡村艺术节，兴建乡村美术馆、博物苑、民俗村等各个方面的行为入手开始"艺术乡建"实践，引流着中国农村大地的空间改造和嬗变。江苏苏州的"阳澄湖地景装置艺术季"、贵州锦屏县"隆里国际新媒体艺术节（季）"、广东东莞道滘镇的"东莞道滘新艺术节"等"印象"系列实景演出层出不穷；以民风民俗为主题的凉山火把节、羌族"羌年"、四川绵竹年画节等乡村艺术节活动不断涌现。这些"艺术乡建"实践正形象且生动地彰显着新时期乡村振兴战略中艺术介入乡村建设这个新鲜命题的蓬勃生命力。

三、从"在地艺术"始谈"艺术乡建"

艺术与现实融汇时刻浇灌着文化的艺术生命与思想活力。事实上，无论文化的历史根脉多么深远，思想旨要何等宏阔，它生成和生效的全过程都必须从现实中汲取生命乳汁。它还须从现实中拓展传统空间，并由自身的特殊存在方式发挥着特有的作用，显示着特定的功能价值。回溯自始以来的实践实例，艺术乡建实际是一场在艺术领域内，由艺术家社会意识的自觉和创作空间的延伸而引发的与乡村社会的互动。也就是说，现代艺术介入乡村公共空间场域重构开始显示出自己的发展逻辑。

（一）"在地性"（或曰"限地性""现场性"）逻辑

作为世界四大文明古国之一，中国有着悠久的农耕文明史。这数千年的农耕经济，造就了以农耕文明为主导的中华文明的源远流长。从文化生态学的角度讲，中国原本就有着"乡土性"的特点。广大农村作为中国传统文明的发源地，承续了各族人民在漫长历史进程中创造的多姿多彩且充满乡土气息的民族民间文化，保有了中华民族无以计数的独特文化资源。

海量的民族民间文化"活"在农民的日常生产和生活中[14]，文化传统则存续在农村民俗里。如传统村落、古代农田水利工程遗址、农业文化遗产等文旅产业资源，竹编、剪纸、陶艺、根雕等农民传统"手艺"或非物质文化遗产千姿百态地生长在农村广袤的原野里。这些都为当代艺术发展提供了取之不尽、用之不竭的营养素材。乡村文化的丰富性，是中华文化的典型特征，即有着"夫源远者流长，根深者枝茂"的厚重，但又有"五里不同风，十里不同俗"的特点。

乡村文化是在农村地区形成并传承的带有浓郁地方特色和人文气息的独特文化形态，是人们主动适应自然并与之和谐相处找寻生存法则的结果，亦是大家在长期互动中共同塑造和守望的精神成果，也是不同域内人员为实现生存目标互相协作结合成的具有生物群落特征的文化生态系统。在传统乡村社会中，人们顺应自然规律进行劳作，并在日积月累中形成了自己的景观建筑、风俗习惯、劳动技艺乃至艺术行为、道德情感、价值观念和理想追求。乡村也随着历史的变迁和区域的差异展现出独具特色和韵味的意境。

需要注意的是，那些丰富的资源与素材并非平均分布在广袤的农村大地上，而是以不同特征与个性，存续在不同地区的不同的场域内。农村场域并不是纯粹的地理区域概念，它作为承载村民社交活动、信息交流、情感互动以及文化传承的物质载体，蕴有自身的乡土秉性，具有自身的逻辑规则。农村场域的公共性本身是对农村社会不同活动状态的一种客观描述，是体现公民意识的核心，是乡土记忆的存在表征，更是乡村社会文化根脉的灵魂。"场域可以被界定为网络与结构的位置间的客观联系。"[15]因此，艺术家在"艺术乡建"实践活动中与物化环境有着紧密的联系。针对特定空间的文化性和社会性特征，艺术家在场域空间里重估乡村价值进行艺术创作。他们将具有艺术性的文化符号和文化行为渗入原住人群和旅居人群场域生活空间，以艺术的方式诠释空间的物质与非物质的双重建构[16]。当特定场域变成可听、可见、可感的文化基因和文脉延续，就能够延伸村民的"意义世界"并具有艺术气质，也能够充分体现空间在公共和社会中的价值。艺术家创作实践的基本落脚点必然对接一个个不同特质的场域空间，这就形成了艺术乡建以"此在"关系为视觉焦点的"在地性"目标行为。

这里提出的"在地性"理念借鉴了西方艺术理论中的"在地艺术"说。20世纪70年代中期，"在地艺术"被美国青年雕塑家帕特里夏·约翰森、丹尼斯·奥本海姆、雅典娜·塔查等人率先使用[17]，当时也被直译为"特定场所艺术"或"限地性艺术"，指的是艺术家为特定场所创作的作品[18]。后来被美国艺术家罗伯特·欧文加以定义和推广。在地艺术主要针对场地的特征，从生态环境、人口规模、文化氛围、发展方向等进行创作，其核心理念是艺术介入社会空间并倾听空间的诉说。在地艺术的本质是要确定该地的界限条件（包括地理界限），根据社会、经济和生态的模式决定艺术家研究的路径以及作品的呈现形式。

在地性及在地艺术是全球化语境中的艺术话语，在地性观念简单说，就是一种在全球化视野中强调地方特征，从地方文化、地方性知识应对全球化的一种反向传输理念[19]。如今，在地性艺术逐渐往在地性环境艺术概念延伸。在地性环境艺术的蔓延曾被艺术评论家凯瑟琳·豪特和建筑评论家露西·利帕德描述为一场文化运动——在户外特定地点创作固定的艺术作品，而非以美术馆和博物馆为主要展览场地[20]。这样一种与现代化主义精英式创作路径相反的艺术思潮，自1960年以来蔓延于西方艺术界，引起西方艺术界对艺术的在地性和历史语境的关注。然而，由于"在地性"本身是一个变动不拘的历史概念，因此在地艺术在世界范围内尚处于只能勾勒谱系而无法给出其明确定义的流变状态，它的概念仍存在歧义。

在国内，至今仍然缺乏在地艺术的系统理论构建，但其中可以确定的是，"艺术乡建"的实践不是任由艺术家天马行空地想象，而是需要把创作基础建立在对一个个场域的"此在"关系上。从这个立场出发，2019年8月，在重庆举办的武隆·懒坝"国际大地艺术季"，就要求艺术家们提前深入农村进行实地考察，调查表现场域的地域性特征，并在现有的场地上进行创作[21]。艺术家们以武隆懒坝特有的空间场域为载体，以"在地"的艺术创作介入，重塑了独有的空间形态。在当地一座完整保留了半个世纪的土房子里，日本艺术家松本秋与来自武隆木根村的竹匠王庆武及其弟子结合武隆土生竹材的特性，就地取材制作出各种特殊的乐器。他们充分利用老房子的空间特色，再加上光影、幕布等外在的视觉装置，在不改动原有空间形态以及室内的所有现存老物件的前提下，将这栋老房子改造成了"竹音剧院"。人们在这里体验到了武隆当地竹乐演奏的流动性。松本秋用独特的艺术方式将本土的生活气息还原，并与特定的地域空间融为一体，令它重新焕发活力。同时，松本秋也将自己的艺术创意理念传给了当地的村民，村民们利用艺术家的创意制作的竹子制品，也让传统技艺重新焕发了生机[22]。

2019 年，深圳华侨城创意文化园举办了"中国艺术乡村建设展"。展会用图、文和多媒体结合的方式向人们展示了浙江泰顺徐岙底村、斗米岙村、后畲村、丽水松阳陈家铺，以及广东顺德青田村、海南三亚文门村和深圳光明新区迳口村的艺术乡建，以及浙江丽水松阳陈家铺、斗米岙村、后畲村的艺术乡村建设典型案例。在展会上，四川省文旅厅向公众推介文旅景区时，采用了路径连线的方式。崇州道明镇竹艺村、大邑县安仁镇南岸美村、邛崃平乐古镇川西竹海、蒲江县甘溪镇明月村、绵竹孝德镇年画村、阿坝理县桃坪羌寨等 18 个"非遗"传承技艺的成都"乡村十八坊"接连展现魅力。此外，有"小普罗旺斯"之称的"妈妈农庄"，三圣乡"五朵金花"等移步换景打卡地案例，均展现出依托不同场域、不同特质的理念。这些案例突出了地域资源及资源环境与艺术家创作之间的"此在"关系。这些案例不断以一种哲学层面上"现象学还原意识"[23]，展示着"艺术乡建"的"在地性"特征。

（二）开放式

"在地艺术"的乡建活动方式，通过有物理界限的土地来创作在地性艺术作品，同时以艺术实践的方式回归大地，让艺术回到乡村生活的现场。同时，"在地性"艺术涉及地方知识重建和在特定地点创作的艺术实践方法[24]的观念也赋予了本土文化更大的主动开放性。我们必须认识到，艺术作品与其存在的物化和精神环境有必然联系的同时，这个存在的环境还承载交织着历史与现实，继而延发为在地精神的载体。

随着现代化建设的全速推进，高科技的飞速发展，集中化、规模化、标准化的社会结构改变了人类生活的图景，也带来了城市困境。城镇一体化对多样性资源、多元文化的需求使得富含传统文化、具有多样性发展可能的乡村出现了新的发展机会。交通的便利、网络信息的发达也打破了乡村原有的闭塞，社会格局在逐渐变化，新的生活方式在逐渐形成。后现代思潮的涌现也影响着人们对当下的反思与对未来的思索。因此，"艺术乡建"在新农村的建设，作为实现农村公共文化服务供给侧效能的工具性价值还需进一步提升和拓展。"艺术乡建"不仅需要贯注"坚持守正和创新相统一"的价值主张，还需对标乡村振兴战略"产业兴旺，生态宜居，乡风文明，治理有效，生活富裕"的总要求。在继承和守护民族优秀传统文化根脉，巩固优秀传统文化主体性的转换机制的同时，"艺术乡建"以创新性转换为手段，以创新性发展为动力，结合时代发展，丰富人们的现代生产和生活需要的实际转换实践样态，被赋予了更多新意义、新内容和新形式。

艺术介入乡村建设是艺术家对乡村价值由"发现与重估"到"修复与提升"的认识发展历程。因而艺术家在面对当地的人、物、事，在空间呈现上需要进一步加深对乡村的理解。艺术家通过对乡土场域进行记忆的修复、情感的建构、生活的艺术化、生产的时代化来探索人与自然、人与社会、人与自我的和合共生途径。当实现激励性融入，构建区域认同，人们将塑造新的生活开端。诸如，联结乡村与城市，"互文"其历史文脉与人文精神；展示乡村现实需求，挖掘地域产业价值；实现更多功能等自身运转的逻辑契合点和共同的价值取向，实现创新型孵化，从而有效满足现代农村农民的文化需求。

具体讲，这便是我们的"艺术乡建"实践在坚持"限地""守陈"原则下，使目的场域整体嬗变为"具有交互体验的开放的整体"的价值目标。当下，这样的实践方式正在不断地进行深入尝试。在河南信阳新县西河村的粮库改造中，建筑师何崴在充分尊重原建筑作为村里重要的公共空间的前提下，按小型乡村博物馆、村民活动中心和餐厅功能划分改造粮库空间。他不仅完整保留了粮库1958年建造时的所有痕迹，还将原晒谷场通过修整再造形成了有参与感的空间界面。他还用博物馆里收集的传统油榨车开展体验活动，使人们重新找回了西河村沉寂30年的手工榨油工艺，并由此诞生了"西河良油"品牌商品。这实际上就是"在发现乡村价值，重估乡村价值"理念下进行物质发掘，实现乡村公共空间打造行为中包含"价格"体现在内的"价值"体现内涵提升。此外，餐厅西山墙的设计则借鉴了当地花砖的砌筑工艺。当地瓦匠张思齐凭借工匠的手艺，依靠村民集体出资、共同经营，奇迹般地再现了当地传统且富有地域性的建筑工艺。这件作品在2016年威尼斯建筑双年展上震撼了很多人，实现了一次全球化与地域建筑、大工业生产与手工艺的对话。

在陕西华县，人们充分挖掘曾入选第一批国家级非物质文化遗产名录的华县皮影艺术价值功能。以传承传统艺术为主导，赓续乡村文脉，在当地形成了从业人员上千，年产值 3000 万元以上的文化产业。这里的启示是，艺术家的在地实践活动因对空间价值进行了深度发掘，而在创作上获得了更多灵感；同时，也在"促进当地民生发展，资本流动，为乡村经济提质增效"的实用意义上创造了多重效益。

如何在新与旧、居住与旅游、历史与未来之间找到平衡点对"场域"进行设计改造是"艺术乡建"守正创新的另一个突破点。在乡村 IP 发展过程中，要想更多更好地将传统文化与现代生活连接起来，需要尊重与了解当地文化。乡村则不断产生新的文化自觉，借助不同的资源跨界、通达设计、破圈交汇等创新产业和业态，深谙细分市场运营[25]，源源不断引进新的资源以创造新的可能。

较新的实例出现在江西省抚州市金溪县。在明清古建筑青屋老宅挺拔嶙峋的大坊村和游垫村地界，那独具特色的县域创意样本，为古村的未来提出了有别于西塘、南浔、乌镇、凤凰古城之外的另一种可能性。自 2018 年开始，金溪县人民政府、中国文化传媒集团、NEXT 建筑事务所与荷兰文化遗产和市场研究院合作开发了遗存于抚河流域的大坊村[26]。中荷艺术家们陆续进驻并进行相关建筑设计，他们以中国传统农耕文化的活化利用为目的，借助荷兰文化遗产保护与利用经验，在都市化潮流盛行的当下，打造了一个独特的中国艺术村——"大坊荷兰创意村"[27]。在这里，以李白"我歌月徘徊，我舞影凌乱"的诗意命名设计修建了"徘徊塔"；遵循"修旧如旧"原则修缮传统民居建筑，为村民保留深具人文关怀的生活样貌。来自异国他乡的荷兰艺术家们甚至以此为家，与自然、人文景观融为一体，创作了独属大坊的艺术作品。此外，村落民居建筑外立面的浪漫风情墙绘、奇特旖旎迷迭香园的梦幻路，散落在乡野中的奇特艺术装置、创意陈列馆等夺人眼球的艺术品布置以及别有情调的蜂巢咖啡厅在这里相映成趣，浑然一体。当游客们登上"徘徊塔"，目光交织在"人间烟火"与"诗和远方"，心灵则沉醉在"此心安处是吾乡"的浓浓乡愁中……

金溪县创造的另一个乡建创新典型是合市镇游垫村。该村将明式美学与新媒体艺术结合展示，塑造出一个全新 IP——数字科技古村[28]。2020 年 4 月，这里立足"世界村"定位，引入系统思维模式，建设了"数字游垫"的整体构造。围绕数字科技和传统民居的主题,当地在"一古一新"中运用影、声以及互动等数字技术,阐释游垫古村及金溪的千年文化,全力打造"戏梦田园"。在咖啡馆里通过互动影像营造出梦幻浪漫的沉浸式星空场景;以传统民居为载体,创造"戏梦民宿,今古奇观";通过数字科技穿梭古今,再现明朝诗意生活。

"艺术乡建"在这里给创作者们提供的有益启示是:以历史复兴与时尚文化交汇,采用以新应变的创意化设计,通过多媒体、人工智能、大数据的加持,重构场域文化内容形态、消费场景和组织模式,为古村的"蝶变"注入新的磁场能量,使传统古村落呈现出适应新市场和新的社会架构需求格局。

乡村文化赓续与创新生态系统,需要激发文化自身的内生动力,发挥多元主体的资源和能力优势,以提升发展和治理的整体效能。2012年,四川美术学院教授焦兴涛在贵州省遵义市桐梓县羊磴镇发起"羊磴计划",提出了"不是采风;不是体验生活;不是文化扶贫;不是送文化下乡"[29]的口号。他带领学生们融入村民,既把艺术植入村庄,又向村民学习当地木作手艺。他们与当地的木作匠人联手创作,又竭力使这些艺术活动及其成果融入村民的日常生活,从而以"艺术合作社"的在地性格局,表达艺术与生活一体化的主张,完成传统与现实结合的实践。他们实现了"现代艺术教学与本土手工业融合发展,双向互动,双向赋能"的乡建模式。他们创造了"提升公共文化供给侧效能,推动乡村公共空间创造性转化和创新性发展,提高乡民文化自信,培育乡村,发展新动能"的又一种有效尝试。

上述种种拓展案例所叙述的创新行为,正形象地阐释"艺术乡建"的理念。通过对本地优秀的乡约礼俗的恢复与创新,传统手工技艺获得了传承与发展,邻里族群的关系得以维系与重组。更重要的是,乡土本质的回归与延续,乡土情怀的唤醒与培育,乡村生活现场具有时代进步意义的"活化"改造路径,共同推动乡村传统场域创新与公共艺术价值叠加的理想目标的实现。

参考文献

[1]梁漱溟.乡村建设大意　答乡村建设批判[M].北京:中华书局,2018:31.

[2]梁漱溟.乡村建设大意　答乡村建设批判[M].北京:中华书局,2018:28.

[3]孙金，卢春天.卢作孚乡村文化建设的理念和路径[J].浙江学刊，2020（2）：232-238.

[4]王俊梅，张菁.中国近代乡绅的乡村现代性实践——米迪刚的"村治"[C]//中国城市规划学会.新常态：传承与变革——2015 中国城市规划年会论文集.北京：中国建筑工业出版社，2015：12.

[5]盛葳.到民间去：乡村建设及艺术参与的起源[J].艺术研究，2022(2)：1-7.

[6]中共中央　国务院关于实施乡村振兴战略的意见[EB/OL].[2018-02-04].https://www.gov.cn/zhengce/2018-02/04/content_5263807.htm.

[7]中共中央宣传部.习近平新时代中国特色社会主义思想三十讲[M].北京：学习出版社，2018：244.

[8]李艳，毛一茗."在地性"观念与中国当代艺术中的在地实践[J].艺术评论，2020(6)：25-35.

[9][10]李行.石节子美术馆：艺术改造中国乡村的实验之路[J].中国新闻周刊，2017(21)：46-53.

[11]郫都农业农村.郫都史话丨农科村：中国农家乐旅游发源地[EB/OL].[2024-03-04].https://mp.weixin.qq.com/s?__biz=MzIwMjEyNzE3Mg.

[12]熊广琴.熊广琴：画鸡说"吉"[EB/OL].[2017-02-17].http://news.zxart.cn/Detail/231/94237.html.

[13]何先求.现象之外的存在[N].中国文化报，2017-02-12(5).

[14]刘正增，冯艳.艺术乡建视角下景观叙事研究——以砀山县葛集镇乡村为例[J].美与时代，2023(28)：108-110.

[15]布迪厄，华康德.实践与反思[M].李猛，李康，译.北京：中央编译出版社，2004：133-134.

[16]郝殊敏.当代艺术在社会公共空间中的介入研究[D].大连：大连理工大学，2020.

[17]GA 词条丨场域特定艺术 Site-specific Art[EB/OL].[2021-08-04]https://www.d-arts.cn/article/article_info/key/MTE5OTYxMzQ2MzmFuY1nsXOgcw.html.

[18][19][24]易雨潇.重新思考空间——Site-Specific Art 与在地艺术[J].上海艺术评论，2008(5)：61-64.

[20]公共艺术·在地性·上下文[EB/OL].[2018-12-03].https://www.sohu. com/a/279320484_488482.

[21]中国西南的大山中,隐藏着一个懒坝大地艺术季[EB/OL].[2019-08- 16].http://art.china.cn/txt/2019-08/06/content_40854643.shtml.

[22]周起慧.乡村场域下公共艺术创作的"在地性"——以武隆·懒坝国际 大地艺术季为例[J].美与时代(城市版),2020(5):72-73.

[23]胡塞尔.现象学的观念[M].倪梁康,译.人民出版社,2007.

[25]鲁娜.文化IP如何助力乡村振兴"铸魂"[N].中国文化报,2015-05-10.

[26]鲁娜.中荷创意:国际合作激发古村新动能[N].中国文化报,2021-05- 06(7).

[27][28]鲁娜,郑洁.用创意点亮传统村落的文旅之路[N].中国文化报, 2020-05-06.

[29]孙振华.羊蹬艺术合作社和农民一起商量着做艺术[N].农民日报,2014- 04-23.

"乡村网红"助力乡村振兴的作用机理和创新路径研究

李协萍（湖北省群众艺术馆副研究馆员）

秦　黎（湖北省十堰市群众艺术馆副研究馆员）

近年来，得益于国家的大力支持和短视频、直播技术的快速发展，"乡村网红"强势崛起。他们拍视频、做直播，介绍乡村的人情风物，用网红效应盘活了乡村文化和旅游资源，吸引了很多人才投身乡村建设，带动了乡村经济发展，在全面推进乡村振兴中扮演了非常重要的角色。数字化、网络化的大形势下，如何更好地发挥"乡村网红"的带动作用"善作善成"，不仅需要政府、社会各界的共同努力，也需要了解乡村网红的深层逻辑、作用机理、创新路径等，找到成就"乡村网红"的途径，更好地助力乡村振兴。

一、"乡村网红"的概念和特点

（一）"乡村网红"的概念

"乡村网红"是乡村振兴背景下一个独特的概念。在此前对于"网红"研究的资料中，并未找到关于"乡村网红"的定义以及分类，与之相关的提法是"三农网红""农村网红"等。随着乡村振兴战略的实施，"乡村网红"的提法开始广为人知，其影响力也被津津乐道，但对于"乡村网红"怎么界定，目前尚无定论。

"乡村"由于"要素流动的空间动态性、乡村空间系统的不整合性、乡村概念自身的相对性，以及乡村振兴、城乡融合为政策导向的时代背景"是一个很难界定的词[1]。长期以来，在政府工作中，都是把"乡村"称为"农村"，党的十九大报告开始改为"乡村"。虽然"农村"和"乡村"在很多语境里可以通用，但是二者还是有区别的。农村在空间概念上不包括乡镇，在经济形态上专指以农业生产为主的经济体。由"农村"转为"乡村"的提法说明乡村振兴不仅是乡村的振兴，还包括了乡镇的振兴，体现了新时期对乡村振兴的新认识和新要求。乡镇是乡村和城市联结的纽带，在乡村振兴中的作用非常重要。2021年6月1日起施行的《中华人民共和国乡村振兴促进法》，第一次从法律上对"乡村"进行了界定。该法律规定：本法所称乡村，是指城市建成区以外具有自然、社会、经济特征和生产、生活、生态、文化等多重功能的地域综合体，包括乡镇和村庄等[2]。这意味着"乡村"的范围除了我们传统认知的乡村地理空间之外，还包括城中村、城市建成区以外的景区、乡镇等。同时，"乡村"在这里不仅是一个区位概念，还有着产业、物质、文化、生态等多重维度。

基于此，本文把"乡村网红"的概念定义为：以城市建成区以外地区的生产、生活、生态、文化等为持续表达对象，在网络上广受关注且有一定影响力的人。在这个概念之下，以乡村为主要表达内容的本土"网红"，返乡或从城市到乡村创业的"新农人"，以打工生活为表达内容的"农民工网红"，以境外视角的中国乡村为表达内容的、长期居住在中国的"外国人网红"，具有互联网思维并且有一定影响力、带动力的乡村能人等，都可以被纳入"乡村网红"的范畴。这个概念相比以"农业、农村、农民"为主要表达内容的"三农网红"和以农村生活为主要内容的"农民网红"有更多的包容性，也更符合当前乡村发展的多样化现状。

(二)"乡村网红"的属性

"乡村网红"作为"网红"的一个分类，有着"网红"的共同属性。

精神属性：从本质上来说，"网红"带有网络社交属性。"网红"的出现，是广大网络用户主动参与和选择的结果，因此网红与其粉丝之间有很强的黏性，存在精神与文化的联结。"网红"们通过自己的人格魅力或者内容输出持续影响粉丝的生活方式和价值取向。经济属性：从早期的售卖版权、承接商演，到后来的直播带货，经济变现是大部分"网红"们谋求的结果。需要说明的是，精神属性和经济属性不是单一存在的，二者互为一体、相辅相成。有很多是公共领域的"网红"，可能不会以变现为主，但是他们具备变现的潜力。

"乡村网红"虽然有着"网红"的一般共性，但特性也是很明显的。乡土性：这是"乡村网红"的立身之本。所谓乡土性，简单来说就是"土气"，由此衍生出多重指涉，自然层面包括山水风光，社会层面包括村落建筑等，精神层面包括乡村人们的性格、信仰、道德、生活方式、流传习俗等。乡土性是"乡村网红"区别于其他网红的最本质的特点。地域性："乡村网红"的地域性表现在不同地理位置的乡村，由于不同的气候、历史、经济、饮食习惯、民族等，"乡村网红"走红的内容、风格、颜值、数量等也千差万别。比如东北的"乡村网红"就偏外向、泼辣、幽默、爱逗趣，而广东则盛产包租公、包租婆类"乡村网红"。

要特别重视并充分利用"乡村网红"的乡土性和地域性。这种重视是基于这样一个现实：大部分的"乡村网红"是当地环境和传统的产物，对乡土性和地域性的充分重视能够让当地的人、资源、技艺以及思想意识等充分介入，从而最大限度发挥"乡村网红"对当地物质、经济、文化的带动作用，多角度讲好中国故事，多维度实现乡村振兴。

二、"乡村网红"助力乡村振兴的表现、原因及作用机理

（一）"乡村网红"助力乡村振兴的主要表现

"乡村网红"通过用自己的镜头讲述乡村故事吸引人们的关注，让乡村呈现在更广阔的互联网世界中，在各方面为乡村振兴提供助力作用，最明显的有以下几点：

1. 实现乡土文化的现代转向

乡村振兴需要在了解和尊重乡村文化特点的基础上沿着乡村文化价值谱系进行建设才能事半功倍。中国社会的乡土性决定了中国文化的本源，任何与这一本源背离的做法都将注定失败。但同时，在乡村振兴的大背景下，乡土文化还需要完成现代性的转化，使乡土文化既成为人们生活的精神寄托与物质载体，又能适应和参与当前高速的现代化进程和社会经济的发展，这样才能成为促进乡村振兴的重要力量。乡土文化倡导人与自然之间、人与人之间的和谐共生，因为赖以生存的土地基本不变或者变化缓慢，造成了乡土文化也偏内向和保守，加上现代化进程中城市文化的相对强势，造成了乡土文

化的不自信，"离乡代替爱土，用他人世界代替乡土世界、用官方语言代替本土方言或民族语言、用高楼大厦代替风吹麦浪"[3]。但是当"乡村网红"通过视频、直播等各种形式把乡村呈现在大众面前，乡土文化的建构由过去某一方面主导变为了农民和一切其他文化主体互动的双向建构，这种建构是开放的、符合现代需求的，彼此通过不断的互动和反馈机制最终找到一个平衡点，在乡土文化认同、乡土人文关怀、乡土文化美学品质以及乡土文化的经济变现等方面都具有了现代意义。

2. 消解城乡二元分裂

城乡融合是我国乡村振兴的必由之路，甚至是治本之策[4]。"乡村网红"们通过自己的技术或者其他力量，把乡村环境、故事、情感、创意、文化、艺术等用视频、图片、文字呈现出来，进行"可视化"传播，不仅满足了城市人群对乡村生活的了解欲，还承载了城市人群对乡村生活的美好梦想。城市和乡村的距离从来没有像今天这样近。人们过去需要通过亲临现场或者翻阅资料才能感受到的东西，今天可能通过一个数秒的视频就全部解决了。可视化还只是第一步。短视频和直播平台的互动机制可以让都市人群很容易与"乡村网红"进行互动等，通过这种互动让"乡村网红"和城市人群建立起了互动关系，并发展到通过直播购买乡村土特产、实地探访、打赏、为乡村捐款甚至直接参与乡村振兴的事业。在这些互动中，人们加强沟通和了解，化解城乡偏见，利用城乡差异实现各种资源、生产要素的流通和再分配，实现城乡居民收入均衡化、城乡产业融合化，从而弥合过去的城乡鸿沟，逐步实现城乡融合发展。

3. 生成乡村振兴的内生动力

乡村振兴需要多种力量的驱动，主要依赖土地和资本投入驱动的发展被称为外生发展模式；主要依赖人、技术和创新驱动的发展被称为内生发展模式。二者是"输血"与"造血"的关系，前者可以帮助乡村在短时间内迅速改善基础设施、提升公共服务；但持续发展、全面振兴则需要激发乡村社会的内部潜力和活力。以"乡村网红"为带动的乡村振兴则是非常典型的内生发展模式。首先，内生型发展模式需要发挥人的主体作用，调动他们的积极性、主动性、创造性、带动性。"乡村网红"通过自身学习和实践不仅成为了"全村的希望"，还带动周围的人参与。实际调研中也发现，"乡村网红"的"矩阵化"特征非常明显。通过这种带动，全面唤醒乡村里"人"这个乡村振兴中的关键力量。其次，内生型发展模式主要依靠技术和创新来驱动。在当前数字经济成为未来经济增长的重要力量、不断为经济发展注入新的动能和活力的情况下，"乡村网红"经济作为数字经济的一种，对于数字技术的运用，以及在这个过程中基于乡村资源进行的创意、创新都是最活跃的，为乡村振兴提供了另一内生动力。

4. 助推乡村产业兴旺

"乡村网红"通过生产优质的内容，吸引和聚集一定的粉丝，在形成稳固流量的基础上带来一些利益转化。比如他们通过视频或者直播平台推广农副产品，吸引购买人群，从而帮助农村脱贫和完成产业升级，成为乡村产业振兴的带头人。一方面，他们通过网络端改变了乡村经济生态，使乡村经济生态由过去闭塞的、落后的状态转变为直接面向市场、更为现代的经济形式；另一方面，不少"网红"出身"草根"，文化水平不高，但是他们熟悉乡村，"网红"农民常年身处生产一线，对本地的文化和生活生产更为熟悉，其经验推广开来则更具有带动作用。除了农副产品，"乡村网红"还是乡村旅游的营销推广大使，在乡村旅游产业的发展方面功不可没。最典型的例子是 2020 年凭借笑脸照片出圈的康巴汉子丁真，因为帅气质朴的笑容火遍全网，不久便成为了理塘县旅游形象大使，理塘也在一夜之间广受关注，人们纷纷前去观光打卡，理塘实现了旅游经济的飞速发展。

(二)"乡村网红"对乡村振兴产生助力作用的原因

"乡村网红"对乡村振兴的助力作用，背后有着深刻的现实原因和社会原因。

1. 契合我国"大国小农"的实际

"大国小农"作为我国的基本国情，决定了大部分农业地区的农业很难规模化。"大国"一方面是说国土面积广阔，另一方面也意味着农业市场大。"小农"是指每个农户从事农业的规模很小。根据第三次农业普查数据，我国小农户数量占农业经营主体 98% 以上，小农户从业人员占农业从业人员 90%，我国目前有 2.3 亿户农户，户均经营规模 7.8 亩，经营耕地 10 亩以下的农户高达 2.1 亿户[5]。我国户均耕地面积大致相当于欧盟的四十分之一和美国的四百分之一。不仅户均耕地面积很小，很多地方尤其是丘陵地区地块非常零散，无法进行大规模耕作。这就需要有与之匹配的经济运作模式，而"乡村网红"带动的经济模式最典型的运行特征就是"小前台+大中后台"。所谓"前台"就是最贴近农民的自媒体、直播、短视频等的业务操作端口，小巧灵便易操作；而"中后台"则是能够提供技术、数据等资源和能力的平台体系，比如抖音、快手等平台，为"前台"的业务开展提供底层的技术、数据等资源和能力的支持，中后台为前台提供业务的强力支撑。这种模式有效契合"大国小农"的现状，能轻松连接到每一个农户，也能够在短时间内在全网范围内实现供需匹配。

2. 短视频和直播对乡村人群友好

短视频被快手 CEO 宿华称为"新时代的文本"，消除了乡村人群因为受教育程度或者其他原因造成的文字阅读障碍，极易被观看。同时，短视频具有短（15 秒到 5 分钟之间）、小（话题小）、轻（内容多轻松活泼）、薄（表达直观，一看就懂）、新（有新意）、快（更新快）、碎（内容碎片化）的特点，且内容上具有功能价值、娱乐价值、体验价值、互动价值[6]；制作上，随着各大短视频平台的技术一再简化，上手非常容易。这些特征对于受教育水平相对较低的乡村人群来说，非常友好。再加上各大平台对乡村的各种扶持政策和扶持项目，"乡村网红"的发展处于历史最有利的时期。

3. 乡土情结的强大带动力

互联网时代，人们通常不会去特意强调自己的地域属性，但是一旦有一个诱因，蛰伏在心里的家乡情结依然会随时被触发。对于重视地域性特征的"乡村网红"来说，家乡哺育了他们，也成就了他们。一旦他们有能力，愿意把家乡特色作为自己的标签，也愿意对家乡进行反哺，而那些对这片土地有情感的人也愿意去追随甚至买单。

4. "乡村网红"与乡村振兴的积极耦合效应

乡村振兴为"乡村网红"提供舞台，"乡村网红"为乡村振兴提供多方面的动能；"乡村网红"和乡村振兴都以"满足人民日益增长的美好生活需要"为指向，功能和价值上有着统一性。在要素方面，乡村振兴的几大要素范畴土地、生产力、技术、数据、资本与"乡村网红"的组成要素网络技术、流量、网红、粉丝、内容（乡村为主）基本上是对应关系（如图1）。

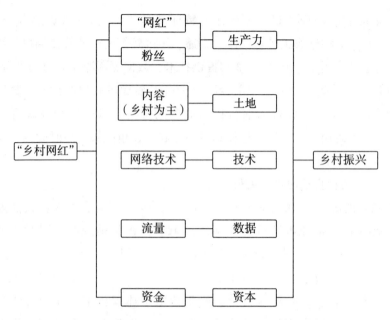

图1　"乡村网红"与乡村振兴各生产要素耦合关系图

　　"乡村网红"与乡村振兴的耦合体现出中国特色的乡村振兴的方法论，二者在生产要素以及各自涉及的各个方面都具有很强的共融性和互补性。这种相互作用有助于我们采取合理的"乡村网红"发展策略，形成全面推动乡村振兴的有利局面。

　　(三)"乡村网红"助力乡村振兴的作用机理

　　瞬息万变的互联网世界，各种社交平台、直播平台的大量出现，"网红"的产生和发展变得更加简单快捷，但同时，"网红"的消失也很快捷。这对于"乡村网红"和乡村振兴来说，无疑是个挑战。弄清楚"乡村网红"助力乡村振兴的作用机理并深刻认识和把握其本质，就显得尤为重要。掌握了作用机理就掌握了同类事物的本质，可以明晰事情发展的各种因素，找出其创新的思路，激活乡村的人才资源、土地资源、市场资源等，也激活了各方面的发展活力。

　　1. 产业振兴

　　产业兴旺，是乡村振兴的重点所在。生长在乡村沃土的"网红"，用独特的镜头语言，讲述了或令人向往、或令人怀念的乡村故事，不仅展示了乡村景色美、道路通、水电气网健全的新变化，也从侧面宣传了乡村旅游、乡村农业、乡村文化等，吸引了大批的流量。"乡村网红"通过短视频、直播带来的人气变成了产业发展的动力，把流量转化成"留量"，从一定程度上带活了乡村产业发展。乡村旅游："乡村网红"通过打造爆款视频，带火乡村的景点、货品或者项目，再通过消费场景打造，增加二次消费，打造"吸客利器"；或者通过"乡村网红"的内容中的文化创意和文化植入，打造主体化的乡村休闲旅游聚集空间；或者瞄准快节奏、快餐式生活方式的人群，用"回归乡野、滋养心灵"的内容吸引他们到乡村住宿或者休养等。乡村农产品："乡村网红"通过自己的人格特征或者视频里呈现的乡村好物等吸引粉丝，有稳定的粉丝群体之后开始进行经济变现。乡村直播："乡村网红"作为稀缺的"注意力资源"，也会有商家植入广告，或者是成为"网红"以后作为主播，与各种商家进行合作卖货。"乡村网红"带货有些可能与乡村本身关系不大，但是大大提高"网红"本人或团队的收入。此外，"乡村网红"展示的内容发展潜力还可以吸引商业投资，为乡村产业发展提供条件。

2. 人才振兴

乡村振兴，本质上是一种新旧动能转换，转换的根本在创新，创新的关键又在人。只有抓住人才这个关键，在选优配强"领头雁"、发展壮大"生力军"上下足功夫，才能确保有人可用、人尽其才，为全面推进乡村振兴奠定坚实基础。文化和旅游部公共文化发展中心启动的"乡村网红"培育计划也是着眼于"人"，在人的主观能动性、创新性等方面发挥作用。"乡村网红"是在乡村这个领域里具有技术、知识、信息等优势的高层次人才，他们具有很强的创造力、创新力，是乡村振兴的动力之源。同时，"乡村网红"不仅对乡村地区的新技术、新产业、新业态、新模式具有引领作用，他们还是乡村振兴的实践者，他们在实操中促进传统农业和新型技术、新型理念快速结合。在这个过程中，他们能直接改善乡村发展中存在的问题，也能利用自己的影响力和带动力聚集、培养、吸引一批人才，为乡村振兴提供持续的动能。

3. 文化振兴

带动乡土文化的传播和创新性传承。"乡村网红"通过短视频平台这个新的阵地，记录和分享着乡村里的各种文化，包括非遗文化、民俗文化、农耕文化等，让这些独特的记忆和技艺得到了传承。通过网络传播，手艺人可以在更广的范围内找到喜欢这类文化内容的传承人，也可以让更多的人去了解、关注这些内容和手艺人，从而打开传统的乡土文化通往市场的大道，实现乡土文化的传承、创新、利用等。很多非遗创作者在短视频平台中，留下越来越多精彩绝伦的技艺和传奇的故事，成为记录和传承非遗文化的宝贵时代资料。

激发乡土文化的活力。短视频丰富而强大的表现力以及极强的传播能力，使其成为展示乡土文化的最优渠道之一。"乡村网红"们通常用新的包装形式和内容演绎，让"老"文化呈现"新"内容，充分展现各类乡土文化，观众则用点赞、转发、打赏，扩大其影响力，让创作者获得与付出相匹配的收入，保证了后续创作的连续性，并由此衍生出文化展演、直播电商、衍生品创作等系列新产业形态，拓宽创收渠道，实现市场增值，也让大众在文化消费中获得更具价值内涵的内容供给，持续推动受众面的扩大，激发乡土文化的活力。而公众也在此过程中，感受到中国传统文化的博大精深，增强民族自豪感和文化认同感，真正做到了以文化人。

助推乡风文明建设。"乡村网红"本身有着很强的正能量，他们勤劳、朴实、善良、乐观、尊老爱幼、重情重义，这些特征既是中华民族传统美德，也符合社会主义核心价值观，对于乡村振兴中的文化振兴有很强的感召和动员作用。"小英夫妻温州一家人"（"乡村网红"），靠着夫妻二人在田间地头跳曳步舞火遍全网。舞蹈背后是妻子不离不弃坚持拉着车祸后的丈夫重拾生活信心的故事。湖北孝感有很多乡村生活短剧网红，他们在剧集中弘扬核心价值观，对全社会的乡风文明建设都起到了极大的推动作用。

4. 生态振兴

乡村振兴中尊重自然、保护环境、严守生态保护红线，才能发挥良好生态的优势，进而收获乡村自然资本带来的红利，真正达成百姓富裕、环境优美和谐统一。"乡村网红"作为真实乡村生活环境和村庄人居环境的直接展示者，在乡村生活、生产、生态三个方面都有非常多的内容创作。他们创作的内容包括：居住环境的改善、基础设施的升级、特色乡村风貌建设、民宅民居改造、乡村生态环境绿化美化等。这些内容展示了乡村生态振兴的实践成果。

5. 组织振兴

组织振兴是乡村振兴的重要保证，不仅包括乡村基层党组织的振兴，也涵盖乡村经济组织、文化组织、村民自治组织等各类组织的全面振兴[7]。有的"乡村网红"通过自己的探索对组织振兴起到推动作用；有的"乡村网红"本身就具有党员、村支书、村干部身份,直接对组织振兴产生作用。首先,如果把"乡村网红"看作一个独立的链条,链条内存在着各种各样的协同。"乡村网红"为了持续吸引流量,必须做好各个环节的协同,这个过程中一方面提高了乡村资源的优化和效益,另一方面也促进了相关政策的制定和组织实施。其次,"乡村网红"是乡村里掌握互联网新技术、新思维的人,他们通过自己的创新和实干精神宣传了乡村,带动了乡村的发展,是村里的榜样。村民们在榜样的示范下,更容易找到目标以及行动方向,增进价值认同和思想共识,走向共同富裕。最后,"乡村网红"通常会着眼于本地优秀传统文化的挖掘、美丽生态的呈现、温暖情感的传递等。在成为"乡村网红"摸爬滚打的过程中,他们也了解了互联网内容、生态规则,因此在内容中多数会呈现出一种健康向上的积极面貌,这对有浓厚家乡情结的村民们来说是一种约束,他们会在日常的生活中尽量避免损毁家乡形象。"乡村网红"在践行村规民约上有其不容置疑的先进性。特别是在落实民主监督制度上,乡村网红具有的曝光度更为直接、高效,在制约"小微权力"上更能彰显约束力。

三、"乡村网红"助力乡村振兴的创新路径

(一)"乡村网红"助力乡村振兴中存在的主要问题

说起"乡村网红",给人们留下深刻印象的通常会是粉丝数量几百万或上千万的人,比如"乡愁""康仔农人""蜀中桃子姐"等,他们已经形成了一定的粉丝规模,虽然也会存在问题,但在整个"乡村网红"领域是相对成功的。可是,这些"乡村网红"只占整个"乡村网红"很少的一部分。以笔者在飞瓜数据平台抓取的 2021 年 11 月的湖北省的数据为例,采样的 114 位乡村网红中,有 34 位粉丝量过百万。但是这些过百万的"乡村网红",90%以上都没有形成自己的阵地和风格。百万粉丝以下的存在的问题就更多了。对这些问题的规避或改进,是"乡村网红"助力乡村振兴的创新基础。这些问题有以下几个方面。

1. 同质化问题严重

在湖北省调研采样的 114 位"乡村网红"中,内容的同质化现象非常突出。这些"网红"中,以生活记录和短剧(包括段子和剧情类)为主要形式的分别达到 36 人和 33 人,占总数的 31.6%和 28.9%,其次是才艺展示,有

16 人，占总数的 14%。生活记录类的基本都是流水账式的随性记录，短剧类的基本都在表现乡村人际关系，才艺展示类的全部是唱歌和舞蹈，风格化特征不明显，很难给人留下特别深刻的印象。

2. 持续发展乏力

粉丝是"乡村网红"存在和发展的关键性力量。但是维护或增长粉丝的数量却是非常不容易的事情。笔者在卡思平台抓取的数据显示，2022 年 3 月份的前半个月，爆红全网还不到 5 个月时间的"张同学"，抖音账号共掉粉 7.5 万人，仅 3 月 12 日当天，掉粉数量就逼近一万人。除了掉粉，"乡村网红"们在变现之路上也很不容易。比如某"乡村网红"账号粉丝量最多时有 1700 多万粉丝，但是直播带货后负面评论此起彼伏，账号随之开始掉粉，并被指责"人设造假"，后面的带货一直业绩平平。一个粉丝过千万的"乡村网红"尚且如此，对于那些没有什么名气的"乡村网红"来说，变现之路更是艰难。

3. 内生动力不强

对于大部分没有签约 MCN 机构的"乡村网红"来说，他们在平台上的自我展示和内容分享并不带有某种强烈的目的，在做"网红"这件事情上显得比较随意。同时他们没有科学的规划和设计，对能否带来收益也不是很在意，因此没有强烈的经营意识。这种状况在很多粉丝 100 万以上的"乡村网红"身上也不少见。产业化方面，大部分"乡村网红"的观念意识比较滞后，尤其是经济情况较好的地区，他们更多记录和展示自己的生活，对发展乡村产业没有了解，也没有使命感。在技术、创意方面的优势没有服务到乡村振兴的大局。

4. 助力乡村振兴的方式和领域较为单一

迄今为止，"乡村网红"助力乡村振兴的路径主要依赖"乡村网红"对于乡村经济的带动作用，以带货、旅游最为常见；对乡村人才振兴、文化振兴的带动的效果也有初步显现。但乡村是一个综合性概念，包括经济、文化、生态等各方面，各层面的提升以及不同层面的交互都需要重视。比如，大部分的"乡村网红"内容走出特定的范围，在一个更广阔的天地里就会显得高度同质化并且变现很难，因此他们就不再继续在这方面发展，造成了前期积累的注意力资源的浪费；但如果可以考虑他们在乡村公共文化服务方面的作用，才艺类的可以服务于当地的公共文化服务，则可以实现另一种形式的乡村振兴。

(二)"乡村网红"的内容创新

通常来说,创新的含义有以下几个方面:一是更新,即对原有的东西进行替换;二是创造,即创造出原本不存在的东西;三是改变,即对原有的东西进行改造。无论哪一种,其本质都在于创造价值。创新特征包括创新的相对优势、兼容性、复杂度、可试性、可见性[8],以此为前提,"乡村网红"在助力乡村振兴的过程中,对于已经取得的效益或价值,需要进行增效或优化;对于存在问题的需要绕开、化解或者找到发挥效能的正确途径;对于单一途径的,需要增加其发挥效能的途径;"乡村网红"产业链上的每一个环节,也都可以进行创新,比如产品、工艺、营销手段等。这种创新的首要任务是"乡村网红"的内容创新,具体来说,有以下思路。

1. 稀缺法

根据调研的情况,"才艺网红"是"乡村网红"里较大的门类。短视频里常见的才艺又包括唱歌、跳舞、段子、表演、摄影、画画、美食等,以自身的行为方式来影响粉丝的思维方式。以才艺为支撑的"乡村网红"可以在更大的视野、更精细的门类里去找到自己的独特之处,从而满足人们比较小众的需要。

2. 组合法

一个不得不承认的事实是,所有的"网红"都是有"生命周期"的。大部分"才艺网红"的"生命周期"在半年到一年半之间,是"网红"里"生命周期"最短的。为了延长"生命周期","乡村网红"通常在才艺之外,加上一些段子、乡村风景、乡村故事等,寻求多种元素叠加、组合、碰撞带来的效应。现实中,一个生命力较强的"乡村网红"不是靠单一的元素。组合法是一种比较常用的创新方法,不仅限于才艺与其他元素的叠加、整合,任何两个或以上的元素都可以自由组合,并由此让"乡村网红"呈现出多种多样的可能性。

3. 逆向思维法

将人们普遍接受的事物或事务中要素之间的相对位置关系颠倒以获得创新效果的思维方法,可以称为逆向思维法。这种思维方法在城乡二元结构走向城乡融合的过程中,有着广阔的发挥空间,在"乡村网红"打造方面尤其值得借鉴。传统的认知里,乡村与时尚、现代知识达人、意见领袖、前沿科技等等都是很难联系在一起的，逆向思维法则可以把乡村与这些看似与乡村不相干的领域进行整合，从而获得新的走红方式和粉丝增长点。被网民们称为"乡村超模"的"乡村网红""陆仙人"，靠着在乡村背景下的时尚短视频广为人知。这里面除了梦想的力量，乡村在传统认知里的淳朴与时尚的反差也让人耳目一新。

4. 跨界法

用一个领域的思维、方法去研究另外一个领域的问题，或者用多个领域的思维、方法去研究一个问题，可以称之为跨界法。具体到"乡村网红"的成长，又可以分为两个层面，一是内容层面的跨界，比如搞笑剧可以同时跨到知识普及；二是技术层面的跨界，比如用电影、音乐、物理等不同的思维方式去做短视频。以"张同学"为例。"张同学"的视频不仅塑造了独特的农村场景，并且把电影里常用的剪辑手法用到了极致，一段 7 分钟的视频，运镜可以多达 290 次。这在此前的短视频行业，是从未有过的。内容的乡村怀旧风、剪辑技术的娴熟运用以及创意的别具一格，让"张同学"在各个平台的粉丝量一直很可观。

(三)"乡村网红"的路径创新

"乡村网红"依托互联网与自媒体聚焦流量后，再将流量转化为包括购买力、利用率在内的各种各样的能力，才能发挥对乡村振兴的助力作用。在"乡村网红"助力乡村振兴的创新路径上，可以从以下几个方面进行考虑：

1. 呈现有意味的乡村生活空间

无论是短视频里的乡村生活还是直播里的场景，都是"乡村网红"在观看者面前呈现的第一印象，需要经过精心选择的、有意义的、能唤起人们情感的，而不是随意的、没有经过任何思维活动的展示场景。有的"乡村网红"在选择直播场景时，就非常善于营造"有意味的场景"。比如湖北乡村网红"谷哥徐志新"在直播时经常会用一张乡村老屋的照片作为背景。照片上老屋斑驳，有人正端着碗笑着从门口走出来，门口有位老人在织毛线，脚边一只小狗在撒欢儿。这就是一个典型的乡村生活场景，很容易唤起人们关于乡村生活的回忆，从而吸引人们走进直播间去看直播。

2. 与乡村重难点问题进行融合

在乡村振兴的过程中，会遇到各种各样的问题，有些问题可以借鉴"乡村网红"的运营思维解决，有的可以借助"乡村网红"的力量解决。比如乡村养老对于补齐民生短板、实现乡村振兴是必然选择，但目前的发展却滞后于养老服务和产业发展的需求。乡村振兴破题的关键之一就是解决好此问题。再比如，在中国农村广泛出现的"老人农业"现象，如何做到老人农业与新兴科技创新的对接从而提升效能等，都是当前需要关注的难点问题。"乡村网红"关注这些重难点问题，一方面可以增加内容的广度，另一方面也符合当前的实际，很容易出圈。

3. 优化"乡村网红"产业链的各个环节

与"乡村网红"产业链相关的各个环节包括内容生产、推介方式、产品的生产方式、营销方式、包装方式、售后服务甚至场景的选择等，每一个环节的创新对"乡村网红"及其产业链的发展都是有推动作用的。比如有的"乡村网红"为了销售自家的鸡，每天直播鸡的活动状况，让粉丝进行认领，并做好标记，等待后续处理。这个过程里粉丝们很有参与感，本来是比较单纯的销售活动变成了非常有黏性的、充满感情的认养活动，更容易吸引人们参与和购买。

4. 打造"乡村网红"IP

凭借自身的吸引力，挣脱单一平台的束缚，在多平台上获取流量进行分发的内容就是一个IP。这是不少粉丝量大的"乡村网红"正在探索的路子，同时也是"网红""生命周期"最长的方式。他们通过推介自己的家乡，由人及物，由物及文化，不断延伸内涵，丰富观众参与渠道等，慢慢形成自己独特的风格属性。比如"李子柒"，她的IP定位是"古装+美食+乡村生活"，同时在形象、故事、内容上都有自己独特的坚持，很快形成了不可复制的"李子柒现象"，带动了各种相关产业的发展。

5. 创新"乡村网红"发挥效能的方式

根据调研的情况，大部分"乡村网红"走出自己的家乡在整个互联网上是寂寂无名的。但是在一个小的范围内，他们的创意和积累的注意力依然是当下的稀缺资源，需要及时进行转化。如何让这一部分"乡村网红"服务于乡村振兴，是个需要因地制宜、因人而异的事情。乡村生活短剧类"网红"可以作为弘扬乡村社会正能量的代言人，能同时产生较强的物质效益和经济效益。才艺为主的"乡村网红"在县域范围内可以参与当地的文化志愿服务活动或是政府购买性质的文化活动；还可以与其他的领域进行结合，比如发挥对乡村老龄社会的精神抚慰作用，组织老人们一起唱跳，服务于当地的乡村养老行业。有的"乡村网红"因为口才、形象等原因，并不擅长带货，可以发掘他们身上的闪光点，在其他的领域继续发光发热。湖北"乡村网红""鄂东老男孩"，内容以走村串户修电器和反映乡村的温暖亲情为主，带货能力相对逊色，当地就发挥他在弘扬社会正能量方面的积极作用，成效也很好。"乡村网红"里这样的情况占比非常大，善加利用的话是乡村振兴的有力推手。工匠类"乡村网红"，他们所展示的技艺如陶艺、木工、泥瓦匠、铁匠等带有乡土文化的产品（作品），通过网络展示，实现市场接轨，在互动中了解市场需求，促使更多创意产品的产生，同时带动产品的销售。生活记录类"乡村网红"，喜欢记录农村美好生活。统计数据发现，写实的视频更受群众喜爱，不少爆款视频的场景都是生活化的，"真实"是形成粉丝聚合的基础，能够唤起人们内心深处的共鸣，他们需要在内容和形式上打造差异化，或者根据内容找到自己发挥效能的途径，比如有的在视频中加入"百善孝为先从小教育"等传播正能量的话题标签，传递的价值观获得认同，公序良俗成为流量触发点，效能发挥也很明显。

"乡村网红"的各种特性，决定了他们在乡村振兴中勇于创新和积极实践，是乡村振兴中的"领头雁"和"生力军"。乡村网红的打造和培育，需要精耕细作，并与社会各方协同作战，才能最终绘就乡村振兴的壮美图景。各地的文化馆在了解当地"乡村网红"发展情况的基础之上，可以设计有影响力的活动提升"乡村网红"的热度，请"乡村网红"参与非遗传承、文创设计和销售、公共文化服务的效能提升、公共文化服务现代传播能力建设，让"乡村网红"实现良性发展的同时也能带动文化振兴，实现文化馆服务与"乡村网红"的良性互动，互相成就，并最终为乡村振兴提供各种动能。

参考文献

[1]胡晓亮，李红波，张小林，等.乡村概念再认知[J].地理学报，2020(2)：398-409.

[2]中华人民共和国乡村振兴促进法[EB/OL].[2024-07-09].http://www.moa.gov.cn/gk/zcfg/fl/202105./t20210507_6367254.htm.

[3]王乐.乡土教育"离土性"的话语隐喻分析[J].教育研究与实验，2019
（2）：12-17.

[4]城乡融合发展是乡村振兴的治本之策[EB/OL].[2024-06-03].https://
baijiahao.baidu.com/s？id=1642434090879728606.

[5]徐振宇.乡村振兴应更好把握国情农情[J].中国商界，2022（3）：30-31.

[6]陈夕.短视频内容的价值维度及其对消费者社交媒体融入的影响研究——
积极情绪的中介作用[D].西安：西北大学，2019.

[7]黄倩倩，蒋兴川.以组织振兴引领乡村振兴[J].中共四川省委党校学报，
2021（4）：51-57.

[8]李博瑀.创新扩散视角下老年人数字阅读行为分析[D].青岛：青岛科技大
学，2017.

基于主客共享的乡村公共空间功能研究

张晓峰　王敬丽　董晓英（浙江旅游科学研究院有限公司）

一、研究背景

乡村公共空间是村民进行日常生活交往、活动议事、集会沟通、休闲娱乐等的重要场所。现阶段越来越多的乡村在原有农业基础上引入旅游等新产业，这就使得乡村空间的使用群体，在当地村民的基础上增加了外地游客和新村民。乡村公共空间存在的问题，也逐渐显现出来。

在经济、社会不断发展的过程中，乡村公共活动及承载它的传统公共开放空间不断衰败。随着旅游及其他新兴产业的引入，传统的乡村公共空间不能同时满足主客群体的需要。土地开发影响下的"迁村并点"进程中，新建的乡村开放空间也往往不能适应实际乡村公共生活和新时代休闲旅游的需要。

现阶段，专家学者针对乡村公共空间的理论研究大都停留在内涵、特征及村民需求的空间重构等方面，实践探索则大都聚焦在规划设计、改造利用、空间治理等层面。然而对于主客共享型的乡村公共空间，行业内的研究和实践则相对欠缺。

本文从主客共享的视角，探索一种双赢的优化机制，研究乡村公共空间在旅游等新产业的加持下如何进行改造提升，助推乡村振兴。

二、概念界定

（一）公共空间

公共空间，指不受私人或私人组织控制，对所有居民开放使用，进行个人或团体社会活动的户外场所[1]。

（二）乡村公共空间

乡村公共空间，是乡村地域内的人们可以自由进入并进行各种思想交流的公共场所，如位于乡村地域内的寺庙、戏台、祠堂、井台，以及比较空旷的山林、田间地头等[2]。

（三）主客共享的乡村公共空间

本文研究的"主客"是指乡村的两个利益主体——本村村民和外来者，其中外来者包括游客、新村民等。主客共享的乡村公共空间，是能够同时满足本村村民和外来者的生活生产休闲需求的乡村公共空间。

三、空间功能分类

本文将主客共享的乡村公共空间划分为三大类、九小类（见表1）。

表1　主客共享的乡村公共空间分类表

大类	小类	内容
主客共享的乡村生活空间	传统人居空间	村庄入口、街、水街、巷、路径、溪流，牌坊、牌楼、拱门、过街楼、门楼，广场、桥、水塘、井台
	传统伦理空间	祠堂、牌坊、村社、村庙、私塾、书院
	传统手工生产空间	晒谷场、面条场、草垛
	传统防御空间	城墙、碉楼
	创新创业空间	培训中心、创业中心、销售平台
	精神文化空间	文化展示空间、文化创作空间、文化体验教育空间
	休闲游憩空间	生活驿站、运动健身中心、老年大学、乡村书店

续表

大类	小类	内容
主客共享的乡村生产空间	农田	
主客共享的乡村生态空间	林地、水系	

四、功能提升策略

(一) 主客共享的乡村生活空间

乡村生活空间，是能够满足乡村居民居住、就业、消费、休闲等日常需求与文化传承、社会保障等公共服务需求的场所。"行古志今"，是本文总结的乡村生活空间的功能提升策略。

"行古"——塑造村庄性格

本文对典型传统村庄聚落形态进行分析，梳理其布局特征、总结不同空间的改造方法，希望将这些方法应用在村庄空间设计中，实现对传统公共空间营造方法的传承与创新利用，体现村庄性格特色。

"志今"——满足现代需求

本文对主客群体的新需求进行分析，提出植入新兴空间的策略，包括创新创业空间、精神文化空间、休闲游憩空间等，以满足两类群体的生活休闲及就业创业需求。

1. 尊重传统公共空间布局特征

(1) 村庄入口

村落入口是居住地的门户，传统村落常结合风水理论、水口理论，营造出有秩序感、安全感或防御感的入口空间[3]。村口常见的景观元素有庙、阁、楼、塔、亭、堤、桥、牌坊、水口树、水口林等十项。在村庄空间设计中，可借鉴传统村口风貌，视情况对景观元素做合理布置。

(2) 牌坊、牌楼、过街楼

在传统村落中，牌坊、牌楼的原始功能是用来纪念功德或宣扬伦理道德观念，过街楼则是重要的公共空间。在主客共享语境下，牌坊、牌楼、过街楼可作为重要景观元素植入街巷空间中。牌坊、牌楼、过街楼设置于街道入口，标志着街道从这里开始，以界定街道空间；设置于街道当中，起到分隔空间、丰富空间层次的作用，这对于过长或界面较单调的街道来说尤其需要。

（3）街巷交叉口

对于商业兴旺的大村落来说，两条街道相交处往往是最繁华热闹的地方。街道相交有"十字相交""错位相交""丁字相交""人字相交"等形式[4]，不同形式的交叉口景观处理方式亦有不同。例如，十字相交的大路口，可设置过街楼，形成街巷景观焦点，也可于十字街的四个街口各设一座牌楼，称"四牌楼"，亦有拓宽十字街口、设置高大阁楼（一般称"鼓楼"）的做法。丁字相交的路口，可设牌坊，以界定空间。错位相交、人字相交的路口，往往是临街商铺的黄金位置，具有较高的商业价值，若路口建筑山墙临街则可利用墙体做标志性打卡景观。

（4）街巷绿化

街巷绿化，包括建筑入口绿化、建筑墙体绿化、建筑墙角绿化、建筑阳台绿化等。建筑入口，包括门面、窗户、走廊、外摆空间等，是村庄街巷空间改造的重点，需要着重营造商业氛围，以达到导入人流、促进消费的目的。对建筑墙体、阳台利用攀缘植物或花卉进行点缀，则起到丰富街巷景观层次、增加休闲游览氛围的作用。建筑墙角的线条比较生硬，往往选择一些浅根的大型植物装饰在墙角内侧，在外侧采用花灌木或观赏草作为第二个层次。

（5）祠堂

在中国广大乡村，随着宗族社会的瓦解和城乡二元结构矛盾的凸显，祠堂精神凝聚的功能开始逐渐弱化，空置率高，房屋破败[5]。如何让古老的祠堂融入现代功能，萌发新的生命力，成为乡村建设中需要重点研究的问题。近年来，各地乡村开展了祠堂活化利用的积极探索，对祠堂的利用方式，大概可以总结为旅游景点、文化展示窗口、艺术载体三种形式。

开放为旅游景点的祠堂，多为保存完好的历史建筑。建筑形态、格局、构造等具备较高的历史科学文化价值，祠堂内充分展示当地的人文历史、名人古迹、民风民俗等内容。这类祠堂，多位于景区或传统旅游村落内，如杭州西湖边的钱王祠、黄山西递村的敬爱堂等。将祠堂作为村庄的文化展示窗口，是各地实践中较为常见的做法，可供村民开展春节祈福迎新、清明公祭、重阳敬老等各类文化活动。在满足祠堂基本功能的基础上，将闲置空间用于艺术展览、国学教育培训、影视拍摄、文化艺术交流等，也是祠堂融入现代功能的重要方式之一。

2. 引入新兴公共空间

（1）创新创业空间

乡村振兴的关键在于人，乡村应出台鼓励政策，提供空间场地，鼓励年轻人带着技术、资本、文化投入乡村建设。乡村创新创业空间便应运而生，为乡村创客提供培训、办公、生产、销售等服务，吸引返乡创业青年、艺术家、建筑师等人员入驻，激发乡村的创业潜能。

常见的乡村创新创业空间，有培训中心、创业中心、销售平台等。培训中心为乡村创客提供生产咨询、技能培训、就业指导、人才交流等服务。例如，广州番禺区石楼镇大岭村建设职业技能培训室，开设广东技工、粤菜师傅、南粤家政等实训项目，支持基层农村群众就近学习职业技能，带动村民就业、创业、致富。创业中心为乡村创客提供办公、会务、创作空间，提供各项扶持政策，降低其创业成本。例如，上海市新南村利用闲置集体用房改造成上海第一个乡村创客中心，作为新南村人才培养和乡创产业孵化的平台，其成功吸引一批年轻人回乡创业就业。

销售平台作为农产品的销售场地，提供服务村民与外来者的多样化商业服务设施。例如，上海农好农夫市集，在城市消费者和生态小农之间建立了直接的纽带，让前者购买到值得信赖的农产品，为后者提供更大的市场，收获合理的经济收益；市集以上海及周边地区小规模生态农户为主体，参集农户承诺在耕作及养殖中不使用农药、化肥等化学合成制剂。在市集上贩卖的产品以时令蔬菜为主，辅以大米、水果、农副产品等。

（2）精神文化空间

乡村要振兴，除基础设施、乡村环境等的建设外，更应注重精神文化的发展。村精神文化是乡村振兴工作的重要组成部分。乡村精神文化空间，包括文化美术馆、博物馆、艺术馆、展览馆等文化展示空间，艺术家工坊、非遗工坊等文化创作空间，特色工坊、艺术课堂等文化体验、教育空间，以及生活驿站、运动健身中心等休闲游憩空间。

文化展示空间是乡村传统文化、非遗文化、民俗文化等的展示场所，作为当地村民和外地游客交汇共享的公共场所。例如，浙江省积极开展乡村博物馆建设，打通博物馆公共文化服务的"最后一公里"，为村民提供文化服务，同时，有效提升乡村旅游的吸引力[6]，带动当地产业发展和村民增收，成为乡村振兴、文旅融合的新空间。文化创作空间是为艺术家或非遗传承人提供室内外艺术创作空间和展示交流场所，打造乡村文创 IP 和文创产业链，如安徽黟县碧山村碧山供销社、浙江松阳县平田艺术家工作室、浙江龙泉市柳山头村艺术家工作室等。文化体验教育空间主要为弘扬乡村传统文化和匠人精神，提供文化工艺体验、艺术课堂、非遗传承等空间场所。例如，浙江松阳县山头村米酒工坊、蔡宅村豆腐工坊、兴村红糖工坊等，将传统生产工艺与旅游体验相结合，工坊既是生产现场，又是戏剧表演现场，既能传承传统工艺，体现文化价值，又能带动旅游业发展，提高村民收入。休闲游憩空间包括生活驿站、运动健身中心、老年大学、乡村书店等各类服务设施和空间，为当地村民和外来游客提供休闲游憩、运动健身、休闲阅读等服务。

（二）主客共享的乡村生产空间

乡村生产空间，是百姓在村庄进行经济生产活动的场所，包括农业生产空间和非农业生产空间。农业生产空间主要是为农林牧渔业等第一产业的生产活动提供空间，非农业生产空间主要是除第一产业之外的生产活动场所。

1. 生产空间升级——观赏的乐趣

我们可以从植物种植方式、植物空间观赏方式、设施农业观光方式、人文艺术展示方式等四方面，提升乡村生产空间的观赏乐趣。

（1）植物种植方式升级

根据农作物的空间效果和观赏季节不同进行拼接化种植，或将不同颜色的作物按照艺术图案布局，能够解决单一作物种植的观赏季节短和空间单调等问题。采用园林化的手法，利用农作物打造精致的景观环境，可改变人们对于农作物的传统印象，展示农作物独特的艺术之美。

（2）植物空间观赏方式升级

植物空间的观赏方式，除步行、骑行等常规做法外，还可构建不同高度的观赏平台，搭乘热气球、直升机等现代工具，或借助牛车、马车等传统农业生产工具。创新植物空间的观赏方式，能够让游客感受乡村田园不同角度的美，获得丰富的游览体验。

（3）设施农业观光方式升级

设施农业是现代农业的重要组成部分，对于提高农产品的产量和质量，满足市场需求，推动农业现代化具有重要意义。村庄可以结合自己的农业特点，在生产功能基础上，开发旅游观光业态，形成集高效生产、科普教育、体验参观于一体的设施农业观光园区。

（4）人文艺术展示方式升级

艺术进入乡村，便迸发出与众不同的火花。实践环境艺术、极简艺术的理念，在农业生产空间中布设艺术装置，用艺术装扮田野，不断提升农业景观的艺术性与审美价值。

2. 体验空间升级——玩耍的乐趣

我们可以通过农事体验、研学教育、农业乐园、节庆活动等多种方式，增强乡村生产空间的体验感和娱乐性。

（1）农事体验

依托乡村的种植、养殖、加工产业，在生产的不同环节中植入农事体验活动，诸如采摘、种植、踩水车、磨豆腐等，让游客参与农耕、感受农趣，在原乡、原俗的农事活动中，体验当地农耕文化（见表2）。

表 2　农事体验方式统计表

类型	名称
按产业分类	种植体验
	养殖体验
	加工体验
按体验方式分类	生产体验
	收获体验
	品尝体验
按运用物品分类	生产工具使用体验
	生产资料应用体验
	生产技能应用体验

（2）研学教育

乡村场景下的研学教育，能够给孩子提供一个开阔、多元与自然真实的环境。将农业与教育相结合，寓农于学，通过观游、教学、互动等方式，让学生亲近自然、了解乡村。乡村就是一所"自然学校"，可带领孩子学习趣味性的农业科普知识，例如，识别各种作物、家禽、昆虫，制作动植物标本，了解各类农具及使用方法，学习作物的种植与照料方法，了解植物的花期、收获期等。

（3）农业乐园

就地取材，利用秸秆、轮胎、马车、农具等乡村常见材料与工具，搭建出有创意、有趣的乡村乐园。利用乡村家禽家畜设置萌宠乐园，如猪猪乐园、鸭子农场、咩咩羊圈等，通过卡通标识、卡通造型景观小品凸显"萌"主题，提供丰富的动物体验活动。农业乐园能够让孩子在玩耍过程中体验自然，在探索过程中激发想象力、创造力和协作能力，在游乐过程中提升身体素质。

（4）节庆活动

举办农业节庆活动，以节造势、以节聚人，是很多乡村塑造和提升自身形象的重要手段。农业节庆在给人们带来丰收的喜悦与幸福的同时，也播种了来年的希望。节庆活动有花卉节、水果节、蔬菜节、稻田艺术节等农作物类节庆，复古农耕节、梯田耕作节、稻田插秧节等农耕体验类节庆，以及农田摄影类节庆等。农业节庆往往是体验和消费结合的旅游产品，在节庆活动中常常集合吃、玩、赏、教等多类业态，体验消费前景广阔。

（三）主客共享的乡村生态空间

乡村生态空间，是为乡村地区提供生态环境保护、维护生态系统平衡和保障环境承载容量的空间[7]，具备气候调节、水分调节、土壤保持等多种功能，维系着乡村生产和生活空间的正常运作[8]。本文将乡村生态空间的提升策略总结为：生态景观化，以可持续发展为原则；教育科普化，以教育科普为补充；景观游乐化，以游乐体验为重点；游乐康养化，以生态康养为特色。

1. 生态景观化

乡村林业空间可通过美化、彩化、珍贵化的提升，对游览区林相进行改造，营造出优美宜人的林业景观，还可通过布置景观小品、观景设施等方式丰富游客的游览体验。例如，沿游憩路线布置本土材料制作的简易、有设计感的景观小品，在地形较高的平坦地块设置观景平台，让游客饱览大自然极致美景。

滨水植物的景观对于乡村林业空间的品质具有重要意义，滨水植物按适用条件不同，可形成观赏性滨水空间、生态性滨水空间、防护性滨水空间。以观赏为主的滨水空间，应注重植物的形态差异性、色彩丰富性，利用季相特征明显、耐水湿的物种来营造优美的滨水景观。以改善生态为主的滨水空间，应注重植物净化水质的能力，主要采用沉水植物、浮水植物来消耗水体中的氮磷元素，达到改善水质的效果。以防护为主的滨水空间，应注重植物的生态性、固土性，采用根系深、枝蔓柔软的植物来稳固河岸。结合河流自然条件及所在乡村的人文条件，沿河打造景观节点，可设置一批凸显乡村特色的景观小品、观景平台、景观亭、桥梁等休憩及观景设施，增加滨水空间的吸引力。

2. 教育科普化

乡村的绿水青山为自然教育提供了最丰富、最天然的素材和场所，自然教育就是带着孩子们走进自然，利用自然元素和自然环境进行观察、探险、游戏、创作等一系列体验式的活动。

以乡村大自然中的物体或现象为目标，引导孩子们学会自主观察，利用绘画、笔记、相机等进行记录和创作。通过森林体验、动物体验、植物体验、土壤体验、地质体验等乡村户外活动，用大自然的力量激发孩子的潜在能力。自然探险是在做好安全保障的基础上，让参与者在自然环境中获得刺激感和成就感，通过徒步、攀岩、露营、野外科学考察等活动使参与者进行野外生存训练、学习野外生存技能。

3. 景观游乐化

根据所处的高度不同，乡村林地的林下空间、林中空间，经过因地制宜的改造利用，均可以化身为居民、游客的休闲游憩场所。林下空间是开发游乐活动的天然场地，可建设森林亲子乐园、森林木屋、森林滑道、观鸟吧等游乐设施，举办森林文化节、森林音乐节，利用光影技术手段，打造具有体验感的森林夜游模式。还可通过林下运动拓展项目来增强居民及游客的活力，促进身心健康，开发林中栈道、定向越野、山地马拉松、森林球类运动等。依托良好的山体自然环境，利用半山平台、林中空间，设置悬索、树梯、浮桥等设施，让游人体验在树林半空中穿越、攀爬，享受森林探险的乐趣。

乡村拥有湖泊、河流、山涧等富于变化的水文形态和岸上自然景观，能够给村民、游客提供丰富的生态游乐空间。根据与水域的距离不同，乡村水空间分为核心层、主体层、拓展层，核心层即湖泊、河流的核心水域，主体层为滨湖、滨河的水陆交接地区，拓展层则指主体层外围的陆地区域。乡村水空间的核心层功能主要集中在水域观光、亲水游憩，主体层以娱乐活动、休闲体验为主，拓展层则拥有更多选择，可开发特色住宿、餐饮购物及会议会展、节事节庆等（见表 3、表 4、表 5）。

表 3　核心层水系功能开发

功能	水域观光	亲水游憩
提升手法	湖泊、河流沿岸风景观光、湖内岛屿风景游览、湖面风光欣赏及水上农业观光	与水相关的娱乐、游戏活动
业态建议	建设观景平台、观景亭、观景塔、观鸟处，增加热气球、直升机、缆车、水上飞机、游船、游艇等	增加滑翔伞、摩托艇、水上龙舟，开发潜水、捕捞项目等

表 4　主体层水系功能开发

功能	娱乐活动	休闲体验
提升手法	在滨湖滨河区域开发娱乐项目	以静态休闲为特色的度假生活体验类项目
业态建议	开发浮桥行走、专题表演等，建设垂钓平台、环湖自行车道、游乐园、游戏室	开发滨湖高尔夫球场，建设剧院、艺术馆等

表 5　拓展层水系功能开发

功能	特色住宿	餐饮购物	会议会展及节事节庆
提升手法	结合当地民俗风情、水域环境特色，建设住宿接待设施	开发乡村特色美食以及农副产品等绿色生态产品	通过承接会议会展、节事节庆活动等，来提升乡村知名度
业态建议	建设露营地、房车营地、青年旅社、滨水主题酒店等	开发滨湖商业街、水市、水街、乡野集市、专项购物超市等	组织会议会展，如：商务会议、品牌发布、行业交流等；利用节事节庆，如摄影节、湖泊休闲节、观鸟节等开展活动

4. 游乐康养化

森林康养是依托森林特有的生态环境、中医药或温泉地热等资源，提供康养度假服务。一方面，可发挥森林空气清新、环境优美的资源优势，开发保健、疗养、康复和养生为主的静态康养服务。另一方面，可结合山林地势，开发林间漫步、慢跑、登山等动态康养活动，让游人收获全方位的康养体验。

水也是康养旅游的重要资源，优越的水环境不仅可以开发修身养性、饮食养生等服务，还可开发系列延伸产品，提高水环境的附加值。依托湖区、河岸等优良的水域生态环境，全方位打造康疗养生的度假氛围，提供针灸、按摩、理疗、中草药药疗等康体服务，针对城市客群精神压力大、睡眠困难等问题，开发冥想、放空、入眠等养生服务项目，亦可利用乡村滋补鱼类、水禽打造食疗养生品牌。水质好、有条件做系统化开发的乡村，还可发挥水资源优势，研发美容化妆品、有机农产品等，提高资源附加值。

五、结语

本文从"主客共享"语境下的乡村公共空间功能提升角度出发，对乡村公共空间的类型进行了划分，剖析了乡村公共空间面临的窘境与挑战，分别从乡村生活空间、乡村生产空间、乡村生态空间三个维度，提出了每类细分空间的功能提升策略。

本文主要研究结论如下：

（一）吸收传统村落的空间布局手法

传统村落的选址营建，是在漫长的历史进程中，人不断和周边自然环境相适应，相互协调融洽发展的体现。吸收传统村落的空间布局手法并在新农村空间规划中灵活运用，不仅是地域文化的传承，也是解决目前村庄空间乏味、建筑形式单调、千村一面等问题的有效措施。因此，要充分挖掘本地传统人居格局、传统伦理场所、传统防御空间、传统生产空间等形态特征，进行传统空间营造方法的传承与创新利用。

（二）满足主客群体的现代新需求

要辩证地看待乡村公共空间"原汁原味"的问题，不能因为过于追求所谓传统文化、原味乡村，而忽略时代的进步和现代的需求。乡村既要有优美的景观，丰富的业态，还要有舒适的住宿、餐饮等设施，以及完善的交通路网、停车场地、水电气暖等配套，从而满足村民、游客对现代品质化居住环境、旅游环境、工作环境的新需求。

基于主客共享的乡村公共空间功能重构，是一个庞大的系统性课题，全国村庄数量众多，范围甚广，每个村庄所处的地理气候、地形地貌不尽相同，交往习惯、生活习惯等亦有不同。本文重点针对华东及华南地区村庄进行研究，远不能代表所有村庄的公共空间特点、困境或优势。因此，还需继续探究不同地域乡村的空间重构手段，构建完善的方法体系。

参考文献

[1][2]郑子群.乡村公共空间优化策略研究——以西怀远村为例[D].太原：太原理工大学，2022.

[3]孙立硕.传统风水文化影响下的传统村落选址格局探析[J].山西建筑，2021(6)：18-22.

[4]彭一刚.传统村镇聚落景观分析[M].北京：中国建筑工业出版社，2017.

[5]陈凌广，陈子坤.祠堂载体设计之道：乡村公共文化空间活化更新设计的案例透析[J].未来传播，2020(8)：91.

[6]宋臻，杨芝."小而美"乡村博物馆绘就乡村振兴路上的别样风景[J].宁波通讯，2022(16)：62-67.

[7]朱慧林，姚刚召.基于"三生空间"的乡村景观优化——以仓埠街井山村王阶久美丽乡村为例[J].城市建筑，2019(32)：122-123.

[8]方方，何仁伟.农户行为视角下乡村三生空间演化特征与机理研究[J].学习与实践，2018(1)：101-110.

乡村公共文化建设认知纠偏与路径优化研究

——以陕西省为例

唐穆君（西安市社会科学院）

长期以来，我国通过加大财政投入力度，完善乡村公共文化设施建设，不断扩大乡村公共文化服务覆盖面，乡村公共文化服务"建设不足"的问题总体上得到解决，需要着力解决服务效能上的问题，即"建得好不好"。由于服务内容的供需错位，乡村公共文化服务存在重"植入"轻"培育"的现象，城市本位主义色彩浓重，造成乡村群体的主体性得不到激发，成了事实上的"看客"，乡村公共文化服务体系向更广空间和更深层次发展的任务更加迫切，应在村民对美好生活的追寻中发挥更加重要的作用。

陕西是我国重要农业产区之一，农耕历史悠久，乡村文化丰富。陕西地区乡村虽在城市化进程中发生改变，但传统农村的框架仍然得以维持，在长期发展中形成了以乡规民约等非正式制度为基本内容的文化形态。新的历史起点上，乡村公共文化服务建设应转变已有的认知错误，树立全新理念，遵循农民是乡村公共文化服务的受益主体和评价主体这一根本原则，激发乡村群众对乡村文化认同感，培育村民文化自觉、自省、自强的意识，致力于唤醒村民的文化自觉，帮助其从被动接受文化服务向主动参与转变，成为乡村文化建设的主人翁，激发创造活力，打造共建共治共享的"有感村庄"，满足广大农民对美好生活的新期待。

本文通过对陕西省三个不同区域的乡村聚落展开乡村公共文化服务供给与需求的双向分析，得出城郊型村庄文化需求旺盛、供给不足的现状，城郊型村庄供给优于偏远型村庄，但是居民满意度低。本文指出当前陕西乡村公共文化服务建设有包括公共文化服务存在外源动力与内生机制"游离"，文化建设"城市本位主义",文化服务"一刀切"忽视区域差异,乡村文化建设管理方式滞后等在内的理念及路径上的偏差。对于陕西乡土社会来说,传统观念依然发挥重要作用,忽视乡村文化发展内生动力,乡村公共文化服务就失去了应有的着力点,很难达到应有的目的。在充分考虑陕西资源禀赋特点及当前乡村振兴战略安排下,结合陕西省地域特征及陕西省乡村公共文化服务工作重点,提出了以下路径措施,以解决目前乡村公共文化服务存在的问题,包括:发挥好基层党组织战斗堡垒作用,坚持党建引领乡村文化建设;充分辨识地域文化特征,广泛开展移风易俗工作;推动县、乡镇体制改革,以乡村文化治理提振乡村自组织能力;鼓励有志之士开展乡村建设运动,实施传统村落保护、传承及发展工程;加大本土文化人才挖掘力度,积极培育新乡贤群体等。

一、陕西乡村公共文化服务体系建设现状

近年来,陕西省坚持遵循中央有关政策法规,围绕基层公共文化服务、乡村文化旅游、传统村落保护、文化治理方面,做了大量有益探索和实践,取得了不小的成绩。

(一)公共文化服务体制机制建设不断完善

近年来,陕西省在推进乡村公共文化服务体系建设方面取得了跨越式发展。成立了由省文化和旅游厅牵头,省委宣传部、省编办、省文明办、省发展改革委等20多个部门为成员单位的公共文化服务体系建设协调小组,统筹协商公共文化服务体系建设中的重大事项。同时,省文旅厅成立了陕西省公共文化服务专家委员会,建立了公共文化服务领域专家库,进一步发挥专家智库作用,提高公共文化服务体系建设科学化水平。文旅部门相继推进《关于加快构建现代公共文化服务体系的实施意见》《关于做好政府向社会力量购买公共文化服务工作的意见》等政策文件的落实。近年来,《陕西省公共文化服务保障条例》《关于推动公共文化服务高质量发展的意见》等一系列文件的出台,为加快建设公共文化服务体系提供了强力支持,也为推进乡村公共文化服务保驾护航。以公共文化体制改革为契机,全省全面实施以县级图书馆、文化馆为总馆,乡镇文化站为分馆,村(社区)文化活动室、农家书屋为服

务点的总分馆建设。各市根据发展需要，制定了相关的公共文化服务条例，诸如安康市推出《安康新民风建设引领乡村公共文化服务创新发展》《关于开展乡村文化理事会和乡贤读书促进会试点工作的通知》，制度设计聚焦乡村文化建设，推动当地乡村文化治理的改革。

（二）持续夯实乡村公共文化基础设施建设

近年来，陕西省不断加大农村文化基础设施网络投资力度，提升乡镇综合文化站、村（社区）综合文化中心建设力度。相继出台《陕西省基层综合性文化服务中心建设实施方案》等相关政策条例，集中一切力量加强农村公共文化服务基础设施建设，完善农村公共文化服务体系。不断推动农村地区文化服务高质量发展，乡村公共文化服务建设进入全面提升、快速发展阶段。2020 年，全省已建成乡镇（街道）综合文化站 1342 个，村（社区）综合性文化服务中心 19260 个，2020 年全年戏曲进乡村共 13285 场次，对三馆一站（图书馆、文化馆、美术馆、乡镇街道文化站）投入免费开放经费 12195 万元，乡镇（街道）文化站每个 5 万元[①]。2020 年戏曲进乡村奖补资金 2409 万元，贫困地区村文化室设备购置资金 5744 万元[②]。陕西省已将"加强农村文化建设"纳入"十四五"文旅规划，乡村文化建设作为顶层设计受到重视，在下一步发展过程中还将不断强化到实践之中。

（三）积极推动"乡村公共文化服务+"融合发展

陕西各地通过推动乡村公共文化服务与当地农业、旅游业、手工业、文化产业融合发展，极大地调动了当地村民参与乡村建设的主动性。诸如礼泉县袁家村、宝鸡金台东岭村、宝鸡陈仓文广村、渭南大荔小坡村等依托村中经济能人主导村庄公共事务，推动文化服务与农业发展相结合，在乡村文化治理中显示出决策迅速、社会动员力强、行动效率高等诸多优势。各地不断推动乡村文化建设与乡村旅游融合发展，通过夯实乡村公共文化服务基础设施建设，带动乡村景观再造，打造主客共享的乡村公共文化空间。依托丰富的乡村文化资源，大力发展乡村旅游业，先后出现了咸阳礼泉袁家村、兴平马嵬驿、西安长安王家村、澄城县尧头窑民俗景区、凤翔泥塑村等村庄先进

---

①② 数据来源：陕西省文化和旅游厅公共服务处内部资料。

典型。汉中南郑区利用棕编带动当地村民就业,宝鸡凤翔六营村大力推行"凤翔泥塑+旅游"模式,2020年实现村人均收入18000元。渭南市通过省级非遗项目临渭草编及富平石刻,宝鸡千阳县通过国家级非遗项目西秦刺绣带动乡村就业,实现乡村文化产业扶贫。

(四) 有效利用乡村传统文化丰富文化供给

近年来,陕西省充分运用丰富的民间文化资源,为乡村打造喜闻乐见的民众文化活动,不断丰富乡村文化供给。各地政府通过挖掘、整理、创新本地传统手工艺、民俗文化、戏曲音乐等非遗项目,为村民提供丰富多样的娱乐活动、文化产品。如延安安塞区安塞腰鼓,安康紫阳县紫阳民歌、榆林横山区党岔镇陕北说书、安康汉阴县涧池镇家训文化、西安集贤镇西安鼓乐等众多非遗项目,通过现代化加工及艺术化创作,激活了其所蕴含的乡情、乡韵、乡风,丰富了当地文化生活。铜川、西安、宝鸡、安康等地的乡村通过重拾乡贤文化,将本村退休还乡的老干部、教师、公职人员等组织起来,成立各种形式的乡贤组织、老年协会、妇女组织等。如安康乡贤理事会、周至胡家村宗祠委员会、高陵河村乡贤书院等,利用新乡贤社会经验、威望推动本村乡村文化治理进程,激发了村民主体意识,增强了自我认同感。截至2022年底,陕西省共有113个村落被列入中国传统村落名单,另有省级传统村落429个[①]。40个"陕西民间文化艺术之乡"中有7个入选"中国民间文化艺术之乡",56个省级文化先进县中有国家级文化先进县24个[②]。

二、陕西乡村公共文化服务建设分析

本文选取陕西省三组不同区域的乡村聚落展开分析:一是在西安市周边城郊型农村中,选取现已归属西安市高新技术开发区管辖的集贤镇、九峰镇、细柳街道等11个乡镇(街道)下辖的130个村(社区);二是选取距离都市较远的渭南市蒲城县罕井镇、高阳镇、尧山镇等15个村庄;三是选取安康市汉阴城关镇、涧池镇等11个村庄,通过供给侧与需求侧的分析调研乡村公共文化服务建设成效。

---

①② 数据来源:陕西省文化和旅游厅公共服务处内部资料。

（一）城郊型村庄——需求旺盛、供给不足

该类型村庄农耕历史悠久，乡村传统文化内容丰富，大量的非遗项目分布于此。村集体经济实力比较强，村民较为富裕，就业机会多。村民对文化需求旺盛，而现有的文化服务传统守旧，很难满足村民需求。缺乏体育活动、公益讲座、体验拓展、数字文化等类型的公共文化服务。与城郊型村庄日益增长的文化需求相比，公共文化服务远没有满足当地居民的需求，供需失衡严重。乡村公共文化服务在广度、深度方面延伸不足，与农业、乡镇工业、旅游业及物流业融合不够，未能形成乡村文化振兴"共赢"、城乡融合发展的良好局面。

（二）偏远型村庄1——供需错位、供给"空转"

偏远型村庄1离都市较远，青壮年劳动力流失严重，村中以中老年村民为主。该区域方圆数十里以尧山圣母庙为中心，形成以庙会文化为中心的文化空间，庙会文化以完全压倒性的优势替代了政府提供的图书、电影等大部分文化产品，公共文化服务"空转"现象严重。乡镇、村（社区）专职文化管理人员的缺乏，基层党组织对传统庙会文化的引导与规范存在不足。

（三）偏远型村庄2——文化治理、效能提升

偏远型村庄2处于秦巴贫困山区，当地民间传说、民间戏曲等传统文化资源丰富，在基层公共文化服务方面创新举措，推出了"乡村文化理事会"，理事会由村干部、退休公职人员、教师及村中有威望的长者组成。遵循基层党组织领导原则，由理事会负责村级公共文化服务资源配置，组织实施公共文化活动项目，理事会有明确的章程秩序，根据村民的需要组织文艺演出、艺术培训、普法教育、科学普及等活动。理事会还负责协助村两委解决脱贫攻坚、对口帮扶、家庭矛盾等。通过乡村理事会设计引导村民在公共文化服务中参与决策、管理、活动、监督，充分调动了村民的积极性、主动性。

（四）结论

城郊型村庄供给优于偏远型村庄，但是城郊型村庄对乡村公共文化服务的满意度低，对于城郊型村庄来说，集体经济实力比较强，因此在公共文化

建设方面投入相对较大，公共文化基础设施建设相比偏远型村庄较为完善，从文化需求方来说，城郊型村庄对公共文化服务产品满意度低，城郊型村庄村民普遍对文化设施、文化演出不满意。

对于乡土社会来说，"任何外部参与力量进入乡土社会的时候，都会有难以克服的高交易成本"[1]。如果忽视乡村文化发展内生动力，只靠外源动力推动，没有内生动力和自我发展能力作为支撑，乡村公共文化服务就失去了应有的着力点，很难达到相应目的。

三、陕西乡村公共文化服务建设认知纠偏

通过对以上分析总结，得出目前陕西乡村公共文化服务建设认识上的一些偏差及存在的问题，并加以分析。

（一）外源动力与内生机制应从"游离"走向"结合"

乡村公共文化服务包括由文化部门负责推进图书室、文化活动室等文化基础设施建设，以及提供"送图书下乡""送电影下乡"各类文化活动，这些都不断丰富着乡村文化生活。公共文化服务属于外源性输入系统，旨在通过外部服务调动村民参与乡村治理、乡村生活的积极性，从而推动村民在特定利益规则下自发采取有针对性的行动策略，实现乡村文化振兴。这一辩证关系中，由政府提供的公共文化服务是外源动力，自发行动的村民行为是内生机制。乡村公共文化服务供需问题，往往是由于供方以城市视角向乡村提供文化产品，忽视乡村文化发展规律及村民的实际需求，导致的"供给"与"需求"错位。因此，保持供需平衡是推动乡村文化振兴的关键，依靠公共文化服务推动传统乡村文化迸发新活力，内外联动，实现村民集体文化自觉、自信、自强。

（二）文化建设应从"城市本位"转向"乡村本位"

陕西省乡村公共文化服务建设沿用的是"文化外引"路径，在这一话语体系中，"乡村文化是需要帮扶的弱势对象，手段是通过行政命令将决策部门认为农民所需的文化配送至乡村"[2]，"先城后乡"的观念习惯主导了发展模式。这种方式操作起来方便且容易推广，但效果却是文化产品无法真正有效

嵌入农民生活，引得进来却种不下去，造成结构失衡、供需错位、内容匮乏等多种问题。根本原因在于现有的公共文化服务体系建设依旧沿用城市文化建设的路径，以城市中心主义的理念开展乡村文化建设。城市本位视角中乡村文化是落后的这一观念，是需要被改变的，它忽视了乡村文化的客观发展规律及农民群体的主体性，因此很难激发村民活力。一味单向输入和补给，忽略乡村原生文化的挖掘与利用，造成"千村一面"的困境。

（三）文化服务应从"一刀切"到注重区域差异

乡村公共文化服务应在正视经济发展、人口流动形势、区域差异等现状的基础上，研判并制定公共文化服务的阶段性目标，使"保基本"与"求进取"有的放矢。陕西省是以特大城市西安为核心的经济体，根据 2021 年人口统计数据，陕西省常住人口 3952.9 万人，而西安都市圈常住人口为 1800 万。陕西省共有 107 个县级行政单位，其中人口出现负增长的区（县）有 55 个，占到 51.4%，人口基数低，产业基础薄弱，区域经济一体化参与程度低，难以形成积聚效应，经济发展动力不足。这些区域的乡村"空心化"将在今后一段时间内持续存在，人口向西安集中的趋势会进一步显现。应在正视当前经济发展、人口流动形势的基础上，制定乡村公共文化服务的阶段性目标，政策向西安周边城郊型村庄以及有产业基础、人口密集的县城区域适当倾斜，缓解人口日益流入的文化需求压力。

（四）乡村文化建设应从"管理"走向"治理"

乡村公共文化的内涵以及文化服务的对象范围扩大，对文化提供服务效能及精准度提出更高要求。以往文化建设中"以管为主"的模式面临巨大挑战，对乡村文化进行粗放式管理的理念已不适合当前乡村社会发展。亟须文化治理代替文化管理，明确公共服务部门、社会资本、民间团体责权关系，实现乡村公共文化服务发展方式的转变。

四、陕西乡村公共文化服务建设路径优化

在充分考虑陕西资源禀赋特点基础上，结合陕西地域特征及陕西乡村公共文化服务工作重点，提出以下解决方案。

（一）坚持党建引领乡村文化建设

1. 发挥好基层党组织堡垒作用

发挥好基层党组织引领、带头作用，加强顶层设计，因地制宜制定文化发展规划，做好乡村文化建设专项预算。鼓励乡村基层党员干部带头做好文化活动组织工作，不断丰富乡村文化生活。搭建协商议事平台，推动基层党员、干部与村民共商乡村事务，激活乡村发展动力。

2. 广泛开展移风易俗工作

广泛开展乡风民俗调研工作，深入挖掘现存良性村规民约，记录在案并广泛推广。对当前陕西乡村普遍存在的厚葬薄养、高价彩礼、人情攀比、铺张浪费、封建迷信等不良风气开展严肃治理。在农村推动便于背诵记忆的村规民约。在全省乡村推广积分制、道德评议会、红白理事会等做法，将农村的文化资源与先进的文化理念结合起来，探索本土特色文化发展路径。

3. 充分辨识地域文化特征

陕西地区的乡村社会是以庙会文化、民间信仰为基本链接的社会关系，应及时分辨传统文化精华与糟粕，依法打击乡村各类的邪教组织和违法传教活动，对能够调动乡村积极性、形成发展合力的传统文化加以弘扬，形成文明乡风、良好家风、淳朴民风。

（二）以乡村文化治理提振乡村自组织能力

构建政府—市场—乡土社会三者激励相容的制度框架，使省级政府、城乡市场主体之间和农村基层的各级政府治理主体之间，"形成一种新的有机组合，在行动过程中通过相互关联和补充来增进结构凝聚及功能融合，促进乡村治理各主体彼此依赖、共存互生的整体性，使乡村的安全性、公共性、市场性与社会性等不同机制有机地综合为一体"[3]。

1. 推动县域综合体制改革

积极落实《关于推进以县城为重要载体的城镇化建设的意见》中提到的"提高县城辐射带动乡村能力，促进县乡村功能衔接互补"。推动县域层面改革，将粮食生产、生态建设、公共文化服务等分散在多个部门的专项资金统合起来，设立农业农村综合基金项目，扶持农业合作社发展，将产生的经营收益反哺"三农",比如县级文化馆可以联合村级服务区有效开展各项文化活动。

2. 挖掘乡镇一级潜在力量

推动乡镇一级组建综合性合作社,乡镇政府可以通过"购买服务"低成本撬动各种民间资源。深入开展乡镇、街道综合文化站专项治理活动,在全省范围内,选取有条件的基层文化站、社区,尝试开展文化旅游、手工艺培训等业务。

3. 探索乡村自组织模式

对安康地区已经实施"乡村文化理事会"模式的乡村,不断完善相关制度,加强细节管理,将各项权利、职责公之于众,提升管理效率,不断促进人员业务能力提升,强化责任担当。在陕北偏远型乡村,尝试利用苏陕专项资金及项目、公共服务等方面的优惠政策,在全省大力推广乡贤回归,探索以村规民约为引导的基层治理方式。

4. 积极引入社会组织参与公共文化服务建设

对于全省范围内大量涌现的社会组织、民间团体参与乡村公共文化服务的意愿,积极引导,肯定社会组织在参与文化建设中的作用及地位,给予相应的资金扶持与政策支持。加大社会组织工作人员培训力度,提升其业务能力,不断提升社会组织参与乡村公共文化服务建设的能力。

(三)打造符合群众期待值的文化产品

1. 支持鼓励开展乡村建设运动

陕西省始终缺少能够进行方式探索、经验总结的乡建运动成果,面对本省农村中各种民间社会和文化力量日益活跃的局面,如西安周边小峪口"非遗乡集"等,相关部门应积极应对这一情况,推动知识分子、手工艺人开展下乡活动,通过新老村民组合,村治模式的更新,探索适合陕西乡村建设的乡建活动,为今后全省乡村建设提供实践经验。由公共文化服务部门承担完善艺术家、策展人与民间文化艺术之乡的对接机制,依托中国民间文化艺术之乡、历史文化传统村落,推进全省乡村文化建设。推动陕北村庄文化融入陕北文化生态保护区整体建设,保障西安、安康、汉中、宝鸡等地村庄规划严格遵循秦岭生态保护条例,开展"看得见山,望得见水,记得住乡愁"的乡村实践。

2. 开展传统村落保护、传承及发展工程

构建完善的乡村文化遗产保护体系，着手历史建筑及民间故事、传说、名人逸事等乡村文化遗产调查、整理、研究工作，建档立案，明晰乡村文化遗产资源数目、类别、价值、保护目标。通过对历史遗迹的保护，凸显地方价值，增强文化自信、助力乡村振兴，激发村民自豪感。严格遵循《陕西省传统村落保护发展规划》《陕西传统村落保护规范》，设置乡村文化保护红线，禁止破坏乡村风貌和乡村文脉等行为。加强对传统村落的修缮和保护，注重陕北、关中、陕南因地域环境产生的居住习惯、人文风俗，全面保护传统村落建筑格局、内部机理、景观、文化空间、田野风貌等，重点保护乡村建筑、农业器具等乡村文化遗产，积极保护古路、桥、井、塘、树、塬、茆等自然、历史环境要素。对关中地区尧头窑、袁家村、集贤镇等传统村落，吸引西安市各类文化人才，促进城乡文化人才共享，推动以乡村文化产业为主导的关中传统村落保护；陕北地区传统村落开展"一村一品"模式，大力发展休闲农业和乡村旅游，推动农业与研学旅游、生态康养深度融合，促进休闲农业提档升级；陕南地区传统村落根据其山水格局的特殊性，突出地方特色，保护传统村镇文化空间，积极营造陕南地区的地缘文化。注重乡村文化遗产整体性保护，通过组织当地居民参与修缮、维护监督工作，积极向当地居民宣传文物保护的观念，号召当地居民参与家园的共同维护，构建村民的身份认同感，增强主人翁意识。

3. 积极开展数字文化工程建设

结合城郊型乡村对高层次文化产品的需求，积极推动数字文化服务，建设数字乡村。针对当前农村书屋普遍存在的面积小、藏书少、缺乏用户、使用效率低等问题，建议通过政府购买服务，建立数字农家书屋项目，以适应新时代农民的阅读习惯与阅读偏好。推广会员制服务，惠及在乡及离家打工人群。与融媒体对接，通过电视、广播、微信公众号等媒体开展阅读推广工作，实现全省统一的阅读出口，兼容多种形式的终端，多场景利用数字农家书屋。

（四）壮大新时代乡村人才队伍

1. 加大本土文化人才挖掘力度

推动全省各县、乡镇建立乡土文化人才库，充分挖掘散落在民间的乡土文化人才，面对不同类型的人才，开展摸底调研，对本土人才实现全面掌握，建立人才项目库，以备今后发展所用。积极利用国家关于农村土地改革的红利，对具有重要文化传承意义的本土文化人才，特别是传承人，加强财政补助。

2. 积极培育新乡贤群体

推广乡村社会自治传统，推动被边缘化的新乡贤群体参与乡村治理领域，提升村民集体归属感。请新乡贤在村庄公共领域发挥作用，为乡村建设、治理各方面提供了更多可能性。积极引导相关部门，通过村民推荐的方式，甄选各类乡贤，在各乡镇成立乡贤理事会，建立激励机制和保障机制，推动乡贤参与。推动各县建档立卡，对回归乡村的教师、退伍人员、党员、退休干部建档立卡、重点关注。推动全省乡镇制定乡贤的聘用管理办法，对回归的乡贤因才聘任、合理使用，补充乡村教育、乡村调解、乡村管理人员的不足。

3. 探索建立乡村文化人才激励机制

不断完善乡村文化人才队伍奖励机制。鼓励 40—60 岁乡村"中坚力量"积极参与乡村社会治理，加强财政补助。充分发挥老人协会作用，鼓励乡村能人参与乡村社会治理。以乡镇（街道）为单位，对乡村非物质文化遗产传承人予以登记，在资金补助、健康体检、教育培训及养老等方面予以倾斜，推动乡村文化人才切实享受文化发展红利。推动乡村文化体制改革，建立乡村文化事业的垂直管理模式。

五、保障措施

（一）完善公共文化服务购买途径

加大现代政务服务理念推广力度，通过 5G、互联网等技术，以各市为单位，建立统一的公共文化供需对接平台。公共文化平台一方面对接政府与乡村社会，及时发布政府购买送戏曲下乡、文化下乡等公共服务信息，同时收集乡村村民公共文化需求，及时反馈信息；另一方面对接政府与文化类企业、社会组织，及时发布政府采购、政务服务、政策文件等多方面信息。

（二）释放政策红利

省、市文化部门应积极出台相关政策，为文化旅游、文化中介等文化类企业成长提供良好环境，尤其是乡村自发生长的小型文化企业、团体、社会组织，给予相关资金、政策扶持，简化审批流程，降低准入标准。对发展空间大、效益好的文化类企业给予用地、政策扶持，重点扶持龙头文化企业，鼓励其做大做强。

（三）开展乡村公共文化服务建设评估

加强公共文化服务供给监督评估工作，确保乡村公共文化供给的有效性与高质量。由文化部门负责招标，全省从事公共文化服务研究、实践工作的高校、科研单位或者民间社团、企业通过竞标获得评估项目，对乡村公共文化服务进行评估，工作成效由文化部门评判，建立政府评价机制。通过公共文化服务平台或者政府网站及时向社会公布乡村公共文化服务第三方监督评估结果，对在第三方评估中出现严重质量问题的单位，采取必要的惩罚措施，纳入黑名单，对于评估结果为优秀的单位，给予适当奖励。

（四）加大宣传力度

拓展乡村公共文化服务宣传平台。围绕中老年村民，通过广播、电视等传统新闻媒体，大力普及公共文化服务相关政策、规划、条例。针对年轻农民群体，通过抖音、快手、西瓜视频、微博等新媒体，普及乡村文化、乡村建设等相关知识内容，以喜闻乐见、生动有趣的表达方式推广乡村民俗、民风。鼓励以乡镇为单位，建立微信公众号，宣传乡村民俗故事，增强村民自豪感，凝聚乡民共同体。

参考文献

[1]温铁军，张俊娜，邱建生.居危思危：国家安全与乡村治理[M].北京：东方出版社，2021：39.

[2][3]文立杰，纪东东.乡村文化振兴进程中农村公共文化服务的实践转向[J].图书馆，2021(4)：20-25.

我国乡村地区公共文化服务
"三率"和需求分析报告

乔玲玲　赵航（北京零点市场调查有限公司）

　　近年来，我国的公共文化服务体系建设取得显著成效，覆盖城乡的公共文化设施网络逐渐健全。乡村公共文化服务"缺不缺、够不够"问题总体上得到解决，然而乡村公共文化服务"好不好、精不精"问题仍然突出。人民日益增长的美好生活需要和不平衡不充分的文化供给间的矛盾在乡村地区尤为突出，乡村地区的公共文化服务高质量发展面临着更大挑战。

　　公共文化服务"三率"是体现公共文化服务效能发挥水平的重要指标，所谓"三率"是指群众对公共文化设施及其服务的知晓率、参与率和满意率。提升公共文化服务"三率"是提升公共文化服务效能的重要途径，因此，课题组基于当前我国乡村地区公共文化服务发展现状，以2019年前覆盖全国的乡镇综合文化站服务效能抽查和群众问卷调查数据为基础，分析我国乡村地区群众公共文化服务"三率"与群众的公共文化服务需求情况。在本报告中，课题组通过在全国范围内开展定量问卷调查获得的数据归纳了高知晓率、高参与率和高满意率的人群特征，以此绘制高"三率"群体的人群画像，并探析提升"三率"的关键影响要素。本报告选取了1023个调查问卷有效样本进行分析，其中包括217个乡村居民样本和806个城市居民样本。该调查覆盖31个省（自治区、直辖市）不同经济发展水平的城乡地区，调查样本覆盖不同性别、不同年龄段、不同文化程度、不同居住年限的群体，数据具有较强代表性。为了对乡村地区特色进行分析，本报告对乡村群众和城市群众的样本数据进行了对比。调查内容包括五个方面，一是公共文化服务"三率"，二是群众参与文化活动情况，三是群众平时的文化休闲生活情况，四是群众对当地政府公共文化工作的评价，五是不同群体的"三率"影响因素与行为旅程①分析。课题组所开展的公共文化服务"三率"调查分析指标体系及内容见表1。

表1 公共文化服务"三率"调查指标

一级指标	二级指标
知晓率	街道/乡镇文化站知晓率
	公共文化活动知晓率
参与率	去过多少次街道/乡镇文化站
	去过多少次街道/乡镇文化站
	没去过的主要原因
	还去过哪些公共文化设施
	参加过多少次公共文化活动
满意率	对参加过的文化活动满意率
	文化休闲生活满意率
	文化生活质量满意率
	本地政府在文化方面的工作满意率
	本地政府对文化的重视度满意率

除了定量问卷调查数据外，课题组还采用定性研究方法——服务设计研究法，从群众的体验角度出发，选取了北京市海淀区苏家坨镇、四季青镇、柳林村三个乡村地区的公共文化设施，由课题组研究人员担任"文化体验官"，以居民的身份和视角对文化场馆的线下、线上活动开展体验式观察。课题组成员梳理到馆群众的类型与特征，挖掘不同群体的需求，并观察公共文化设施服务与群众需求的匹配情况，进而分析乡村群众的文化需求与"三率"影响因素。最终基于群众需求与行为，提出相应的服务设计优化建议，帮助公共文化服务流程可视化。

---

① 行为旅程是服务设计的一种工具，通常将用户与服务互动的接触点作为旅程的框架，以用户体验的内容构建故事；以用户的需求为导向，并对不同服务触点的行为和情绪进行解读，能够帮助设计者明确目标客户的痛点，定义产品的机会点和优化点。

一、公共文化服务"三率"：呈沙漏形分布，参与率具有较大提升空间

数据显示，乡村群众对公共文化设施的知晓率为 80.6%，参与率为 60.4%，满意率为 84.16%，总体呈沙漏型分布。其中，乡村群众的知晓率、参与率均远高于城市群众，反映出乡村地区的公共文化服务体系建设逐渐健全，渗透力和影响力已初见成效，但群众参与率仍有较大提升空间。

（一）乡村地区知晓率较高，需加强对低龄、低学历群体的宣传与供给

整体而言，乡村群众对公共文化设施知晓率较高。80.6% 的乡村受访者知道本地的乡镇文化站地址，远超城市群众 61.8% 的知晓率。乡村和城市知晓率较高的居民人群画像具有相同特征，均表现为年长、相对较高学历与中等收入的群体知晓率更高，在本地居住时间较长的群众知晓率更高。乡村地区高知晓率人群以家庭年收入 4 万—6 万元、高中学历、在本地居住 5—10 年、年龄在 56—65 岁的居民为主；城市地区则是研究生学历、家庭年收入 8 万元以上、年龄在 56—65 岁的人群知晓率相对更高。乡村地区群众对公共文化设施的知晓率与年龄和学历存在相关性（见图 1、图 2）。随着被访者年龄的增长，知晓率呈现波动上升的趋势；而随着被访者学历的上升，知晓率呈现倒 U 字形分布。低年龄、低学历群体能够接触和使用的文化消费途径相对较少，因此应加强对这类群体的宣传与服务，提升他们对公共文化设施的知晓率，从而提升乡村地区公共文化服务效能。

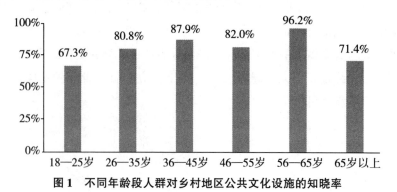

图 1　不同年龄段人群对乡村地区公共文化设施的知晓率

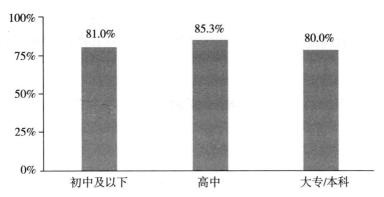

图2 不同学历人群对乡村地区公共文化设施的知晓率

(二) 参与率具有较大提升空间, 不同群体的需求匹配有待优化

调查发现, 乡村群众在公共文化设施方面的参与率为 60.4%, 高于城市群众 44.3%的参与率, 说明乡村地区公共文化设施宣传转化效果比城市好, 但仍具有较大提升空间。乡村群众中, 参与率较高的人群画像与城市群众存在一定差异, 相对较高年龄、学历与收入的乡村群众参与率更高, 女性居民的参与率更高。乡村地区高参与率人群以家庭年收入 6—8 万元、高中学历、在本地居住 5—10 年、女性、年龄在 56—65 岁的居民为主, 而城市地区的研究生学历、家庭年收入 8 万元以上、女性、年龄在 65 岁以上人群参与率相对更高。

乡村群众对公共文化设施的参与率与性别、收入、本地居住年限等因素存在相关性。参与率随着家庭年收入的上升而上升, 居住年限在 5 年及以上的群众参与率也高于居住年限短的群众; 女性参与率远于男性, 女性参与公共文化活动的意愿也更强。基层公共文化设施需着重加强面向男性、低收入群体与流动人群的宣传与服务, 提升服务和活动的多样性、层次性与吸引力, 从而提升不同人群的文化生活需求适配性。

在被问及没使用过公共文化设施的原因时, 城乡选择"没时间去"的城乡群众的比例均在六成以上, 而在未使用公共文化设施其他原因的选择上, 城乡群众却有较大差异。乡村群众选择"没什么可去的"和"不清楚是做什么的"两项的比例均在 25%以上, 明显高于城市群众在这两方面的选择, 乡村群众对公共文化设施的兴趣和了解程度要低得多。此外, "不常开门""不喜欢那种地方""身边没有人去"也是乡村群众选择相对较多的选项, 选择比例均在 10% 左右，这也在一定程度上反映出，乡村基层公共文化设施在宣传和正常开放方面尚有不足之处，社区动员、家庭动员和监督管理仍有待加强（见图 3）。

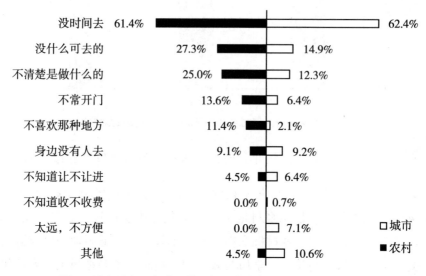

没时间去   61.4%   62.4%
没什么可去的   27.3%   14.9%
不清楚是做什么的   25.0%   12.3%
不常开门   13.6%   6.4%
不喜欢那种地方   11.4%   2.1%
身边没有人去   9.1%   9.2%
不知道让不让进   4.5%   6.4%
不知道收不收费   0.0%   0.7%
太远，不方便   0.0%   7.1%
其他   4.5%   10.6%

□ 城市
■ 农村

图 3　城乡群众没去过公共文化设施的主要原因对比（多选）

（三）低收入与低居住年限群体满意率高，多层次、多样化的服务
　　　有所欠缺

乡村群众对公共文化设施的知晓率为 80.6%，参与率为 60.4%，满意率为 84.16%，呈沙漏形分布，说明对于使用过公共文化设施服务的乡村群众而言，公共文化设施的服务供给水平较高，基本满足了他们的文化生活需求。相比较而言，乡村群众满意率略低于城市群众的 85.36%，说明和城市地区相比，乡村地区公共文化设施服务水平还有待提升。

在人群特征方面，低收入、本地居住年限较短、年龄较大的群体满意率更高。乡村地区高满意率人群以家庭年收入 1 万元以下、在本地居住 1—3 年、年龄在 56—65 岁的居民为主。低收入与居住年限短的群体满意率更高，侧面反映出高收入群体和长期居住的本地人对公共文化服务设施的要求更高，这部分人群的精神文化生活需求层次通常更高，因此对现状的满意率较低。公共文化设施的服务水平应持续提升，同时加强对不同人群的需求分析，以便提供针对性服务。

　　根据群众对公共文化设施各项指标的满意率评分，乡村群众对大部分指标的满意率低于城市群众。在各项指标中，乡村地区群众对公共文化设施"免费使用""按时开门"的满意度评分较高，但仍略低于城市居民；乡村地区"开门时间长"指标的满意率评分低于城市地区，可知乡村群众对公共文化设施开门时长的需求更多，但未得到完全满足；"活动多""乐器、道具多"为满意率评分最低的两项指标，乡村地区公共文化设施应进一步拓展服务类型，加强多层次、多样化的服务供给（见图4）。

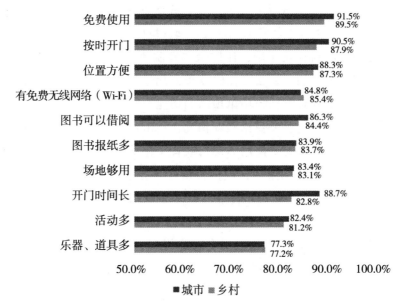

图4　城乡群众对公共文化设施各项指标的满意率

（四）数字化服务得到有效应用，为群众"知晓预约—参与体验—传播分享"的文化参与旅程提供便利

　　当前乡村公共文化服务体系建设中，数字化服务的应用日益广泛，在文化宣传、线上活动、场馆预约、活动组织、文艺培训、文化资源共享等各个方面均有体现。

　　数字化服务日渐普及，数字化渠道开辟了新型乡村公共文化传播空间。当前传统大众传播方式在乡村文化传播中日渐式微，在乡村群众的生活里，看电视、听广播等传统文化休闲方式正在逐渐淡化，移动互联网的使用率快速上升。对于许多乡村群众而言，使用智能手机刷抖音、快手等短视频平台，已经成为日常娱乐和消遣的重要方式。具有互联网基因的数字媒介，在一定程度上弥补和替代了广播电视的宣传功能，为乡村公共文化传播开辟了新的空间。

乡村公共文化数字化服务形式多样，数字化媒介已成为重要的文化宣传渠道。北京市海淀区四季青镇、苏家坨镇，开设了多个公共文化服务线上平台账号，如微信公众号、微信小程序、抖音、快手、钉钉，以及海淀区自主研发的"海淀公共文化服务数字平台"。不同渠道的运营力度与效果差异较大，其中以微信公众号与线上云课堂的应用最为广泛，公众号阅读量通常在日均 1000 人次左右，活动推广期间的互动数据表现更好，例如四季青镇在春节期间推出的手工类线上教学活动推文，阅读量可破万。

数字化服务得到有效应用，让群众"知晓预约—参与体验—传播分享"的文化参与旅程更便利。公共文化服务类公众号和小程序在发布消息、宣传推广之余，通常还具有活动与场馆预约的功能。乡村群众通过接收和查看文化活动预告，知晓文化服务供给最新情况，点击推送链接，就可以便捷地报名参与活动。居民如果需要使用图书馆或者文化活动室，同样可以通过线上渠道进行预约。在活动结束后，微信公众号还会推出活动回顾主题的文章，居民在朋友圈或微信群转发分享传播，形成完整的体验闭环。

数字平台文化资源丰富，缩小了城乡差距，促进公共文化服务均等化发展。乡村公共文化服务线上数字平台在建设运营过程中，汇集了市级、区（县）级文化资源、丰富的图书数字阅览资源、以及影视戏曲和课程培训等文化资源，这些都可以更便捷、无门槛地分享给乡村居民，较少受到地域及资金的限制。

平台规划缺乏系统性，使用友好程度有待提升。当前数字平台的使用体验还存在较大提升空间：一是村镇级公共文化服务数字平台的规划未能充分体现本地特色，而是复制市级或区（县）级平台内容模板，模块与功能都相对常规；二是数字平台存在功能缺失的问题，个别功能模块的框架搭建后，在运营时未做到内容及时更新，用户点击链接后会出现空白页面等情况；三是在实际使用中，查看活动预告、预约报名等基础功能存在一定的使用门槛，部分老年人需要在子女或者工作人员帮助下预约，线上平台的适老性有待改善。

乡村公共文化数字化服务建设情况存在地域差异。一方面，欠发达地区的乡村数字网络建设落后于发达地区，无法及时更新数字图书馆、戏曲影视培训课程资源等现象仍然存在；另一方面，乡村群众使用数字化服务所需的设备等基础设施相对不足。此外，部分乡村地区的数字平台尚未得到充分而有效的使用，还存在信息传播面窄、参与性和互动性不足、影响力有限等问题。

二、文化活动：服务水平较高，但供给尚不充分、不均衡

乡村群众对基层公共文化设施组织的文化活动知晓率、参与率、满意率均高于城市群众，当前公共文化活动服务水平较好地满足了乡村群众需求。居民在当地的居住年限与家庭年收入水平，是影响其参与文化活动的重要因素。流动性大、家庭年收入低的人群，对文化活动的知晓率、参与率、满意率均比较低。公共文化活动供给尚存在不充分、不均衡的问题。

（一）乡村公共文化活动知晓率和参与率均高于城市，但仍需向增量人群拓展

整体来看，乡村群众对公共文化设施内开展文化活动的知晓率、参与率均明显高于城市群众。乡村群众对文化活动的知晓率约为八成，远高于城市群众 67.0% 的知晓率；乡村群众的参与率过半，城市群众参与率仅在三成左右。表示对文化活动"听说过没参加"的乡村群众接近三成，说明公共文化活动对乡村群众的吸引力待提升。

参与活动频率方面，仅有少数乡村群众（10.1%）只参加过一次公共文化活动，约四成（40.1%）群众多次参加活动（见图 5），说明乡村公共文化活动具有一定的用户黏性，当前活动较好满足了知晓人群中的一部分群众的精神文化需求，但仍需鼓励更多人群参与活动，以进一步提升活动的知晓率与参与率。

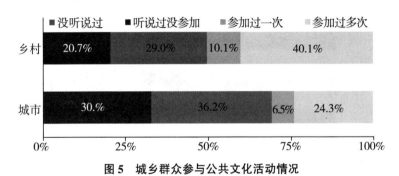

图 5 城乡群众参与公共文化活动情况

乡村群众对公共文化活动的知晓率、参与率受到在当地居住年限的影响，知晓率随着居住年限的延长而增长，在本地居住5年以上的人群参与率也大幅上升（见图6）。可见，公共文化活动应对外来务工人员、农民工、拆迁安置人员等流动性较强的人群加强引导与宣传，更多地运用数字化、智能化手段进行线上传播，突破熟人社会的人群圈层，扩大公共文化活动影响力的辐射范围。

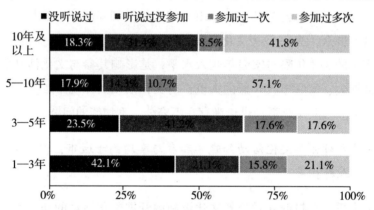

图6 乡村地区不同居住年限群众参与公共文化活动情况

乡村群众对公共文化活动的知晓率、参与率还受到家庭年收入的影响。没参加过活动的人群，按家庭年收入从高到低，占比呈 C 字形分布，中高收入群体的知晓率、参与率更高。家庭年收入在 1 万元以下人群的参与率仅为两成，远远低于家庭年收入 4 万元以上的群体（见图7）。文化资源供给在不

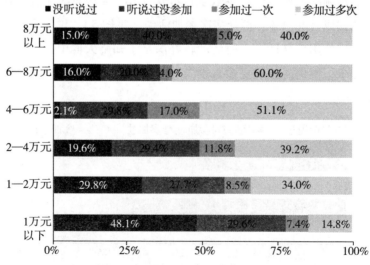

图7 乡村地区不同家庭年收入群众参与公共文化活动情况

同收入水平的群体间仍存在不充分、不均衡的问题，应进一步推动公共文化服务的均等化，提高低收入群体对文化活动的参与意识。

（二）文化活动满意率整体较高，受到群众收入与居住年限影响

城乡群众对文化活动的满意率均处于较高水平，满意率均在90%以上，乡村群众的满意率均值（90.47%）略高于城市群众（90.32%），且乡村群众对公共文化活动满意率（90.47%）远高于对公共文化设施满意率（84.16%），说明乡村地区公共文化活动较好地满足了群众需求。

乡村群众对公共文化活动的满意率，受到其居民居住年限与家庭年收入的影响。随着居住年限的增长，群众对文化活动的满意率随之上升（见图8）；随着家庭年收入的增长，群众的满意率呈倒 U 字形分布（见图9）。短居

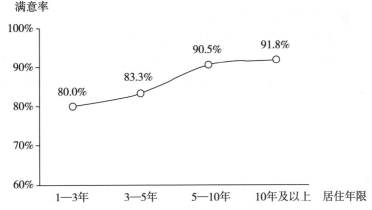

图 8　乡村地区不同本地居住年限人群参与公共文化活动的满意率

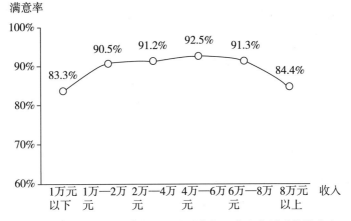

图 9　乡村地区不同家庭年收入人群参与公共文化活动的满意率

住年限、低收入群众的，参与率、知晓率与满意率均比较低，这启示了活动组织者应更有针对性地组织活动，扶持农村弱势群体，满足多层次人群的差异化需求。

（三）线下文化活动的互动效果更佳，群众满意率较高

线下文化活动的互动程度更高，群众满意率更高。线下文化活动往往更具有氛围感。参加现场活动，不仅是乡村群众作为服务对象满足自身精神文化需求的过程，也是乡村公共空间构建与社会交往互动的过程。在线下活动中，乡村群众可以与老师、工作人员、志愿者周边邻居近距离接触，得到即时反馈，获得更多的仪式感和社群认同感，也加强了对公共文化的认知和体验。

文化活动内容多样，满足不同类型群体需求。乡村公共文化服务供给中单一模式的本土民俗文化、传统非遗文化活动，还不足以完全满足不同年龄段乡村群众的文化需求。当前乡村公共文化还需持续探索多元化的活动形式，将现代生活、社会热点融入公共文化服务，如北京市海淀区四季青镇组织的"制作掐丝珐琅冰墩墩雪容融"活动，将传统非遗文化与现代潮流相结合，吸引了大批年轻群体参与公共文化活动。

针对不同年龄层次与不同需求特征的群体，乡村公共文化服务正在不断开拓多种活动类型，从而更有针对性提供服务。例如"图书馆你定我买"活动中，场馆工作人员可以直接与群众反馈和互动，实现文化服务触达群众的直接效果，受到年轻人的热烈欢迎。在开设文艺培训类活动时，工作人员首先将文艺爱好者划分为有基础、无基础两类人群，针对无基础、感兴趣的居民，文艺培训活动以推广为首要目标、以引导体验为主要形式；针对有一定基础的文艺爱好者，公共文化设施则聘请老师开设专业培训课程，以提升专业能力为主。针对青少年群体，公共文化设施探索与当地学校合作，举办征文演讲、书法朗诵、图书管理员志愿服务等活动，共同推广公共文化，吸引青少年群体参与本地的公共文化建设。

"推陈出新+固定节目"，传承本地特色文化，打造品牌活动。乡村地区在公共文化活动建设方面，正在逐渐建立品牌意识，结合本地特色文化，组织开展连续性的大型活动，吸引全民参与。如疫情前，北京市海淀区苏家坨镇结合时令节日，举办"小年饺子宴""重阳敬老宴"等活动；柳林村继承发

扬传统文化，组织"柳编活动""老物件展览"等活动，营造地方文化氛围，打造沉浸式的文化体验。除了传承和弘扬地方文化，乡村地区对公共文化也愈发重视，如苏家坨镇将公共文化与当地形象联动建设，举办"全民健身""地区运动会"等大型活动，吸引全民参与，全面加强本地的精神文化引导与培育。

（四）线上文化活动促进知晓率和参与率提升，但要注意扬长避短

随着互联网在乡村地区的普及，参与线上文化活动的乡村群众比重逐渐加大。受互联网日渐普及的影响，乡村公共文化服务也加大了对线上活动形式的探索力度。线上活动具有传播广、形式自由、成本低等特点，正成为一种新趋势。

线上文化活动促进群众参与率和知晓率的提升，有助于进一步梳理盘点和传播文化资源。线上活动形式多样，包括晚会直播、互动手工活动、文艺课程培训等多种类型的课程，有助于提升乡村公共文化服务的群众参与率和知晓率。首先，线上活动的便捷性更高，突破了时间与地域的限制，特别是在年轻人群中的推广效果更好；其次，场馆运营人员能够将收到的反馈作品编辑制作成视频，在抖音、快手等短视频新媒体平台进行展播，增强了互动反馈；最后，线上活动具有回放功能，通过点击重播能够获得更多的受众，因而宣传和推广的辐射范围也更广。

例如苏家坨镇柳林村的线上手工活动"四月剪纸"，收到的作品有100余件，"踏春创作"活动收到创作300余件，相比一场30余人次的线下活动，线上活动的参与人数和反馈优势十分明显。在进行线上收集反馈作品的同时，公共文化工作人员也能更深入地了解本地文化资源，掌握本地文化能人情况。

但线上文化活动也难免存在一些劣势，例如线上活动客观上具有距离感、氛围感、仪式感弱于线下活动的情况。首先，手工制作类、书画类活动在线下可以现场发放手工材料，在线上活动中，居民报名后，工作人员将预先寄送活动所需的材料。而未提前报名的线上活动参与者仅能旁听和观看，无法跟随老师实时制作，缺少沉浸式体验。其次，线上活动缺乏真实场景的互动，因此积极有效的情感交流相对较少，难以实现对参与者体验和情绪的及时关注。在线上交流环节，老师可以通过"一对一"连麦，与群众进行沟通，但每个人所得到的指导时间有限，老师点评的效果也弱于线下活动；在老师点

评他人期间，其他参与者也只能被动等待，缺乏现场活动的氛围感和参与感。此外，部分线上文艺课程培训的内容具有连续性，从第一节课的基础入门循序渐进，在缺少前期课程基础的情况下，中途加入课程的难度较大，对兴趣不足的群众而言，需求匹配程度自然相对更低。

因此，线上文化活动需认真研究如何扬长避短，这也对课程内容和专业性提出了更高的要求。课题组建议，线上文化活动应避免单纯的"主播表演+群众观看"模式，探索"网络导播+群众参与互动"的形式，同时注重内容，以实现其专业性、趣味性、大众性的"齐头并进"。

三、文化休闲方式：更具多样性与层次性，文化生活质量得以快速提升

乡村群众的娱乐休闲方式多样，最受欢迎的是易接触的电子化娱乐方式，例如乡村群众平时的休闲娱乐活动中，选择"看电视、听广播"比例为35.0%选择"上网、刷手机"比例为28.1%。群众对自身文化生活的满意率较高（81.03%），对两年内文化生活质量提升状况的满意率评分较高为79.62%。乡村群众文化生活质量整体上快速提升，但年轻人、流动性大的人群满意率相对较低，应持续推动基本公共文化体系建设，实现文化服务的全面覆盖，保障全体居民基本文化权利。

（一）乡村群众休闲娱乐方式多元，以电子化娱乐方式为主

随着休闲、娱乐时间的增多与生活水平的提升，乡村居民精神文化生活需求总量不断上升，娱乐活动日渐丰富，各类休闲娱乐活动均有涉及，呈现出多样性与层次性。乡村群众的娱乐方式以最易接触的电子化娱乐为主，首选项为"看电视、听广播（35.0%）"，其次为"上网、刷手机（28.1%）"（见图10）。

在基本公共文化服务建设快速推进时期，公共文化服务不仅要加强设施硬件建设，也需紧随群众精神生活需求变化，完善群众需求表达机制，丰富文化服务载体类型，更加尊重群众的个性化需求。

（二）文化休闲生活满意率整体较高，需关注年轻人、高流动性群体

对自身文化休闲生活的感受，体现了群众的文化意识发展水平和文化需

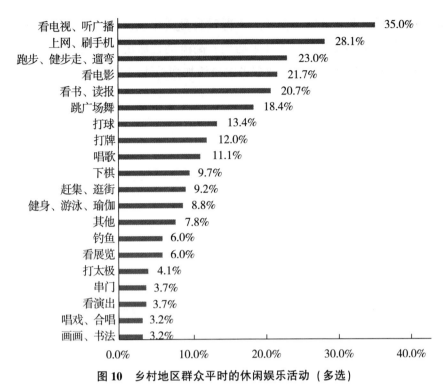

图 10 乡村地区群众平时的休闲娱乐活动（多选）

求被满足水平。调研显示，全国城乡群众对自身文化休闲生活整体评价较高，乡村群众的满意率（81.03%）略高于城市群众满意率（79.17%）。近年来，随着新农村建设的不断推进，群众不仅经济生活水平明显提高，文化休闲生活质量也有所上升。

在乡村群众中，对文化休闲生活满意率较高的人群以家庭年收入 2—4 万元、在本地居住 10 年及以上、年龄 56—65 岁、女性、高中或中专或技校学历的群众为主。年轻人、高收入群体、在本地居住时间较短的群众对自身文化生活的满意率较低，因此乡村公共文化服务需重点关注此类群体，满足他们的文化需求。

（三）文化生活质量得到快速提升，还需加强对弱势群体的关注和引导

全国城乡居民对 2018 年至 2019 年自身文化生活质量变化的评价较高，其中乡村居民评价均值（79.62 分）略高于城市（76.77 分），乡村居民文化生活质量正在快速提高。

乡村群众中，本地居住年限越短的人群，对自身文化生活质量提升情况

的满意率越低（见图 11）；低收入人群对自身文化生活质量提升状况的满意率相对较低（见图 12）。对于外来居民、高流动性居民与低收入人群等乡村地区相对弱势的群体，公共文化服务需持续加强关注与引导。

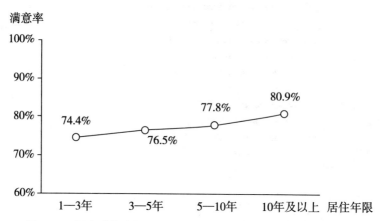

图 11　不同本地居住年限人群对自身文化生活质量变化的满意率

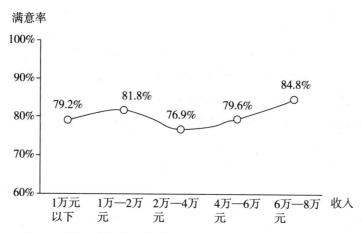

图 12　不同家庭年收入人群对自身文化生活质量变化的满意率

四、政府工作：获得较高评价，群众从被动接受者逐渐转变为主动参与者

　　乡村地区群众对政府工作的满意率评价（82.3%）、认为政府重视公共文化服务的比例（80.6%）均高于城市群众，乡村地区开展公共文化设施建设工作成效有所显现。乡村群众通常较为务实，建议政府多举办文化活动

（37.3%）、多办知识技术培训（36.4%）、多建设场馆设施（35.9%）的比例较高，说明公共文化设施建议仍需打好基础、着眼实效。

（一）当地政府的文化工作受到群众认可，乡村群众认可度高于城市

整体而言，城乡群众均对本地政府在文化方面的工作表示认可，乡村群众对政府文化工作满意率评价均值为82.3%，认可度高于城市群众的78.4%。乡村群众不仅更认可政府工作，对政府工作的关注与了解程度也强于城市群众。

乡村群众对公共文化设施的知晓率、参与率以及对本地政府工作的认可程度均高于城市群众：一方面是由于乡村群众接触各类信息和娱乐方式的途径少于城市，乡村公共文化设施因而具有比较优势，对群众的渗透力和影响力更高；另一方面也体现了乡村公共文化设施建设工作所取得的成效，这些设施可以从多方面影响群众，更大程度地保障乡村群众的公共文化权益。

家庭年收入与学历是影响乡村群众对当地政府文化工作评价的重要因素，随着收入的上升，群众对政府文化工作的满意率呈波动上升（见图13）；高中/中专/技校学历的群众满意率最高（见图14）。随着乡村地区经济水平与群众受教育水平的普遍提升，群众与当地政府的距离不断拉近，政府文化工作的成效还将逐步彰显。

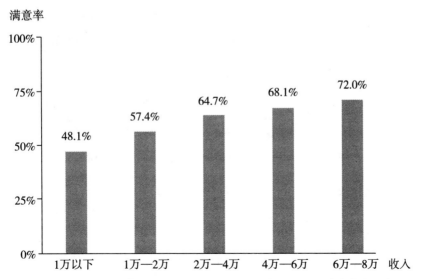

图13 乡村不同家庭年收入人群对当地政府公共文化工作的满意率评价

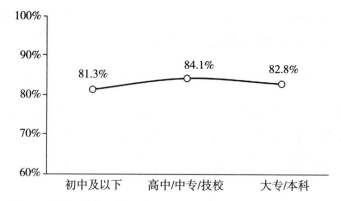

图 14　乡村不同学历人群对当地政府公共文化工作的满意率评价

（二）群众认同本地政府对公共文化的重视，年轻人、高学历群体认同度更高

整体而言，大部分群众认为当地政府对公共文化是重视的。乡村地区认为本地政府重视公共文化工作的群众比例为 80.6%，城市为 73.0%。对当地政府文化工作重视程度"一般"或"说不清"的乡村群众比例为 13.8%，低于城市的 15.6%（见图 15）。群众感知到的政府重视程度，与群众对政府文化工作评分的趋势相一致，乡村地区开展公共文化设施建设工作的成效有所显现。

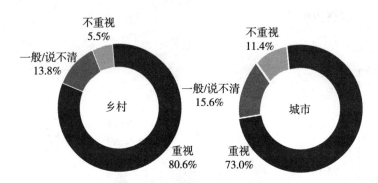

图 15　城乡群众认为当地政府对公共文化的重视情况

对于政府在公共文化建设方面的重视程度，群众的感知随着年龄的增长而波动下降（见图 16），随着学历的上升而上升（见图 17）。提升群众认知水平对乡村公共文化设施建设尤为重要，年轻人、高学历人群将成为政府服务的高敏感人群，乡村地区政府也应加强对低学历、高年龄段群体的宣传与服务。

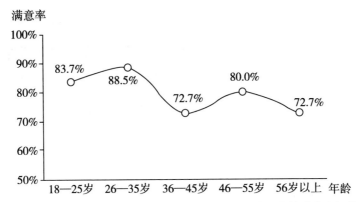

图 16　乡村不同年龄段人群认为当地政府重视公共文化的满意率评价

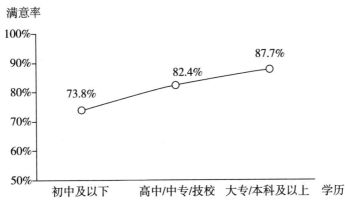

图 17　乡村不同学历人群认为当地政府重视公共文化的满意率评价

（三）文化活动与知识技术培训更受群众欢迎，公共文化服务应着眼实效

　　乡村群众对公共文化设施的建议整体少于城市群众，数量最集中的前三项建议分别为"多举办一些文化活动（37.3%）""多举办一些知识、技术培训（36.4%）""多建一些文化馆、文化站、活动中心（35.9%）"（见图18）。

　　随着公共文化服务体系建设的推进，乡村地区文化设施覆盖率快速提升，但群众的首要需求仍集中在服务次数、场馆数量等基础性条件，对知识、技术培训的诉求也体现出群众的务实心态，启示公共文化设施的建设仍需打好基础、着眼实效。

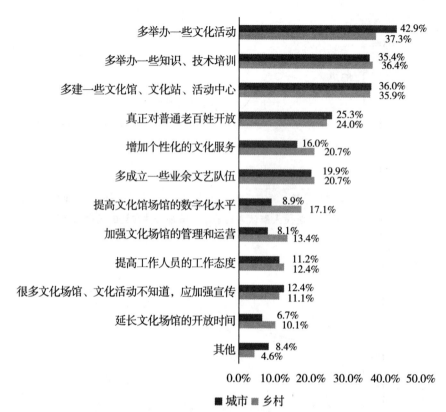

图 18　城乡群众对公共文化服务设施的建议（多选）

五、受众"三率"影响因素与行为旅程分析

（一）亲子家庭：看重儿童成长与收获，对亲子活动满意率较高

在乡村地区，为儿童、亲子交流提供服务的公共空间相对稀缺，年轻家长往往需要与孩子交流的公共空间，而公共文化设施的儿童阅览区与亲子活动能够有效满足家长的这一需求。此外，亲子群体一般对民俗非遗类手工活动感兴趣，儿童在活动中学习民俗知识、提升动手能力，在寓教于乐中成长，家长对此的满意率较高，活动预约名额通常供不应求。

亲子家庭群体的知晓渠道多样，受到文化需求、社交圈等多个因素影响。亲子活动中的年轻家长对公共文化服务的知晓渠道呈多样化，包括家长之间的微信群、朋友圈与日常聊天交流等，时刻发生着频繁的信息交换。儿童之中也存在同辈群体间的信息流动，儿童参加完活动后与同学、邻居的分享，是提升公共文化设施和活动知晓率的有效途径之一。家长群体主动获取信息的能力也较强，因此乡村公共文化设施开放的微信公众号不仅是宣传文化的阵地，更是综合性的地方信息发布与宣传平台，是家长群体重要的活动信息源。

亲子家庭参与环节的影响因素包括内容兴趣度和参与便利性。亲子活动中，儿童是主要的参与决策者，因此儿童对活动内容感兴趣的程度是影响参与率的核心因素。文化类亲子活动在不断增强吸引力、提升参与率的同时，也需要对场馆服务进行扩容，同时注重改善预约渠道的便利性与时间地点的便捷性，不仅满足群众参加活动的需求，也更好地满足群众的情感体验。

对亲子活动满意的人群自发分享收获与感受，形成体验闭环。对于家长而言，如果在亲子活动满足基础需求之上，还能提供良好的氛围感与仪式感，那么家长的满意率也会明显提升。在活动中深度参与的群众往往满意程度更高，在活动后也更愿意分享自己的收获和感受，亲子活动经由这些分享行为，形成一次完整的体验闭环（见图19）。

图19　乡村亲子家庭公共文化"三率"印象词云

（二）青年群体：周边学生和上班族为主要用户群体，功能性需求较强

对青年群体生活状态的挖掘，可以探究这一群体对公共文化的潜在需求。乡村地区的年轻人以学习、工作为生活重心，对公共文化设施具有较强的功能性需求，如果公共文化设施能提供便利的学习环境，居住在公共文化设施附近的年轻人更愿意到访。同时，青年群体在工作和学习的间隙，也会去公

共文化设施参与文化活动、使用健身设施，将公共文化设施作为繁忙生活中休闲放松的自在乐土。

青年群体在知晓环节的线上转化率较高，获取信息能力较强。青年群体在线下获知公共文化设施信息后，有着较高的线上转化率，主要由于这一群体对线上获取信息的形式较为适应。但青年群体的功能性需求强烈，例如到访图书馆的年轻人较少主动关注其他服务活动的信息，也较少主动搜索文化活动信息。公共文化场馆活动的宣传渠道可及性是影响年轻人知晓率的重要因素，这对线上平台的运营能力提出了更高的要求。

青年群体在参与环节中更看重公共文化设施的可及性与活动的趣味性。影响年轻人对文化活动参与率的因素包括公共文化设施的开放时长、开放名额、预约机制友好程度等功能性因素。对于具有休闲娱乐需求的青年群体，通过更加便利、友好的预约和到访机制，以及更加丰富有趣的活动内容，吸引他们参加公共文化设施的现场活动、展览展出，是提高这一群体参与率的关键。

提升青年群体满意率还需更多元的文化资源和更完备的环境设施。乡村地区年轻人对公共文化设施的需求主要停留在自习阅览方面，对公共文化服务的认知较为浅显，对服务的期待也相对较低。要持续提高青年群体的满意率：一方面需要继续强化基础服务，提供完善的环境设施，满足年轻人对场馆便利性的需求；另一方面要大力加强进阶服务，面向青年群体对文化资源丰富性的特定需求，更有针对性地提供文化服务供给（见图20）。

图20 乡村青年群体公共文化"三率"印象词云

（三）老年群体：整体知晓率较高，以满足兴趣爱好需求为主

随着乡村地区中青年的向外流动，乡村老龄化程度不断加剧，留守老人成为乡村主体人群的现象突出，老年群体的公共文化需求日益增长，以老年人需求为导向的乡村公共文化服务可能更具有现实意义。乡村地区的老年群体参与公共文化活动时主要存在两大诉求，即"强身健体"与"满足兴趣爱好"。当前公共文化设施针对老年群体设计的服务内容和活动满意率较高，但场馆在设施、数字平台的适老化方面仍有待加强。

老年群体的知晓率受到村委对公共文化重视程度的影响，知晓渠道与年轻人存在差异，本地宣传效果更佳。在乡村地区，信息的线下流动更加频繁，本地传播速度也更快。而老年人与本地文化和本地关系网络的联结，较年轻人更为紧密，因此老年群体对公共文化活动的知晓率提升主要依赖村内的信息宣传。在较为重视公共文化的村庄，村委在公共文化活动举办期间，同步进行密集的宣传推广，较好地提升了老年群体的信息知晓率。

参与环节中的适老性有待加强，老年人的线上参与仍需引导。老年人对公共文化活动的参与率，通常受到自身兴趣、身体状况、参与形式等多方面的影响。当前各类线上活动的参与流程缺少针对性的适老化设计，对老年人而言不够友好，也导致老年群体对数字化公共文化服务的参与较少，线上活动的参与率还有较大的提升空间（见图21）。

图21 乡村老年群体公共文化"三率"印象词云

提升老年群体满意率需进一步满足其对文化资源与硬件设备需求。参与文艺团队时内部的氛围和谐与否，对老年成员的满意率影响较大。在调研中，受访老年人普遍认为公共文化活动不仅带来了精神收获，也带来了良好的社交关系，因此对公共文化服务的满意率较高。但受制于城乡差异等客观因素，乡村地区难免存在公共文化资源类型单一以及硬件简陋、供应不及时等问题，文化资源稀缺与环境设施的供给不充分，是影响老年人满意率的主要因素。

六、提升"三率"服务效能的建议

随着乡村经济发展与互联网产品下沉，乡村群众的文化生活质量不断提升，文化需求日渐多元，权利意识也将不断增强。公共文化服务体系建设需要与时俱进、持续发展，提供更高水平、更高质量的公共文化服务。课题组从知晓、参与、体验三个方面提出创新设计点：在知晓环节，设计以人为本的宣传方式，基于乡村群众获取信息的方式，布局多样化的宣传渠道；在参与环节，注重提升活动延续性与仪式感，激励传播，提升群众长期参与率；在体验环节，加强老年和儿童友好型设计，多触点规划和布局，提升受众对公共文化设施的使用体验。

（一）"线上+线下"宣传同步发力，提升公共文化知晓率

不同的宣传方式，触达群众的效果也具有一定差异。乡村公共文化服务平台应提升宣传手段的多样性与现代化水平，线上、线下相结合，努力提高群众对公共文化活动的知晓率，吸引群众更主动、广泛地参与进来。

线下宣传的主要方式包括两种，一是设计与发放宣传材料。宣传材料不只是简单的文字介绍和图片展示，而是大型海报、近期活动手册等更全面介绍信息的材料。公共文化设施通过在村口、村内的宣传栏或显眼处，张贴或摆放宣传材料，公示近期活动，让路过的居民预知信息。二是依靠村内的口口相传与点对点告知。公共文化活动一般通过村委、小组长层层宣传，也可以招募中老年志愿者、鼓励村内其他老人参与推广，保证相关信息能够及时触达乡村群众。但不同主体触达信息的途径存在差异，例如：由村委、小组长告知的方式，通常对老年群体更有效；由企业、商户告知的方式，对中青年群体更有效；由学校、老师来告知，对亲子家庭群体更有效。公共文化服

务平台可以联合学校、商户、村委等进行宣传推广，以充分发挥各类主体的影响力，加强宣传效果。

线上宣传往往对年轻群体更有效。首先，公共文化服务平台可以借助熟人社交圈的私域流量，通过微信群、钉钉群，由合作机构或学校定向推送相关活动信息。还可以通过在往期培训活动时建立的微信群内转发图文，定向推送给曾经参加过活动的居民，提升二次参与率，保持受众黏性。其次，公共文化服务平台可以通过青年群体常用媒体如抖音、小红书等，用图文、视频等年轻人喜闻乐见的形式，直观呈现活动内容、展示活动成果并分享参与感受。此外，还可以采取多种媒介进行官方分享，记录和展示活动现场情况，使受众对活动产生更强烈的真实感知。

在多样化的传播方式之外，乡村公共文化服务平台官方信息公示还应做到全面持久。提升信息公示全面性的措施包括主动告知预约方式、活动内容、适合人群和活动难度等，还可以在宣传内容方面加强预热与剧透，着重告知课程、展览、演出中的亮点，例如名家介绍、课程往期成果展示等。乡村公共文化服务平台还应做到宣传持久稳定，信息公示做到定期更新，通过高频次宣传增强用户印象，激发用户积极使用公共文化设施并参与公共文化活动。

（二）优化课程设置与设计，提升延续性和参与感

加强对文化活动课程的前期设置与设计优化，提升群众参与活动课程的延续性，对于提升受众满意率、突破圈层传播具有重要作用。

第一，建立三级课程体系，为不同类型用户匹配适合的课程内容。建立单次体验课程、主题系列课程及长期培训课程的三级课程体系，能够实现对不同服务类型的区分，确保更精准地触达不同需求的群体。其中：单次体验课程通常选题简单新颖，适合进行单次活动的体验推广，目标为提高群众知晓率；主题系列课程的单节课程之间关联性较弱，适合在同一主题下设置不同子主题的单节课程，群众参加此类课程活动的成本与门槛较低，有助于提高参与率；长期培训课程的单节课程之间连贯性较强，并且可以向下兼容，适合有技能类进阶学习需求的居民。通过三级课程体系的设置，公共文化服务既可以向下触达无基础群众，又能够提升兴趣较强的人群的参与黏性，推动受众建立从"被动吸收—跟随练习"到"自主创作—分享交流—进阶学习"的互动机制。

第二，赋予活动仪式感，增强活动的纪念价值。文化活动中可以建立仪式感，群众可以自己留存活动课程的制作成果，可以对课程作品进行展览和售卖，浏览各类文化活动的回顾记录，拿到专门设计的课程结业证书等。通过以上种种方式，参与者建立起与文化活动的长久记忆，留下深刻的回忆。

第三，提供物质刺激，激励对文化活动的传播。例如设计朋友圈转发、集赞送礼品活动，活动转发打卡可"试玩"新活动，设置体验活动最佳作品奖励等方式，都能够对受众产生正向的刺激。特别是将数字化传播渠道与活动福利相融合，有助于增强受众的参与感与互动感，通过实际激励进一步扩大文化活动的传播范围，促进活动知晓率与参与率的提升。

第四，加强活动运营的延续性，推动文化圈层持续传播。文化社群是乡村公共文化服务开展到一定阶段后的自然产物，社群建立路径遵循"由点到面"的规律，即"吸引同类人群—形成活跃社群—课后持续运营—建立学员群组"。通过活动后期延续运营形成的学员群组，内部成员往往会自发维护文化圈层，并主动向外传播，从而增强了文化活动课程的传播力与生命力。

（三）增加老人和儿童友好型设计，提升受众体验满意率

公共文化设施在吸引亲子家庭与老年群体时，还需提升空间与服务的友好程度，从服务流程、设施使用、活动组织及人员服务多个角度优化体验，提升受众满意率。

对老年人提供服务时，需重点考虑老年人的设施使用习惯与身体意识状况。从服务流程的角度，各类活动和空间的预约方式应更加便捷。老年人对小程序或公众号预约的方式不够适应，建议场馆考虑同步提供面向老年人的电话预约、现场预约等渠道。从设施使用的角度，场馆及活动现场需增设适老化设施，包括放大镜、展览讲解器等无障碍设施与辅助工具，此外老年人相关的活动可以在一楼或室外举办，提高环境的可及性。从活动组织与人员服务的角度，公共文化场馆可提供老年人辅助、咨询服务，引导老年人适应场馆的预约机制与线上参与形式，提供活动信息等咨询服务，同时工作人员也需提高对场馆和活动信息的掌握程度，提升数字平台操作能力、服务意识与服务素养，更好地对老年人提供信息告知、相关问题解答等服务。

对儿童提供服务时，应当着重考虑儿童的生理心理成长需要，在提供儿童成长空间的同时，增强对儿童的吸引力。一是设计儿童自我展示活动，打

造专属的儿童主题活动,例如在儿童节等特殊节日举办儿童创作活动。二是增设游戏化互动,例如组织儿童教育主题的文化路径、图书路径、体育路径游戏,吸引祖父母、父母、儿童三代一起参与游戏,促进家庭成员间的互动。三是打造儿童友好空间,例如在场馆一楼、门口广场等处增设游乐设施,在儿童阅览空间配备坐垫、地毯以及适合亲子阅读的儿童绘本,设置防碰撞角、亲子卫生间、儿童洗手台等儿童友好设施。

参考文献

[1]关于加快构建现代公共文化服务体系的意见[EB/OL].[2015-01-14].
    https://www.gov.cn/xinwen/2015-01/14/content_2804250.htm.

[2]第47次中国互联网络发展状况统计报告[EB/OL].[2021-02-03].http://
    www.cac.gov.cn/2021-02/03/c_1613923423079314.htm.

[3]柯平,等.我国基本公共文化服务标准化与均等化研究[M].北京:国家图
    书馆出版社,2020.

[4]王立胜,王邵军.文化蓝皮书:中国乡村文化发展报告(2018—2021)
    [M].北京:中国书籍出版社,2022.

[5]李国新.完善农村公共文化服务政府购买政策与机制[J].行政管理改革,
    2019(5):24-26.

[6]李国新.疫情对公共文化服务发展影响的思考[J].图书与情报,2020(2):
    43-49,119.

[7]李国新.提升公共文化服务水平,夯实文化强国基础[J].中国报道,2020
    (11):44-46.

[8]俞文斌.乡村振兴背景下公共空间营造与社会服务能力研究[J].农村经济
    与科技,2021(22):270-272.

[9]王锰,钱婧,杨志刚,等.感知价值对乡村公共数字文化服务满意度和忠
    诚度的差异化影响研究[J].图书馆学研究,2021(21):18-31.

[10]汤资岚.数字乡村战略下农村老龄公共文化服务效能提升研究[J].图书
    馆,2021(10):9-15,33.

[11]冯献,李瑾.乡村公共文化服务可及性:指标体系设计与评价应用[J].图
    书馆,2020(11):20-26,32.

[12]李毅，荆林波.新时代乡村公共文化建设的功能目标及其实践路向[J].甘肃社会科学，2020(5)：193-199.

[13]丁利民.乡村公共文化空间面临的问题和对策[J].文化创新比较研究，2019(33)：61-62.

[14]陆艳芳.乡村振兴背景下的农村亲子阅读实践研究——以嘉兴市图书馆为例[J].图书馆研究与工作，2022(7)：76-81.

[15]郭美荣，李瑾，马晨.数字乡村背景下农村基本公共服务发展现状与提升策略[J].中国软科学，2021(7)：13-20.

[16]顾大治，徐益娟，洪百舸.新媒体融合下乡村公共文化空间的传承与重构[J].现代城市研究，2021(12)：40-47，55.

东北地区"乡村文化网红"培育研究报告

——以辽宁省为例

刘晓娟　黄　娜　刘　畅（辽宁省文化馆）
苏雅倩　曹　洋（辽宁省文化遗产保护中心）

近年来，随着网络和自媒体平台的发展，在乡村振兴的时代背景下，越来越多的农民借助网络和自媒体平台，在文化的觉醒与重塑中，以销售农产品、展现乡村美食及风光等方式来吸引眼球，换取巨大的经济价值，最终形成火爆的网红经济和网红现象。独特的乡村文化空间和丰富的乡村文化内涵，使乡村网红的文化功能和文化价值得以凸显。在文化的赋能下，"乡村文化网红"逐渐成为继"网红""乡村网红"之后，新的成长点和关注点。

东北地区的"乡村文化网红"以鲜明的地域文化特点和幽默搞笑的表现形式，活跃在各大主播平台，形成东北地区特色鲜明的文化符号。以"张同学"、何家红（抖音：何小花 farmer）、俞良峰［抖音：东北老肥（大铁盆）］等为代表的东北"乡村文化网红"，以高人气、高影响力成为自媒体时代推动乡村振兴的重要力量和推手。

如何充分发挥东北地区乡村文化的资源优势，加快培育东北地区"乡村文化网红"，使文化的灵魂和内涵与网络和"网红"有机融合，形成具有唯一性和专有符号的东北地区"乡村文化网红"生态圈，是自媒体时代基层文化馆（站）工作创新的着力点和创新点，也是在文旅融合的时代背景之下，推动群众文化事业向高质量发展，发挥文化培根铸魂引领作用的突破点。

一、文献综述

(一) 新媒体"网红"研究

1. 新媒体定义

新媒体是继报刊、广播、电视等传统媒体之后发展起来的新媒体形态。关于其定义，联合国教科文组织指出是"以数字技术为基础，以网络为载体进行信息传播的媒介"。新传媒产业联盟认为"新媒体是以数字信息技术为基础，以互动传播为特点，具有创新形态的媒体"；何琳从技术和传播渠道两个方面，将其定义为依托数字、网络、移动技术，通过互联网、移动互联网及移动电话等终端向外传播[1]。本文认为可以从技术、渠道、终端、服务四个层面理解新媒体概念，即利用数字技术、网络技术和移动通信技术，通过互联网、宽带局域网、无线通信网和卫星等渠道，以电视、电脑和手机等作为主要输出终端，向用户提供视频、音频、语音数据、连线游戏、远程教育等集成信息和娱乐服务。

2. 新媒体"网红"定义

"网红"指走红于网络的个体和群体。金晶等指出中国"网红"经历了论坛、博客、微博、电商平台、直播、视频网络日志平台等几个阶段[2]。新媒体"网红"，即在网络媒介环境等新媒体形态下，自身的某种特质在网络作用下被放大，与网民的娱乐、猎奇等心理相契合，因为某个事件或者某个行为被网民关注而走红，或长期持续输出专业知识而走红的个体和群体。

3. 新媒体"网红"文献分类

以"新媒体'网红'"为主题，本文在中国知网检索到文献 1094 条（检索日期为 2021 年 12 月 31 日），2009 年至 2015 年的研究文献相对较少，仅有 6 篇；随着 2016 "中国移动视频直播元年"的到来，每年的相关研究文献均呈上升趋势，主要聚焦在以下四个方面：一是基于 SWOT 分析法阐释与"网红"相关的现象，二是以个案为例阐释"网红"火爆原因、发展现状与趋势、存在问题与对策，三是利用调查研究等方法对"网红"相关数据进行实验设计与数据分析，四是关注"网红"现象对社会心理、消费者行为、传播营销、思政教育等的影响。

(二)"乡村网红"研究

1．"乡村网红"定义

随着乡村振兴战略的部署和实施，以及聚焦"三农"的历年中央一号文件等出台，大量"三农"题材的视频、美食、农家事刷爆网络，各种各样的"乡村网红"涌现，他们积极宣传推广乡村美景美食、民俗文化、特色农产品、传统手工技艺等。由此不难理解，"乡村网红"即以乡村环境为背景，以乡村日常生活、风俗习惯、风土人情等为创作内容，在社交媒体平台上以图、文、音、视等形式，被网民广泛关注并传播，产生火爆效应的乡村题材内容创作者。

2．"乡村网红"研究分析

以"乡村网红"为主题，本文在中国知网中检索到文献293条（检索日期为2021年12月31日），主要集中在2018年至2021年，研究方向分为三类：一是"乡村网红"产生与发展研究；二是在乡村振兴背景下"乡村网红"的优势、劣势和对策研究；三是以"乡村网红"个案为例分析走红原因、变现渠道、对用户行为意愿的影响等。

在"乡村网红"产生与发展研究方面，除了互联网普惠的推进、数字乡村战略的实施、乡村振兴战略的部署、国家对创新创业的支持等之外，赵天翊从移动互联网效应的推动[3]，马军等、张钊丹从短视频和电商平台对"三农"领域的扶持等角度对其成因进行分析[4-5]。邱皓楠将其发展趋势概括为从话题时代到电商时代，再到产业时代的嬗变历程[6]。朱彤归纳出大多数"乡村网红"受文化知识储备不足、多媒体技术手段运用低效化等制约，其自制内容存在原创能力弱，生命周期短，后期过分依赖平台资源和流量扶持才能维系粉丝黏性等问题[7]。就其应对策略，宋爽等认为应提升"网红"内容生产的可持续性，强化"网红"生产的软硬约束，加强平台自治力度等[8]。

在乡村振兴背景下"乡村网红"的优势、劣势和应对策略方面，其优势是：乡村草根逆袭成为网络达人，这使"人人都是新媒体"变得近在咫尺；自制内容接地气儿，易于与粉丝形成情感共鸣；"乡村网红"成为乡村振兴的助力军，促进了"三农"经济的发展，推动了乡村新销售模式的形成。其劣势是：在一定程度上助长成功可以走捷径的价值观的形成；相关政策法规相对滞后，监管不够严格有力等。对此，黄梦静提出对"网红"加强行业管理，倡导积极正向的价值观，网络平台与行业管理部门有效联动、合力引导，发挥主流媒体优势推广宣传正能量"网红"等对策[9]。

在以"乡村网红"个案为例分析走红原因、变现模式、对用户行为意愿的影响等方面，胡永、徐辉和姬之聪对网红变现模式做出阐述[10-11]，代若溪基于广告主的变现与用户的变现两个层面对"网红经济"产业现状进行分析[12]。针对用户行为意愿的研究，王业松从"我和我的家乡""泰宁滋味"等网红营销成功案例入手，分析在网红经济背景下"三农"市场营销战略[13]。

（三）"乡村文化网红"研究

乡村文化是乡村居民与乡村自然相互作用所创造出来的所有事物和现象的总和。王小蓉等将其分为乡村物质文化和乡村非物质文化[14]。诸如乡村环境、村落民宿、农业生产生活设施用具、特色农产品等都可归为乡村物质文化，而村民在农业生产与生活实践中逐步形成并发展起来的民俗民风、传统工艺、村规民约、乡民信仰、道德情感、社会心理、理想追求，以及与之相适应的文化空间等，均可视为乡村非物质文化。以这两类文化为主要传播内容，通过新媒体方式，凭借自身接地气的鲜明特征、人格魅力和感染力等，发挥正向引领作用的"网红"，即为"乡村文化网红"。

"乡村物质文化网红"研究主要集中在"乡村网红"与文旅融合、直播带货等方面；"乡村非物质文化网红"研究，经常将李子柒作为案例探讨传统文化传播、内容型短视频盈利模式等问题。

（四）研究述评

通过对检索文献的筛选、分析和归纳，本文在定义新媒体这一背景下分析新媒体"网红"现象、发展现状、存在问题等。在新媒体"网红"群体中，乡村网红在国家乡村振兴战略等大背景下备受关注，又因其以乡村环境为背景，将乡野日常、乡音乡情等内容借助网络社交媒体平台进行投放传输，继而成为新媒体的宠儿，并作为一种文化现象而被广泛研究。涉及乡村文化网红内容的文献虽然不多、尚未形成体系，但具有一定参考价值的研究成果散见于和乡村旅游、网红村、网红经济有关的文献中，为本文研究提供参考。

二、当前我国"乡村文化网红"发展现状分析

(一)"乡村文化网红"的缘起

随着乡村振兴战略和数字乡村建设的持续推进,越来越多的"新农人"拿起手机拍摄短视频、做直播。他们把在农村再普通不过的日常生活和劳动场景,通过手机进行直播,吸引了数以万计的围观者,并通过自媒体网络传播而迅速走红,获得"乡村网红"这一特定身份。在乡村振兴时代背景下,不管是"李子柒"还是"张同学",他们之所以能借助海量的"粉丝",以销售农产品等方式换取巨大的经济价值,是因为他们在宣传家乡的风光、生活、劳动的过程中,展现出独特的乡村文化空间和丰富的乡村文化内涵,这使他们在传播文化的同时,也具有了文化的属性,这一文化功能和文化价值的凸显,逐渐成为继"网红""乡村网红"之后,新的成长点和关注点,也就是"乡村文化网红"的兴起。

(二)"乡村文化网红"主要特征

1. 主体特征

"乡村文化网红"可能是田间劳作的农民、返乡创业大学生、扶贫村干部、农业技术专家、民间艺人(非遗传承人),也可能是任何一个对乡村有情怀的普通人。他们大多爱农业、懂技术、善经营,愿意满怀激情地把乡村美好的生活展示给大家。他们通过直播、拍摄短视频等方式推荐乡村特色产品,从而成为互联网的焦点,获得流量,也创造了财富。

2. 人设特征

说到田园生活,人们就想到"李子柒";说到"Oh,My God"(噢,我的天哪!),人们就想到李佳琦,这就是"网红"们为自己打造的人设特征。而"乡村文化网红"也有自己独特的人设特征。首先,他们积极向上,具有乡村人朴素勤恳的匠人精神,对自我身份有认同感和自豪感,善于挖掘自身价值与当地文化和物产相结合。他们有效地助力精准扶贫事业的发展,带动农产品销售,启迪乡村新农人探索乡村振兴之路的更多可能。其次,他们热爱家乡。他们视频内容取材于农村,最大限度地还原质朴而美好的乡野生活,通过网络向世界展示关于乡村的一切——当地特色美食、自然风光和民俗风情。

视频里的农业、农村、农产品是有文化的，从文化层面唤起人们共同的美好向往、记忆和梦想。

(三)"乡村文化网红"社会影响

1. 促进乡村经济振兴

"乡村文化网红"是新媒体时代助力乡村振兴、发展乡村经济的重要助推剂。新时代的"乡村文化网红"在直播平台的助力下，成为新时代乡村创业的先行者，他们用勇于拼搏、不断进取、自力更生、因地制宜的创业精神，充分挖掘自身优势和潜力，为自己、为家乡、为乡村振兴目标的实现提供了更多的可能性。在他们的带领下，乡村产业迅速发展，当地就业率大幅度提高。据《2021 快手三农生态报告》，2021 年 1 月至 10 月，超过 4.2 亿个农产品订单经由快手直播电商从农村发往全国各地。为缓解农产品销售受阻的问题，抖音联合今日头条、西瓜视频发起助农公益项目，通过设立农产品供需信息发布专区等一系列措施，帮助农产品找到销路。截至 2020 年 4 月 11 日，项目累计助力农产品销售 3.2 亿元，在推动地方经济发展方面发挥了重要的作用。"乡村文化网红"已然成为新媒体时代助力乡村振兴，发展农村经济的重要助推剂。

2. 助力乡村文化振兴

(1) 传播乡村文化，构建文化认同

对乡村文化认同是乡村社会得以有序运行的重要基础，乡村振兴既要塑形，也要铸魂，因此既要促进农民认可乡土文化，也要提高农民对于乡土文化价值自信。随着网络平台的兴起和互联网的下沉，越来越多的农民将中国乡土文化作为内容核心，在影像和仪式化传播的双重作用下，唤醒了受众的文化记忆，延伸出文化认同感。越来越多的"新农人"，出于对乡土文化的高度认同感和强烈归属感，主动选择留在乡村生活，将他们的事业与乡村的命运相连接。被誉为"河南李子柒"的豫北女孩王晓楠大学毕业后回到家乡，因用视频记录开拖拉机、打农药、摘西瓜等日常生活而走红。正因对乡村生活的熟悉、对"新农人"身份的自信，王晓楠的乡村生活被媒体报道，她也被称为"全网最美瓜二代"。

(2) 推动乡村文化的传承和发展，促进乡村与城市的融合

农村的发展和现状有着深厚的历史，乡村优秀文化的传承对于中华民族的历史文化、民族精神、社会发展具有重大意义。互联网的发展搭建起城乡交流的线上空间。在城市文化的感染下，乡村民众开始追逐时尚潮流，拍视

频、直播、网购、广场舞等样样不落，这使乡村日常生活发生了变化，让乡土文化增添了时尚化、现代化的新内涵。与此同时，乡村的服装、美景与美食等独具特色的乡土文化，通过"乡村文化网红"的展示，可以改变人们对乡村的认知，吸引更多人直接参与新农村建设，推动城乡融合发展。

（四）"乡村文化网红"的优势与劣势

1. "乡村文化网红"的资源优势分析

在精准扶贫和乡村振兴的国家政策环境下，"乡村文化网红"与其他网红相比具有更强大的外部发展推动力。一方面，他们可以得到更多流量资源与知识培训。短视频平台与相关机构部门倾向组织众多赋能乡村的推广和培训活动。例如，2020年8月20日—8月26日，全国农民手机应用技能培训周活动启动，阿里巴巴、苏宁易购、惠农网、快手、华为、中国移动、中国电信等20家企业获邀参加本次启动活动；2021年5月19日起，中国互联网发展基金会、央视网、中国平安及快手联合发起"乡村振兴我接力"活动，邀请老一辈农业科学家与"90后"新农人共同对话，引发全网关于乡村振兴话题的现象级讨论，作品总播放量达1.9亿。这些活动在践行"移动互联网+扶贫"新模式的同时，也为"乡村文化网红"提供更多学习知识与实践技能的机会。另一方面，在我国经济发展转型，大力推进美丽乡村建设的重要时期，传承和发展传统生态文化，对全面践行美丽中国建设同样具有重要意义。因此，"乡村文化网红"也受到国家主流媒体的聚焦与引导，除平台的视频播放外，人民网等主流媒体也以更高的频率对他们进行了报道。在国家政策和主流媒体的推动下，他们拥有更加光明的发展前景。

乡村地区传统的生态资源，是"乡村文化网红"的独特资源。一方水土养一方人，农民在与当地自然长期相处中，造就了与乡村自然环境相适宜的建筑、风情等生态文化遗产。这些有着地域特色的文化资源，与乡村的气候、环境、风土人情相融合，展现出独特的人文内涵，既凸显乡村文化品位，又能让地方历史文脉得以传承，彰显美丽乡村的地域和文化特色。

2. "乡村文化网红"的主体劣势探析

（1）文化水平及媒介素养较差

传播主体大部分是农民群众，他们掌握了为自身发言的话语权，但农村群体在数字时代所缺失的媒介素养，尤其是使用媒介的能力并未得到相应的发展。加之文化水平相对较低，运用商业运作模式的他们很容易成为迎合商业流量的"网络搬运工"。内容同质化、低俗化，致使粉丝黏性差，很容易出现"昙花一现"的现象。而优质自媒体需要优质内容剪辑、叙事结构的高度统一作为支撑，显而易见农村自媒体在许多方面依然匮乏。

（2）媒体平台为商业利益放松把关

若说传播主体局限于自身的文学素养和媒介素养不足，那么媒体平台方则是为了商业利益，向劣质的视频内容提供便利。

（3）迎合受众对自身情感宣泄和娱乐性的需要

在这个以受众为中心的时代，从某种程度上，乡村自媒体人在制作的时候，也会朝向观众的兴趣爱好进行制作。大众的异质性导致需求也呈现不同的特质，为了迎合某种受众的不良爱好，自媒体乱现象随之出现。

三、东北地区"乡村文化网红"分析

（一）东北地区"乡村文化网红"的文化现象

1. 东北地区盛产"乡村文化网红"

众所周知，盛产网红的地区之一是东北，据抖音 2020 年 2 月发布的《2019 抖音数据报告》显示，在创作者视频平均播放量排行榜上，北京来源地的创作者人数位居榜首，黑龙江、吉林、辽宁三省均上榜前 5 名。在 2020 年 1 月陌陌发布的《2019 主播职业报告》里，黑龙江、吉林、辽宁也是职业主播占比最高的三个省份。其中，"乡村文化网红"占据了非常重要的地位，像"张二嫂""我是田姥姥"都是坐拥千万粉丝的网红。

2. 东北地区"乡村文化网红"的传播带动效应

黑龙江省虎林市虎林镇人何家红 2020 年 7 月 3 日入驻抖音，注册账号"何小花 farmer 的店"，记录分享自己在北大荒的种田生涯，仅一年多的时间涨粉 64 万，水稻种植面积由 2000 亩扩充到了 4000 亩，一年的销售额早已经突破 1000 万。80 后"乡村网红""东北老肥（大铁盆）"俞良峰带动全村"直播带货"，打开农产品销路，现在黑龙江省黑河市爱辉区瑗珲镇北三家子村粉丝过万的有 10 人，粉丝过千的有 22 人，对脱贫攻坚起到很大的助力。

3. 东北地区"乡村文化网红"的野蛮式生长现象

随着移动互联网的普及，直播、短视频等内容形式迎来爆发式增长，"网红"经济迎来了发展的新篇章。"网红"平台上出现前所未有的广告需求,任何"网红"都有机会获得相当丰厚的利润。这种门槛低、高回报的销售形式导致"乡村文化网红"的野蛮式生长。入驻抖音平台的"卢小开"曾公开表示,他们村子常住人口有400多人,有三四十人在做自媒体,"我们是典型的网红村,我们这个村总共粉丝量应该能突破千万级别,上百万粉丝的网红就有好几个,拥有二三十万粉丝的网红已经比较普遍了"。

(二)东北地区"乡村文化网红"的区域特点

1. 语言特点

东北方言体系生动形象、粗犷豪放而又幽默风趣,尤其在语音和词汇方面独具特色。其语音高亢、抑扬顿挫、铿锵有力,词汇生动诙谐,还带有一点夸张,这使其较普通话更为生动活泼、形象贴切,极具亲和力。

2. 性格特点

东北"乡村文化网红"普遍具有通俗朴实的共同特征,他们不靠颜值取胜,没有精致的装扮,没有美颜修饰,拍摄视频的手法也很粗糙原始,采用单镜头拍摄和同期声,甚至没有背景音乐。但这种无过多剪辑技巧的视频带来了最真实的效果,展现出乡村生活最本真的状态,也符合东北乡村粗犷的审美观。

热情豪爽是东北"乡村文化网红"的又一特质。最能体现这一性格特点的是吃饭,生怕客人喝不好吃不饱。在很多展现"吃饭"的乡村短视频里,观众都可以看到东北人用大锅炒菜(炖菜)、大碗盛饭,甚至用盆盛菜的场景。

东北"乡村文化网红"还普遍具有幽默搞笑的特点。中国艺术研究院副研究员刘藩曾说:"过了山海关,都是赵本山,东北地区的多数人比其他地方的人会表演。"很多"乡村文化网红"是二人转演员出身。

3. 地域特点

东北四季分明、土地肥沃、物产丰富。俗语有云:"棒打狍子瓢舀鱼,野鸡飞进饭锅里。"大自然的丰富馈赠令东北人不愁吃喝,培育了东北人乐观自信的性格。"乡村文化网红"乐于呈现这种东北独有的地方风情和乐观向上的精神状态。其短视频呈现出的乡村景观通常包括山川、农田、黄土路、院落村舍、家禽牲畜、河湖等元素;特定物象包括火炕、铁锅灶台、大酱、白酒、棉袄、棉被等元素。以上这些元素乡土气息浓厚，成为东北乡村的标志性特征。

(三) 东北地区"乡村文化网红"的文化优势

1. 易于传播的文艺形式

东北地区"乡村文化网红"的文艺作品形式一般以歌舞、二人转、搞笑段子、才艺表演等为主。和主流文化中的流行歌曲、戏曲、搞笑小品不同，东北"乡村文化网红"没有精致的道具和服装，所拍摄的作品从内容到场景上都有着浓厚的东北乡村特色。

2. 易于接受的传播内容

以往的主流媒体对于乡村文化的建构常采用"宏大叙事"的方式，呈现的是"高大上"的格调，展现的是乡村的自然人文、经济发展等内容，却忽视了乡村普通人的日常生活体验。抖音、快手等新媒体的普及应用带来文化传播话语的下移，"下里巴人"式的个人叙事让普通人的故事得以传播。

3. 粗犷自由的乡村文化

东北地区的乡土文化是一种粗犷自由的乡村文化，崇尚自然、豪爽不羁表现在行为上就是不拘小节、大大咧咧，喜欢大碗喝酒、大口吃肉，说话大嗓门，拒绝"刚刚好"的中庸之道，追求尽情尽兴、无拘无束。

四、辽宁省"乡村文化网红"的案例研究

(一) 辽宁省"乡村文化网红"的基本情况

本文通过辽宁省各市、县（区）文化（群艺）馆及在抖音、快手等短视频平台收集到的"乡村文化网红"基本信息，包括年龄、性别、学历、民族、受教育程度、职业、发布平台、发布内容、粉丝数量、从业时间及原因、更新频率、与当地政府合作情况等。本文的案例研究以收集到的 161 名"乡村文化网红"数据为依据。数据信息截止到 2022 年 4 月底，粉丝数量未做限定。

根据汇总信息，2018 年开始拍摄短视频、走"网红"道路的农民仅有 19人，2019 年 36 人，2020 年 39 人，2021 年 44 人，见图 1。

人数/人

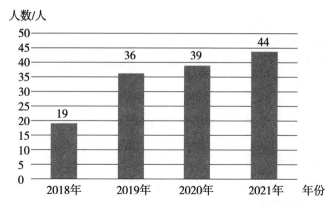

图1　辽宁省"乡村文化网红"2018—2021发展趋势图

1. 粉丝情况

本文对"乡村文化网红"的基本信息进行汇总分析。其中：粉丝量在1000万以上的有7人；100万至1000万的有16人；50万至100万的有18人；10万至50万的有40人；1万至10万的有47人；1万以下的有33人。其中男性93人，占比约58%；女性68人，占比约42%。男性略多于女性。

2. 教育程度

"乡村文化网红"的学历门槛相对较低。汇总信息中，受教育程度初中及以下有81人，占比约50%；高中32人，占比约20%；中专7人，大专19人，本科18人，4人未填报，占比分别约为4%、12%、11%、3%。

(二) 辽宁省"乡村文化网红"传播内容分类

本文按内容进行分类梳理：才艺表演类有62人，占比约39%；乡村文化宣传类有48人，占比约30%；风景特产推介类42人，占比约26%；其他游戏主播等有9人。

1. 才艺表演类

汇总信息中，才艺表演类有62人，以表演为主的有48人，包括二人转表演、广场舞、唱歌；其他才艺表演类以拍摄生活中的搞笑段子为主，包括有3000多万粉丝的"我是田姥姥"，以田姥姥孙子的视角拍摄日常搞笑视频。

2. 乡村文化宣传类

汇总信息中，展示乡村文化的有1人，记录日常乡村生活的有26人，推广农业知识21人。数据显示，乡村文化宣传的内容中展示乡村、记录日常生活居多。

3. 风景特产推介类

汇总信息中，风景推荐有 8 人，讲解文旅知识有 3 人，直播带货有 31 人。由此可见，带货类"网红"较多。

（三）辽宁省"乡村文化网红"年龄群体分析

为更好地掌握各年龄段"网红"的不同特点，分别按 30 岁及以下、31 岁至 50 岁、50 岁以上三个年龄段进行统计分析。

1. 中年群体的特点

31 岁至 50 岁群体有 121 人，占比约为 75%。这一群体是乡村网红的主力军和乡村振兴的生力军。他们有阅历、有活力，接受能力强，能以全新的视角助力乡村发展。

2. 老年群体的特点

50 岁以上群体有 24 人，占比约 15%。其中 51 至 60 岁的有 19 人；61 至 70 岁的有 4 人；70 岁以上的有 1 人。老年"网红"真实、亲切、幽默、接地气，容易使年轻人产生信赖感，获得粉丝支持，进而创造商业价值。

（四）辽宁省"乡村文化网红"新媒体平台分析

1. 以抖音为主要平台的"乡村文化网红"分析

汇总信息中，以抖音为平台的"网红"有 37 人，占比为 23%。这一群体以年轻人为主，与抖音为年轻人服务的用户群体定位相吻合。

2. 以快手为主要平台的"乡村文化网红"分析

汇总信息中，以快手为平台的网红有 114 人，占比约 71%。由此可见，辽宁省"乡村文化网红"主要以快手为传播平台。快手作为重要的短视频平台，内容繁多，涵盖面广，与其他平台相比，更亲近乡村。

（五）辽宁省"乡村文化网红"发展存在的问题

1. 人才流失严重

虽然东北籍主播聚集在各大直播平台，但真正长期留在东北发展的并不多。2019 年 1 月 8 日，移动社交平台陌陌发布《2018 主播职业报告》，报告显示，在职业主播中，北方人占比明显偏高，其中占比最高的五个省市分别是：黑龙江、吉林、辽宁、北京、山西。但是月收入过万主播占比最高的五个地区为：北京、上海、浙江、天津以及内蒙古。人才的流失对于东北直播行业造成不利的影响，特别是在乡村。

2. 粉丝黏性较差

目前，辽宁"乡村文化网红"，大部分没有专业的团队，对于自己的粉丝、如何运营、如何获得持续关注等一系列问题并没有清晰的认识。这些原因导致粉丝黏性较差，变现困难，商业价值无法实现。

3. 内容低俗化

随着直播、短视频的火爆，越来越多的人看到自媒体的商业价值，为了博眼球、吸引受众关注，有部分视频通过剪切、拼贴等方式歪曲事实，将娱乐搞笑变成恶搞，甚至对主流文化价值进行恶意曲解，因此一些低俗的视频出现，误导社会价值取向。

（六）辽宁省"乡村文化网红"发展存在问题的原因分析

1. 创新能力不足

传播内容同质化。一方面很多网红个人技能较单一，缺少学习机会导致创新意识与创新能力不足；另一方面持续不断的表演输出造成自身才艺枯竭，也是普遍现象。

2. 自身素质参差不齐

从汇总信息来看，"乡村文化网红"受教育程度普遍不高，初中及以下人数较多，各项才艺专业性不强，缺少专业指导，自身专业性与粉丝量、影响力不相符，距对当地文化起到良好的宣传作用仍有很大的差距。

五、文化馆助力东北地区"乡村文化网红"发展的路径选择

（一）东北地区"乡村文化网红"的发展趋势

1. "乡村文化网红"的功能定位

"乡村文化网红"作为中国特色社会主义新时代文化馆工作创新的一种新载体，是在"互联网+"和乡村振兴战略的加持下，产生的一种多业态融合的时代现象。它是一个集宣导培训、文化娱乐、风光推介、电商销售等多业态融合的乡村 IP，是服务当地百姓的"掌上文化馆""线上文化站"，是聚焦乡

村产业、文化、人才振兴的线上公共文化服务平台。其工作内容包括：①宣传社会主义核心价值观，宣传村规、村约，传播正能量，引领健康、向上、积极、奋进的乡村文化新风尚；②传播弘扬优秀传统文化，让独具特色的乡村生活、乡村风情、乡村民俗走向大众；③宣传、推广乡村的特产、美食、风光，激活乡村特有的物产资源和自然资源，使其由原始的农产品和日常食品变为商品，打破地域局限，进入流通更快、更广的经济领域；④开展公益性文化惠民与艺术普及服务，丰富、活跃当地百姓的业余文化生活；⑤实用技能培训，带动乡村百姓掌握实用性致富的创新技术、技能；⑥配合当地镇政府及文化馆的文化活动及主题性宣传任务。

2. "乡村文化网红"的主体特质

（1）流量赋能的"新农派"

"乡村文化网红"是走在时代前沿的"新农人"和"新农派"。他们虽然生活在农村，但却已脱离了农耕文明时期农村、农民、农业的传统认知方式、生活方式和生产劳动方式。从个人素质层面，他们掌握新时代数字技术和自媒体的应用技术，具有数字思维；在空间层面，他们生活和劳动的场地已由传统的田间地头，转移到线上虚拟空间，从有限空间走向互联互通的无限空间；在劳动方式上，他们已由体力劳作转变为录制、发布短视频，其生产工具由传统农具，转变为新媒体和数字技术；在价值获取方式上，由向土地要收成，转变为以文化为资源，以传播为手段，以流量来获取价值。

（2）文化传播属性

"乡村文化网红"的文化传播属性，是由其工作方式和内容决定的。不管是李子柒还是张同学，之所以他们能成为时代的焦点，吸引千万人的目光，是文化内涵释放的魅力，唤醒了人们内心深处的诗和远方。其流量赋能的过程也是文化传播的过程，流量增加得越快，文化传播的影响力就越强，文化传播的属性也更明显。

（3）商业价值和产品属性

在多频道网络（Multi-Channel Network，MCN）传媒公司的商业运作产品平台，他们的商业价值可以用流量和粉丝作为指标明码标价，作为一种"产品"被商家或平台采购。根据抖音辽宁迪润有限传媒公司官方提供的《辽宁省"三农"类型达人数据列表》，截至2022年2月，在其平台的"乡村网红"粉丝在10万—100万之间，1到20秒之内的视频报价，由1000元到5万元不等，其商业价值一目了然。

3. 文化馆开展"乡村文化网红"培育的必要性

（1）助力乡村振兴发展

"乡村文化网红"作为群众文化工作创新的重要抓手，是文旅融合之下，数字经济及乡村产业、技术赋能，对文化馆工作创新发展提出的必然要求。从字面来看，"乡村文化网红"构成的要素有三个，一是乡村，二是文化，三是"网红"。其中乡村是主体，文化是核心，"网红"是载体。《乡村振兴战略规划（2018—2022年）》指出"乡村兴则国家兴"[15]。文化馆作为公共文化服务的重要组成部分，其工作的重点就是乡村，服务的对象就是乡村百姓，服务的目标就是用文化惠民和艺术普及来解决城乡文化供给不均衡的差距，进一步推进公共文化服务城乡一体化发展。所以，培育"乡村文化网红"正是文化馆顺应社会发展，汇入时代的潮流，创新工作思路的必然选择。

（2）坚持社会主义先进文化前进方向

随着互联网和数字技术的发展，乡村网络文化得到迅猛发展。虚拟的数字空间正成为人们生活的新选择。习近平总书记在网络安全和信息化工作座谈会上的讲话中说："网络空间是亿万民众共同的精神家园。网络空间天朗气清、生态良好，符合人民利益。网络空间乌烟瘴气、生态恶化，不符合人民利益。"

乡村的网民因受学历、素养、爱好等多方面的影响，其在网络空间的线上活动及言行，更需要先进文化的先进方向做引领，所以，培育"乡村文化网红"，发挥文化引领的作用，是在数字赋能的互联网时代，坚持社会主义先进文化前进方向的必然要求。

（3）助推乡村数字文化繁荣

当前，我国已进入高质量发展的历史阶段，乡村的发展振兴离不开乡村文化的发展繁荣，乡村文化的繁荣也离不开数字文化的繁荣。《数字乡村发展战略纲要》的重点任务中提出"加强农村网络文化阵地建设。利用互联网宣传中国特色社会主义文化和社会主义思想道德，建设互联网助推乡村文化振兴建设示范基地"[16]。因此，繁荣发展乡村文化应双轮驱动，除了传统的线下文化建设以外，加强数字驱动，创新线上文化服务模式，推动中华优秀传统文化创造性转化、创新性发展，也是培育"乡村文化网红"助推乡村数字文化发展的时代要求。

（4）培育新型文化农民

根据实地调研和抖音辽宁迪润有限传媒公司负责人介绍，当前，"网红"的价值变现仅凭个人的力量几乎无法实现。一是从外部生存环境来看，在利益的驱使下，资本的注入使个体"网红"的生存空间和成长空间被挤压得越来越小；二是从乡村"网红"自身成长能力来看，和进入 MCN 公司的网红相比，"农民'网红'文化水平相对偏低，与其他'网红'相比缺乏专业的知识储备，他们的自媒体生产存在内容同质化、低俗化，甚至有悖于主流价值观，粉丝黏性差，过分依赖平台，易被商业机构利用等诸多问题，这些症结成为农民'网红'良性发展的阻滞障碍"[17]。

因此，培育"乡村文化网红"，为乡村培育新型的职业农民，为他们在文化素养、创作能力、视频录制、传播平台等诸多方面提供帮助与扶持，也正是文化馆应时代所需，顺应农民文化需求的价值体现。

当前，智能手机的普及让所有人都成了虚拟空间的"居民"，他们纷纷在虚拟空间建立起新的生活圈、文化圈、朋友圈、娱乐圈、消费圈。从群众文化学的视角来看，当下的网络文化就是线上的群众文化。因此，培育"乡村文化网红"也是文化馆工作与时代对接、与时代同行的职能要求。

（二）文化馆（站）推动东北地区"乡村文化网红"发展的具体路径

1．"乡村文化网红"培育的对象选择

结合《中共中央、国务院关于做好 2022 年全面推进乡村振兴重点工作的意见》中"聚焦产业，促进乡村发展"[18] 及《关于推动文化产业赋能乡村振兴的意见》中"文化引领、产业带动"[19] 的要求，本文将"乡村文化网红"培育的对象细分为：①具有某一方面文艺特长和爱好的农民；②乡镇文化站长或文化站工作人员；③乡村的文娱骨干或文艺团队带头人；④国家或省级非物质文化遗产保护项目传承人；⑤乡村致富带头人；⑥乡村民宿及农家乐经营者；⑦传统手工艺制作者；⑧特色小吃及美食制作者；⑨乡村电商。

2．"乡村文化网红"培育对象的素质要求

①热爱祖国，拥护中国共产党的领导；②具有中国特色社会主义核心价值观；③具有热心公益，热爱家乡，立足乡村，发展乡村的情怀；④有文化、有理想、有追求；⑤有自媒体账号和"粉丝"或具有通过数字媒体进行宣传推广的愿望和需求。

3. "乡村文化网红"培育的主要内容选择

①政策宣导类，包括社会主义核心价值观、党的方针政策、法律、科普、乡规、乡约等；②文艺创作类，包括文学、曲艺、小品等群众文艺创作的文本创作，戏剧、曲艺、声乐、舞蹈、语言等群众文艺表演；③应用技术类，包括数字素养及电子设备的应用实务，手机视频拍摄、录制、剪辑等自媒体应用技术；④网络语言特点、网红话题选择、内容更新；⑤传统手工艺制作；⑥非物质文化遗产传承项目等相关内容。

4. "乡村文化网红"培育的模式路径选择

（1）业务培训阶段的模式路径选择

举办"乡村文化网红"培训班。充分发挥文化馆的艺术培训优势，以乡（镇）、村为单位，以推荐或志愿报名的方式，对符合条件的"乡村文化网红"进行集中培训，提升其业务能力及个人素养。

举办"乡村文化网红"才艺展示活动。通过文化馆的阵地服务优势，联合政府、媒体及社会力量，为经过培训的"乡村文化网红"搭建展示才艺、交流学习、推介互动的平台，增强实操性和应用性，扩大社会影响力。

组织"乡村文化网红"实地考察学习。通过文化馆的公共文化五级服务网络，可以实现在全国范围内的区域交流与学习，把一些地区、一些"乡村网红"的成功做法、经验进行交流学习。

（2）实际应用阶段的路径选择

招募文化志愿者模式。根据《志愿服务条例》第二十三条的规定，"乡村文化网红"在实际应用中，可采取文化馆招募志愿者的形式，使经过培训的"乡村文化网红"通过志愿申请，经过资格审核，注册为"文化馆的文化志愿者"，并在文化馆、文化站的业务指导下，利用县级融媒体平台及数字文化馆云平台，开展线上公益服务，履行《志愿服务条例》规定的义务，享受由政府提供的平台、资源与信用。

购买服务模式。"乡村文化网红"培育的目的在于应用。根据《中华人民共和国公共文化服务保障法》第四十九条"国家采取政府购买服务等措施，支持公民、法人和其他组织参与提供公共文化服务"[20]的规定，针对符合条件的"乡村文化网红"，文化馆可采取购买服务的方式，为他们在抖音、快手等新媒体平台购买CPM（流量），建立合作关系，加大其曝光度和热度，在推送时间、推送对象等方面做到有的放矢，精准推送，增强其影响力，在其商业价值兑现与保障的同时，也为乡村的文化振兴助力。

聘任"文化推广大使"模式。"乡村文化网红"的培育模式，也可以采取文化馆聘任"文化推广大使"的形式，从符合条件要求的"乡村文化网红"中选拔、聘任，并颁发聘任证书，聘期为 1 年或 2 年，根据工作实际可续聘或解聘。让其在传播乡村文化、推进乡村文化建设的过程中，实现文化带来的经济效益和社会效益。

开通数字文化馆"乡村文化网红"云平台。数字文化馆作为公共文化线上服务的重要阵地，依托国家公共文化服务云平台建设的六大核心功能，使线上看"村晚""学才艺""赶大集"的文化服务活动深入人心。为通过资格审核的"乡村文化网红"开通云上直播间，为其提供公共文化服务的官方平台，也是开展线上群众文化活动的新常态，新特征。

5. 建立"乡村文化网红"培育的长效机制

(1) 将"乡村文化网红"培育纳入文化惠民工程品牌项目

实施文化惠民工程是文化馆的工作职责和法定义务，文化惠民工程中的品牌项目是文化馆工作的重点工作，在经费、时间、人员等各方面都保障有力。若把"乡村文化网红"的培育工作和内容纳入到文化惠民工程的品牌项目当中，就可解决其培育的长效性、稳定性和渐进性。例如，辽宁省文化馆的文化惠民品牌项目"百馆千站"和"万村"培训工程，就是持续开展十几年的优秀品牌项目，如把"乡村文化网红"的培育内容加入其中，也不失为让品牌项目持续前行的新动能。

(2) 组建"乡村文化网红"培育师资团队，制定培训计划

根据"乡村文化网红"培育的实际需求，吸纳各方面的专家，组建优质的师资团队。按照省、市、县文化馆三级公共文化服务网络的工作机制，建立由省文化馆为业务统领的三级"乡村文化网红"培训计划，分初级、中级、高级三个阶段，每个阶段对应不同的培训内容和师资，逐渐形成由低到高的系统培训机制和模式，为"乡村文化网红"的人才成长和梯队建设，夯实基础。

(3) 组织编印"乡村文化网红"应用实务教材

培训教材是人才培养能持续发展的基础。目前，并没有科学、规范具有指导性的"乡村文化网红"教学资料。文化馆可以借助"乡村文化网红"培训的师资团队及培训讲义，通过数字手段，转换编印"乡村文化网红"应用

实务教材，把教学成果转化成数字慕课和纸质教材进行推广。

（4）推动"乡村文化网红"的绿色标识及考核机制

对经过"乡村文化网红"培训的农民，颁发统一的合格证书，作为"乡村文化网红"的官方认证和绿色标识，可以为家乡代言、宣传推广，参与当地的乡村文化建设，纳入文化馆对"乡村文化网红"的考核体系，按其传播内容、发挥作用等进行考核，并制定相应的奖惩措施。

（5）建立"乡村文化网红"数据库，实施人才动态管理

以省级文化馆为单位，把经过培训的"乡村文化网红"进行登记管理，把其个人的相关信息录入数据库，并及时跟踪更新，做好农村文化人才的储备工作。

6. "乡村文化网红"培育的具体行动

（1）实施"乡村文化网红"培育计划

通过1—3年的培育，在"十四五"期间，建立起省、市、县（区）、乡（镇）文化站四级公共文化服务网络互通、联动的"乡村文化网红"培育机制。为每个乡（镇）储备3—5名经过培训的"乡村文化网红"人才。选择具有代表性的特色村或艺术之乡建立实践基地，使"乡村文化网红"作为乡（镇）官方代言人或推广大使持证上岗，以文化引领、文化创新为驱动，为推动新时代乡村多业态融合的绿色发展，提供可复制、推广的实践案例。

（2）实施"乡村文化网红"推广计划

在"十五五"期间，经过"乡村文化网红"培育计划的顺利实施，在总结其实践案例经验的基础上，结合"乡村文化网红"在实际工作中遇到的困难及存在的问题，在业务上及时跟进并完善。选取可复制，具有操作性的成功案例，在乡（镇）区域内进行推广，并形成常态化、标识化。

培育东北地区"乡村文化网红"，是数字化时代文化馆立足高质量发展的历史阶段，着眼人民群众精神文化新需求，在乡村振兴发展的战略背景下，以数字思维，创新工作方式，发挥文化引领、产业带动，促进乡村文化、经济、人才、资源多业态融合发展新格局的重要途径。

参考文献

[1]何琳.以文化视角——新媒体视域下的"网红经济"[J].戏剧之家，2019

(8)：202-203，206.

[2]金晶，肖明，陈瑞阳，等.浅谈新媒体背景下网红经济的发展、存在问题及对策研究[J].泰州职业技术学院学报，2019(6)：25-28，45.

[3]赵天翊.论 MCN "造星机制"下的网红经济驱动模式[J].西部广播电视，2020(23)：25-27.

[4]马军，杨晶宇.广播媒体"网红+扶贫直播带货"模式探析[J].中国广播，2020(10)：76-78.

[5]张钊丹.青年亚文化视域下农民网红短视频的身体叙事分析[J].新闻研究导刊，2020(12)：232-233.

[6]邱皓楠.浅析新媒体语境下"网红"的嬗变历程与形象建构[J].新闻研究导刊，2019(23)：84-85.

[7]朱彤.新媒体时代"网红"营销模式探析[J].商业经济研究，2017(21)：60-62.

[8]宋爽，韩芳.网红发展的问题与对策研究[J].辽宁省社会主义学院学报，2021(1)：107-111.

[9]黄梦静.新媒体时代对"网红"现象的思考[J].新闻研究导刊，2019(10)：230，234.

[10]胡永，徐辉.网红社交资产如何改变商业模式[J].新闻界，2020(8)：48-56.

[11]姬之聪."互联网+"时代网红经济的发展模式分[J].西部广播电视，2020(13)：10-11.

[12]代若溪.自媒体时代网红经济的发展研究[J].新闻研究导刊，2020(14)：190-191.

[13]王业松.网红经济背景下的"三农"市场营销战略[J].市场研究，2020(5)：38-40.

[14]王小蓉，廖莎莎，马婧影，等.发展我国乡村文化产业研究报告[J].中华建设，2022(1)：126-129.

[15]中共中央办公厅，国务院.乡村振兴战略规划（2018—2022 年）[EB/OL].[2021-06-01].https://www. gov. cn/xinwen/2018-09/26/content_5325534. htm.

[16]中共中央办公厅，国务院.数字乡村发展战略纲要[EB/OL].[2021-06-

01］. https：//www. gov. cn/zhengce/2019−05/16/content_5392269. htm.

［17］张筝.农民网红的特点及发展路径研究——以快手平台上的农民网红为例
［J］. 新媒体研究，2020（9）：85−87.

［18］中共中央办公厅，国务院.关于做好 2022 年全面推进乡村振兴重点工作
的意见［EB/OL］. ［2021−06−01］. http：//www. news. cn/politics/zywj/
2022−02/22/c_1128406721. htm.

［19］文化和旅游部会同教育部，自然资源部，农业农村部，国家乡村振兴局，
国家开发银行.关于推动文化产业赋能乡村振兴的意见［EB/OL］. ［2021−
06−01］. https：//www. thepaper. cn/newsDetail_forward_17613452.

［20］全国人民代表大会常务委员会.中华人民共和国公共文化服务保障法
［EB/OL］. ［2021−06−01］. http：//www. mzyfz. com/html/2015/2018−07−
09/content−1347366. html.

乡村旅游厕所在乡村振兴工作中的定位与要求

邢夫敏（苏州科技大学）

钟明毅（四川旅发环保科技有限公司）

侯亚军（北京爱贝空间科技有限公司）

王少安（苏州科技大学）

一、乡村旅游厕所在乡村振兴中应有的定位

乡村旅游厕所不仅直接关系到游客的旅游品质和村民的生活质量，也是保障和改善民生、缩小城乡差距，实现"产业兴旺、生态宜居、乡风文明、治理有效、生活富裕"乡村振兴总要求的重要组成部分。

（一）乡村旅游厕所直接关系到游客的旅游品质

社会矛盾与旅游需求的变化对乡村旅游厕所提出新要求，乡村旅游厕所质量直接关系到游客的旅游品质。习近平总书记在党的十九大报告中指出，"我国社会主要矛盾已经转化为人民日益增长的美好生活需要和不平衡不充分的发展之间的矛盾"。在此背景下，旅游需求也发生了重大变化，以到此一游为目的的观光旅游市场份额越来越小，休闲、度假、研学、深度体验的需求逐渐释放。游客外出的重点是学习到了哪些、体验到了哪些，而不再是过多考虑价格。旅游就是一种经历，旅游活动就是一种深度体验，所有旅游过程的基础设施、服务环境、民风民俗等都会影响到游客的旅游品质和对旅游目的地的评价。旅游厕所作为乡村旅游基础设施必不可少的组成部分，也是游客的"必游"之地，越来越受到重视。乡村旅游厕所已经不仅是解决生理需

求的地方，也是体现乡村文明、展示乡村文化、提供个性化服务的重要载体，同时家庭卫生间、母婴室等基础设施的配备更是拓展了乡村旅游厕所的功能。

（二）乡村旅游厕所直接关系到村民的生活质量

乡村旅游厕所不仅直接关系到游客的满意度，更直接关系到农村生活环境和农民生活质量。乡村振兴战略对乡村旅游厕所提出新的要求。习近平总书记在党的十九大报告中提出，实施乡村振兴战略。农业农村农民问题是关系国计民生的根本性问题，必须始终把解决好"三农"问题作为全党工作的重中之重。2017年12月，中央农村工作会议首次提出走中国特色社会主义乡村振兴道路，提出让农村成为安居乐业的美丽家园。2018年，中央一号文件，即《中共中央 国务院关于实施乡村振兴战略的意见》，提出推动农村各项事业全面发展，稳步开展农村人居环境整治三年行动，推进"厕所革命"，促进农村移风易俗。2021年12月，中共中央办公厅、国务院办公厅印发的《农村人居环境整治提升五年行动方案（2021—2025年）》，要求以农村厕所革命、生活污水垃圾治理、村容村貌提升为重点，全面提升农村人居环境质量，为全面推进乡村振兴、加快农业农村现代化、建设美丽中国提供有力支撑。该方案提出，要扎实推进农村厕所革命，逐步普及农村卫生厕所，切实提高改厕质量，加强厕所粪污无害化处理与资源化利用，强化日常卫生保洁。可见，通过乡村厕所革命改善乡村基础环境、助力生态宜居、促进乡村文明，直接关系到村民的生活品质和精神生活。

（三）乡村旅游厕所直接关系到乡村振兴的速度

实施乡村振兴战略是全面建成小康社会、全面建成社会主义现代化强国的必然要求。"产业兴旺、生态宜居、乡风文明、治理有效、生活富裕"是乡村振兴的总要求，其中产业兴旺是实现乡村振兴的基石，生活富裕是乡村振兴的目标。乡村振兴的大力推进伴随着乡村旅游的快速发展，乡村旅游的发展又带动乡村民宿、乡村餐饮等产业的发展，带动乡村农副产品的销售，促进乡村农民的增收等，推进"产业兴旺"，为"生活富裕"奠定基础。同时，生态宜居是提高乡村发展质量的保证，乡风文明是乡村建设的灵魂，乡村厕所的质量提升在促进"生态宜居、乡风文明"等方面也起到重要作用。

乡村旅游厕所作为旅游基础设施，是旅游业发展的基础，也是农村旅游产业兴旺的基础；乡村旅游厕所作为农村公共设施的重要组成部分，是生态宜居的重要考量；乡村旅游厕所建设规范、清洁卫生、使用方便、提示到位，是促进乡村文明的重要举措；乡村旅游厕所建设规范、管理有序、服务到位，直接影响到游客体验。可见，乡村旅游厕所与乡村振兴息息相关，尤其是在助力农村人居环境提升、生态文明建设等方面大有作为。

二、乡村旅游厕所在乡村振兴作用发挥存在不足

（一）乡村旅游厕所供给与市场需求存在差距

本文借助文化和旅游部对全国的旅游厕所情况进行的问卷调查，从全国各省份的问卷和建议中找出与乡村旅游厕所相关的问卷 208 份进行统计分析，涉及厕位 6000 余个，其中包括乡村旅游厕所建设、管理与服务的意见 80 条，以及厕位比和管理间建设的意见 300 余条。从调查结果来看，乡村旅游厕所和城市厕所之间在数量、设施配备、管理水平等方面存在明显差距，主要表现为乡村等级厕所数量明显不足（整体级别较低）、男女厕位比不合理（女厕位占比不足）、坐蹲比例不达标（坐位占比不足）、清洁卫生不彻底（地面有水渍、洗手台有水迹、垃圾桶清理不及时、隔板清洁不到位、异味明显）、环境秩序较差（清洁用具、个人用品随意摆放）、标识不规范（外部指向标识数量不足、设置数量少、位置不明显、旧标识未更新，厕所中英文名称、内部厕位标识不规范）、厕所设施损坏、用品配备不及时、排队时间长等。随着乡村旅游市场的不断扩大、乡村居民和游客对基础设施的要求不断提高，乡村旅游厕所作为最基本的公共服务设施，建设问题、管理问题、服务质量问题等日益突出。乡村旅游厕所在建设、管理和服务等方面与旅游市场需求、乡村振兴战略要求之间存在明显的差距，乡村旅游厕所的品质亟需提升。

（二）管理人员对乡村旅游厕所作用的认识不足

针对调研中发现的问题，本文有针对性地对部分乡村管理者进行线上和线下的访谈，并请其对乡村旅游厕所的重要性进行打分（满分 10 分）。本文共访谈 15 位有代表性的管理人员（线上 5 位，线下 10 位），其中成熟的乡村旅游重点村 8 位，作者担任江苏省驻村辅导员对接的乡村书记 2 位。访谈发现，乡村管理者普遍对乡村旅游厕所的重要程度认识不足，虽然认为其重要，

但相对于历史遗迹、自然资源、乡村展馆、非遗产品等直接对客服务的内容来说，又觉得乡村旅游厕所不那么重要。2位管理人员认为乡村旅游厕所仅仅是提供方便的地方，只要尽量做到干净卫生就可以了，不用太在意；5位管理人员认为乡村旅游厕所很重要，但游客来旅游主要是为了体验乡村生活，在旅游民宿、乡村餐饮、娱乐设施、乡村大环境等方面做得好是关键，毕竟上厕所的时间很短；8位管理人员认为乡村旅游厕所的确是旅游过程中重要的组成部分，但是在打分中仍然只有3位打了不低于8分。

（三）乡村旅游厕所质量提升的限制因素较多

根据访谈和实地调研，影响乡村旅游厕所质量提升的因素除了认识不足外，还包括：一是缺少专业人员，村干部对旅游厕所的建设标准不清楚、要求不清晰、细节也不掌握；二是缺少专业指导，因为认识问题，乡村旅游厕所建设之初就缺少专业人员指导，建设不规范；三是受到环境与建筑保护要求、土地限制、地形地貌等各种客观条件影响，不能建设足够数量的厕位，在厕所数量和厕位比上受到限制；四是缺乏灵活的管理和激励机制，在管理和服务人员的配备上比较死板，认为做好做坏都一样，缺少必要的激励机制，这导致服务的主动性积极严重不足；五是缺少附加服务，多数厕所还仅仅是厕所，未能充分发挥厕所小空间的大作用。

三、乡村振兴对乡村旅游厕所提出的要求

（一）出台相关制度规范，推进乡村旅游厕所质量提升

《全国旅游厕所建设管理新三年行动计划（2018—2020）》按突出"旅游厕所革命"中长期有效管理在整体旅游厕所建设中的重要性，提出未来旅游厕所逐步向市场化的走向，社会企业也有更多机会获得旅游厕所的经营权，在发挥旅游厕所基本功能的同时，使其产生商业效益，增加社会财富。但目前所有的文件政策中，针对我国广大乡村旅游厕所制定的相关纲领性文件严重缺乏，所以亟须出台纲领性文件，通过乡村旅游厕所的建设和管理推进乡村振兴的发展。

在标准方面，目前有国家标准《旅游厕所质量要求与评定》（GB/T 18973—2022），缺少专门的乡村旅游厕所国标，仅有安徽省《乡村旅游厕所管理与服

务要求》（DB34/T 3003—2016）、山西省《乡村旅游厕所服务要求》（DB14/
T 1816—2019）、湖南省《乡村旅游厕所建设与服务管理规范》（DB43/T
1715—2019）三个地方标准，分别从建设、管理、服务不同的层面进行规范，
建议出台乡村旅游厕所质量与评价，从建设（标识标牌、外观设计、空间布
局、设施配置、男女厕位比、坐蹲比、无障碍厕位设计、第三卫生间配备）、
管理（管理制度、清洁制度、保洁流程、设施维护）、服务（服务项目、服务
流程、附加服务）三大方面进行全面规范；对移动厕所引入进行积极引导，
弥补土地性质限制问题；通过人性化、智能化、艺术化提升乡村旅游厕所质
量；以规范的推广应用为升级乡村旅游管理服务质量的切入点，助推乡村旅
游高质量发展，实现共同富裕的乡村振兴战略要求。

（二）打造乡村旅游厕所标杆，充分发挥示范引领作用

因地制宜，突出地域特色，实现厕所风格能够体现当地文化、风土人情，
成为旅游的一道靓丽风景。在某些乡村旅游区不乏在建设标准、技术创新、
管理和服务等某个方面做得好的旅游厕所，例如：广东开平市塘口镇祖宅村
公厕凭借"地域记忆与新生建筑的时空对话"，荣获 2020 年度最佳小建筑
（Built Small 组别）世界景观建筑奖（WLA）；开平市赤坎镇中庙村委会现龙
村现龙厕所是一个公共艺术建筑，是赤坎乡村文化的一道亮丽景观，不仅给
村民带来实实在在的方便，极大改善村民如厕环境，也让现龙村成为开平一
处网红打卡地；云南大理漾濞县苍山西镇光明村云上村庄仿生态树根公厕和
仿生态核桃公厕，除了造型独特，还设有第三卫生间、母婴室、残疾人专用
厕位等，功能齐全。因此，乡村旅游区要积极总结乡村旅游厕所的成功经验
和模式，进行乡村旅游厕所评选，树立乡村旅游厕所革命的标杆，借助每年
的 11 月 19 日世界厕所日进行宣传，尤其是对乡村旅游的影响和带动作用大
的厕所要加大宣传，充分发挥其示范引领作用。

（三）提升乡村旅游厕所科技含量，增加高质量的移动厕所

乡村旅游区要践行"绿水青山就是金山银山"的发展理念，把握乡村旅
游厕所的生态定位，做到低碳、绿色、环保；采用生态环保技术、高科技污
物处理技术、废物再利用技术等，提升乡村旅游厕所的科技含量；推广使用
智能、节水、科技含量高的产品，使乡村旅游厕所技术过硬、成本合理、管

理便捷、使用舒适。

在旅游需求日益升级的趋势之下，各类新的旅游项目、新的旅游业态层出不穷，对于乡村旅游厕所这一基础服务设施也呈现出更为多元化的需求。传统厕所在某些旅游项目的建设和运营中存在着建设成本过高或不具备建设条件、厕所总体分布不均衡、淡旺季无法灵活应对综合需求、人力维护成本过高等问题。高质量的移动厕所则可通过工厂预制、轻体材料运用、模块化拼装、智能一体化运行系统搭载等技术路径弥补以上不足。乡村可以根据游客量和景点的人数需求摆放，不受场地限制，尤其是不具备土建建设条件的极端环境或基础配套设施建设不完善的地区，能够更好地满足游客需求，提升乡村旅游形象和口碑，同时避免非高峰时期的浪费。此外，可推广无性别潮汐式厕所，以防不时之需，如在游客集散中心增加无性别洗手间；应继续提高女男厕位比例，有条件的区域可以设置专用女厕，加大厕位数量，满足女性游客的如厕需求；也可以建立男女共用厕位，以解决节假日旅游高峰期间女性排队问题。将高质量的移动厕所列入乡村旅游厕所评定标准体系将对解决土地性质限制导致的厕所不足问题起到很大的促进作用。

（四）增加服务功能考虑特殊群体，实现乡村旅游小厕所的大作用

乡村旅游厕所除了基本的如厕功能外，还可以增加应急、补给、休息、休闲、温馨提示、广告宣传等多种功能。充分考虑目前旅游市场新需求，更多关注特殊群体如残障人士、老人、小孩、孕妇等的需求，提供必要的关心和协助；配备轮椅、尿片等物品，以备不时之需；加强对于乡村旅游工作人员特殊服务技能培训，如手语等服务；如有条件可增设家庭卫生间或无障碍厕所数量，确保特殊群体有厕可上，有厕可寻。注重细节，使厕所功能落到实处。例如，对无障碍卫生间，无障碍通道、无障碍设施、足够宽度的无障碍厕位门、安全抓杆、紧急开启门装置、紧急呼叫按钮等应急设施均应按标准设置；更加重视特殊群体使用厕所的便利性，尤其在旅游高峰期，应增加引导人员、及时进行巡逻检查，确保特殊群体利益得到保障。

（五）加强培训提升认识，提高乡村旅游厕所整体队伍水平

提高乡村旅游厕所整体队伍水平，主要从以下几点出发：
一是提高对厕所重要性的认识，从源头提升乡村旅游厕所质量。乡村可

借助规划和设计人才，提升乡村厕所的外部特色和内容舒适性设计。如厕质量的高低既取决于游客自身的期望值和实际感受，也取决于外观设计水平和整体文化建设，当前年轻群体逐渐成为出游主力，该群体游客的偏好更需要特色化、人性化、智慧化。传统的厕所建筑和服务设施在成为一般厕所建设范本的同时，一定程度上限制了如厕环境的特色化和智慧化，忽视了厕所建筑与乡村的适配度和文化特色，影响了年轻游客群体的体验感和愉悦感。

二是加强管理人员培训，提升乡村旅游厕所管理水平。近年来，乡村旅游厕所进行了较多的新建和改建，但也忽略了对管理人才培养的更新迭代，有些人员不知道有标准、不掌握标准内容、对标准要求落实不到位，致使有些旧厕改造不彻底，比如已经拆除的老式厕所，指示牌并未更新，误导游客按照原来的地点寻找厕所；有些设施配备不到位，有些设施是有了但是高度不合适、位置不合理、尺寸不够等，这些导致游客使用不方便甚至无法使用。要加强对管理人员的旅游市场发展趋势培训、乡村旅游厕所的标准化培训，应在管理上既要充分考虑旅游市场需求，又要充分落实相关标准。

三是加强清洁人员培训，提升服务意识和服务能力。卫生清洁工作看似简单，其实也具有一定的专业性，清洁频次是否合理、清洁程序是否科学、清洁卫生是否到位、清洁动作是否规范、清洁人员服务态度如何等均会影响到乡村旅游厕所的整体服务质量好坏。要加强对清洁人员的服务意识和服务能力培训，打造一支专业的清洁队伍。

总之，要把乡村旅游厕所作为改善农村基础设施、提升旅游公共服务的重要组成部分，使之成为新时代文明宣传的重要窗口，成为乡村振兴的主渠道。要以乡村旅游厕所规范化、品质化作为乡村全面振兴的重要抓手，进一步提升村民和游客体验感、满意度，推进乡村的高质量发展。

参考文献

[1]王嘉敏，邓永芳.乡村旅游业何以肩负乡村振兴新使命[J].乡村科技，2022(8)：47-52.

[2]王德刚.建好乡村景区旅游厕所助力农村人居环境提升[N].中国旅游报，2021-12-14(3).

[3]葛现玲，张媛媛.永川乡村旅游点厕所建设调查分析——以黄瓜山为例

[J].农村实用技术，2021（10）：88-89.

[4]李晓维，李俊.乡村旅游厕所建设瓶颈识别及突破对策——以合肥市环三河旅游区乡镇为例[J].绥化学院学报，2021（9）：46-47.

[5]许博，雍杰.甘孜州乡村旅游厕所革命存在的问题及应对策略[J].当代旅游，2021（24）：53-55.

[6]莫彬彬，陈赢.乡村振兴战略背景下广西旅游厕所建设与管理研究[J].沿海企业与科技，2021（3）：39-44.

[7]肖晨彤，鲜菁钰，李艾立暄，等.乡村旅游点厕所革命存在的问题及对策——以泸沽湖景区为例[J].农村经济与科技，2020（7）：123-125.

[8]李春杏，杨燕青，沈鸿.桂林市乡村旅游目的地"厕所革命"存在的问题及对策[J].现代商业，2019（32）：40-42.

[9]姚丽芬，王兴让，任娜，等.基于IPA评价的乡村旅游厕所满意度研究[J].河北企业，2018（1）：40-42.

乡村公共文化服务高质量发展

——以成都为例

李　汩　周唐眉（成都市文化馆）

年　意（四川艺术职业学院）

代　逸（成都市文化市场综合执法总队）

成都市作为全国首批公共文化服务体系示范区和国家公共文化服务标准化示范城市，一直致力于城乡一体、区域均衡的现代公共文化服务体系建设。经过多年努力，成都市乡村公共文化服务已取得较大成就，规模和数量都已达到较高水平。

当下，成都市乡村公共文化进入从数量规模扩展到内涵提升的转型阶段，高质量发展将成为成都市乡村公共文化服务当下及今后很长一段时期的主题。本文以助推成都市乡村公共文化服务高质量为发展目标，分析研究成都市乡村公共文化服务的现实基础与实践经验，为探索新时代乡村公共文化服务发展路径提供重要借鉴。

一、乡村公共文化服务高质量发展溯源

随着经济社会的发展，人民对更丰富、更高品位文化生活的期盼日益高涨，加之乡村振兴的深入推进、文化和旅游的融合发展，这些趋势都给乡村公共文化服务提出新的要求。

（一）国家决策部署的贯彻落实

近年来，党中央、国务院为推动公共文化服务高质量发展，推进城乡公

共文化服务体系一体建设作出了一系列重大决策部署，如 2015 年的《关于加快构建现代公共文化服务体系的意见》，2020 年的《中共中央关于制定国民经济和社会发展第十四个五年规划和二〇三五年远景目标的建议》，2021 的《关于推动公共文化服务高质量发展的意见》，这些文件都对"十四五"时期乡村公共文化服务高质量发展指明发展方向和路径。

（二）推进城乡公共文化均衡化发展的重要举措

从中央到各级地方政府虽然都在加大对乡村公共文化服务的政策倾斜，但长期以来，由于资金、人才、技术等资源的不平衡以及对乡村公共文化服务认识的不充分、不到位，乡村公共文化基础设施陈旧、设施种类单一、产品供给不足、服务质量不高等问题依然存在。高质量发展首先要体现在普遍均等、惠及全民[1]。乡村公共文化服务高质量发展是推进城乡公共文化服务体系一体建设的重要机遇，应被提到更重要、更关键的位置。

（三）实现乡村振兴战略的必由之路

党的十九大提出实施乡村振兴战略的重大历史任务。作为乡村振兴战略的重要组成部分，文化振兴是乡村振兴的重要测度标准，对乡村振兴战略的实施具有引领和推动作用。随着社会的不断进步和经济的快速发展，城乡公共文化发展水平差距日渐明显。农村社会现状正在加速衍变，文化建设和发展的矛盾已从文化产品供给总量不足发展到文化服务对象的参与缺位[2]。此外，乡村文化再生产缺乏创新，致使乡村文化发展活力不足。因此，推动乡村公共文化高质量发展是培育乡村文化认同感、归属感、幸福感，增强文化自信的必由之路。

（四）适应文化和旅游融合发展的时代要求

随着文化和旅游融合的不断深入，以及后疫情时代到来，乡村旅游率先回暖，这给乡村公共文化服务带来新变化和新要求。首先是服务对象的多元化。乡村旅游在引来大量游客的同时，也吸引众多返乡青年、外来人才参与乡村建设。因此，乡村公共文化服务不仅要面向村民，还要主动适应外来游客、外来创业者的文化需求，乡村成为公共文化服务主宾共享的新阵地。其次是服务资源更趋个性化、品质化。面对服务对象的年龄结构、职业类型、学历层次趋于多元，要适应不同群体的文化需求，个性化服务、品质化服务必然就显得更加重要。最后是服务手段的数字化。互联网、数字媒介的迅速发展，为开展数字公共文化服务提供便捷条件，也为提高乡村公共文化服务效能注入新动能。

综上，本文从五个维度解析乡村公共文化服务高质量发展的内涵。第一个维度是高品质发展，强调供给的高质量、高水平，这使乡村公共文化设施场地，文化活动与服务有人气、有热度、有口碑；第二个维度是高效能发展，强调服务能力和服务效率，以人民为中心，统筹规划，科学布局，提高乡村公共文化资源配置的精准性、公平性；第三个维度是可持续发展，强调乡村公共文化服务的体制机制建设，要破除体制障碍，创新供给方式，引导村民从被动接受到主动参与、自我管理，实现文化管理到文化治理的转变；第四个维度是普惠式发展，强调服务对象的全覆盖。在文旅融合背景下，兼顾村民和返乡青年、外来人才和游客，建立全民、全域、全龄、全时和主客共享的乡村公共文化服务；第五个维度是特色化发展，强调个性化服务，立足村情实际，在满足基本公共文化服务的基础上，深入挖掘乡村人文历史资源与自然资源，制定出乡村公共文化服务个性化发展方案。

二、成都市乡村公共文化的现实基础

（一）成都市乡村公共文化的基本情况

成都市地处四川盆地西部，是中国首批国家历史文化名城，西南地区重要的中心城市。成都市下辖 12 个区，5 个县级市，3 个县；共有 100 个乡镇，1311 个行政村。2020 年末常住人口 2093.8 万人，户籍人口 1519.70 万人（其中城镇人口 1015.61 万人、乡村人口 504.09 万人）[3]，平原、丘区、山区各占三分之一，中心城区、近郊和远郊三个圈层之间的经济社会发展水平差异十分明显。成都市自创建国家公共文化服务体系示范区开始，便持续加强制度建设、创新工作机制、提升服务效能。

1. 从"顶层设计"到"重心下移"统筹推进

2009 年出台的《关于进一步加强基层文化建设的意见》（成委发〔2009〕17 号）要求，每个乡镇文化站配备 1 名专职站长，同时面向社会聘用 1—2 名专门工作人员；乡镇综合文化站常年公共文化服务经费按成都市各区（市）

县常住人口每人每年 6—10 元的标准纳入区（市）县财政预算，并随财政经常性收入同步增长。这从人才和经费上保障了成都市乡镇公共文化的建设。2012 年，成都市委、市政府出台的《关于深入开展国家公共文化服务体系示范区创建工作的实施意见》，要求将在已纳入市财政预算的村级社会管理和公共服务专项资金，每年按照不低于 10% 的比例落实村综合文化活动室常年运行经费，将政策延伸到村，为村级文化建设提供强有力保障。至 2014 年底，成都市实现市、县、乡、村四级公共文化设施网络全域覆盖。

2. 从"标准化"到"个性化"融合发展

成都市在公共文化硬件日趋完善的基础上，又先后制定了《成都市基本公共文化服务实施标准（2016—2020 年）》《成都市村（涉农社区）公共文化精准服务导则》《关于优化供给提升公共文化服务效能的实施方案》《成都市基层综合性文化服务中心服务规范》，为乡镇、村开展标准化、均等化公共文化服务提供工作指南。与此同时，各县（市）、区在基本公共文化服务标准落实到位的基础上，结合本地实际制定符合地域特色的地方标准，兼顾公共文化服务的"标准化"与"个性化"。

3. 从"以评促建"到"动态监管"确保落实

自 2010 年起，成都市每 3 年组织开展一次乡镇（街道）文化站（活动中心）等级评定工作。2016 年建立"文旅 e 管家——成都市公共文化服务大数据绩效管理平台"，实时动态对乡镇（街道）、村（社区）综合性文化服务中心的阵地建设、人员保障、经费落实、活动开展等进行监督管理，在促进全市基本公共文化服务标准化、均等化发展的基础上，也为成都市公共文化服务管理提供有力的决策支持。

（二）成都市乡村公共文化服务调研情况

根据成都市平原、丘区和山区的地貌特征以及乡村公共文化的基础，2021 年 12 月至 2022 年 5 月期间，本文分别对青白江区、郫都区、简阳市、彭州市、邛崃市、崇州市、大邑县和蒲江县等乡镇、村进行问卷调查和实地走访。

1. 设施建设情况

成都市为做好"两项改革"后半篇，积极探索推行"撤乡不撤阵地，设立服务分站"的模式，确保基层公共文化阵地不丢、服务不弱化。以所调研的崇州市为例，撤乡并镇后该市原辖乡镇由 20 个缩减至 9 个，但目前该市仍然保留 20 个乡镇文化站。除此之外，各县（市）、区也因地制宜、与时俱进改善设施条件。在所调研的 65 个乡镇文化站中建筑面积在 1000 平方米以上的有 23 个，群众文化广场在 5000 平方米以上的有 13 个。

2. 人才队伍情况

成都市先后三次出台专门性文件明确乡镇、村文化工作人员的数量、待遇和工作标准，建立起标准化的基层文化人才队伍保障机制。以所调研的乡镇文化站为例，2021 年各县（市）、区相较于 2014 年多数有不同程度上的增长。

3. 文化活动开展情况

随着成都市公共文化设施的日益增长，各类文化艺术活动的开展明显增多，总体呈现小规模、高频次的特点。以 2018 年与 2021 年乡镇综合文化站开展活动为例，2018 年所调研县（市）、区开展活动 26586 次，2021 年各镇村开展活动 40879 次，增长率约 53.76%。

4. 文化资源情况

乡村文化资源是推进乡村公共文化服务高质量发展的重要载体和支撑。本文按资源结构和文旅融合发展新业态将乡村文化资源进行分类。调研发现，若按资源结构划分，自然景观、历史文化、农耕文化和民俗文化资源类型占比前四位；若按文旅融合发展的新业态划分，休闲旅游业、康养旅游业、特色民宿业和民俗文化业占比前四位。所调研的大多数乡村都同时具有两种以上的乡村文化资源。正是这种多元、开放、包容的乡村文化特征为成都市乡村公共文化服务创新实践奠定坚实的基础。

5. 乡村公共文化服务的作用及发展方向

乡村公共文化服务的高质量发展不仅仅是现代公共文化服务的内在要求，也是推动乡村振兴的历史必然。据统计，有 56% 的乡村公共文化服务从业者认为乡村公共文化服务的发展对推动辖区内历史遗产、文化民俗与活化利用有一定的保护传承作用，有 36% 的认为对社会效益也有推动作用，但经济效益不强。同时，大多数乡镇公共文化服务从业人员认为"挖掘和活化乡村特有文化资源，创新乡村公共文化供给""提升基层公共文化设施品质，以文化赋能推动新型乡村公共文化空间建设""深化文旅融合，发挥公共文化设施及产品的旅游功能"是未来公共文化服务高质量发展的主要方向。

综上所述，成都市在创新公共文化服务体系高质量发展上有较好的基础条件，在思想认识和服务理念上也在不断突破。本文在调研样本中综合地理优势、地域资源、地方文脉等条件，将所调研的乡村划分为民间文化传承发展转型乡村、文旅资源活化乡村、乡村集体经济发展乡村、人才外引内育乡村和其他类等五类，并重点对前四类案例进行分析总结，梳理乡村公共文化高质量发展的共性，形成可复制、可借鉴、可推广的高质量发展路径。

三、成都市乡村公共文化高质量发展的创新实践

（一）民间文化传承发展转型乡村

这一类乡村主要是指利用本地民族民间文化的传承发展促进产业、旅游业的升级发展。2020 年，成都市有市级以上的非遗项目 229 项，其中国家级非遗项目 25 个、省级非遗项目 50 个，非遗资源十分丰富。

崇州市道明镇是"中国民间文化艺术之乡——竹编之乡"。道明镇竹艺村立足于特色竹编生态，按"艺术群体+工艺传承"的方式，设立乡村学堂、竹编创客基地、非物质文化研习所等，培养本土人才；联手专业院校加强对道明竹编的保护传承，围绕产业布局积极做好文化植入等一系列工作，将"生活用品"向"艺术作品"转变。彭州市通济镇海窝子社区作为传承发展川剧的重要基地之一，依托海窝子鱼凫剧社和海窝子戏歌社，长期开展川剧交流、少儿培训和演出等活动；与高校合作，依托持续性四季主题活动和二十四节气活动，开展川剧演出为节日赋能，打造出海窝子本土文化 IP。龙泉驿区洛带镇以成都东山客家文化，通过挖掘和整理客家风俗、客家家训、客家故事等，打造四川客家家风馆、客家博物馆等家风文化集群，并将传统文化、农耕文化等主题融入"客家水龙节""客家民俗巡游""客家擂茶表演""客家家风宴"等文化活动品牌，让本土的民俗转变为助力旅游经济的新动力。

这些乡村实现了对本地民族民间文化的转型升级，激发民族民间文化的创造活力，延续乡村的文脉，推动民族民间文化创造性转化与创新性发展，实现社会价值和经济效益的双丰收。

（二）文旅资源活化乡村

这一类乡村主要是指乡镇行政区划调整和村体制机制改革后，通过挖掘、

转化、发展原有文旅资源，积极发挥文旅资源价值转化对促进城乡融合发展的作用，从而推动农商文旅的融合发展。

大邑县斜源镇原来是一个以采煤为主导产业的小镇。行政区划调整后，该镇深耕独有的药佛文化、煤炭文化等历史文化资源，建成"煤矿记忆""药廉文化墙"等特色文化场景，优化空间形态和乡村聚落形态；除此之外，还将游客中心改造成为"斜源小镇共享中心"，开展乡居规划展览、读书荟、斜源讲堂等公共文化活动，在提升乡村居民幸福感和归属感的同时，也为游客提供"共享精神家园"。邛崃市平乐镇花揪村是国家级首批传统村落，也是国家级历史文化名村。该村充分利用自然文化资源和生产生活方式，以竹文化资源为依托开展古法造纸、瓷胎竹编体验、竹麻号子表演等非遗体验活动，以清代民居院落、众多文物古迹为依托开展民俗采风、川西民俗文化节和祭祀文化活动等主题民俗活动，以文促旅，有力推动当地旅游的升级发展。

这些乡村充分发挥乡村的生态优势，通过资源活化、场景活化，推动传统建筑风貌、民风民俗和原始空间形态等要素的聚集、流动和转化，为农商文旅融合发展打下良好的基础。

（三）乡村集体经济发展乡村

这一类乡村主要是指通过发展乡村集体经济来反哺公共文化事业发展，完善乡村治理，加强乡风文明建设，从而增强乡村文化建设的内生动力。

彭州市龙门山镇宝山村是成都市 20 世纪 70 年代独具西部山区特色的村集体经济发展典型。近年来，宝山村利用集体经济带来的收入，加大对公共文化服务的投入。先后建成以中国村庄发展历程与精神文化为主题的中国名村收藏馆，以宝山集体经济发展为主题的宝山村史馆，以彭州茶历史演变及现代工艺创新为主题的宝山茶文化博物馆，以书画为主题的宝山书画院等。同时，打造培训、修学、研学等一系列以宝山文化和宝山精神为载体的特色文化品牌，在不断提升村民素养、增强文化认同感、提升社会凝聚力的同时，也带动乡村旅游业的发展。郫都区唐昌镇战旗村建成由村集体负责的，汇集郫县豆瓣、蜀绣、唐昌布鞋等传统手工艺的"乡村十八坊"文旅综合体，不仅为游客全方位展示本地传统手工技艺，也为村民们开设了美食技能培训班、布鞋制作班、蜀绣班等。同时，战旗村还组建以村民为主的龙狮民俗队、开心舞蹈队、战旗民乐队、战旗腰鼓队等文化队伍，打造出"川人大迁徙农耕文化巡游""舞龙民俗巡游""农耕场景表演"等多个原创文艺节目，为撬动乡村周末和夜间旅游经济提供助力。

这些乡村将农村集体经济经营的收入用于乡村公共事业发展，不仅改善公共文化设施基础，提升乡村风貌，也增强乡村集体经济的造血功能，既富口袋又富脑袋。

（四）人才外引内育乡村

这一类乡村主要是指通过引入艺术家、文化名人、民间文艺组织等"新村民"驻村，发挥人才在乡村公共文化服务体系建设中的支撑示范作用，引导原住居民积极参与公共文化建设，激发乡村发展的内生动力。

蒲江县甘溪镇明月村依托"竹海""茶山""松林"等良好生态条件和"明月窑"等古窑历史文化资源，按照"外引+内培"的人才战略，吸引陶艺、篆刻、草木染等艺术家和文化创客驻村进行创业。通过建设以陶艺手工艺为主的文创项目聚落和文化创客集群，打造"明月村"文化品牌，实施文艺进乡村行动，培育特色文化队伍等，带动全村共同参与明月村的发展。成功孵化的文创项目也吸引本地大学生返乡创业，形成新老村民共创、共享的发展格局。青白江区城厢镇槐树街社区引入文化、艺术、建筑、设计等领域的艺术家，连同社区居民将地方记忆、社区文化、生活方式进行整理与记录，打造涵盖地方记忆博物馆、艺术展场、复古市集、在地美食等不同类型的城厢会客馆，并以"地方记忆+"为主线举办一系列的讲座、展览、交流、放映等活动，以本土文化为落脚点推进乡风文明建设。郫都区友爱镇石羊村积极整合人才资源，设置"文化村长"，鼓励他们深入挖掘石羊传统文化，梳理撰写各类乡贤文史资料20余篇，形成了记录本村的历史掌故、民间故事、文化名人等内容的《石羊故事》。同时，打造村史墙、家风墙、典故墙等，营造出家风好、民风淳、社风清的良好社会风气，凝聚起村民的归属感和自豪感。

"外来"的居民为乡村带来了新鲜血液，发挥了示范带动作用，提升了乡村居民文明素养，推进了乡风文明建设。新老村民在乡村发展中相互影响，相互交融，为乡村公共文化的发展注入了生机与活力。

四、乡村公共文化服务高质量的行动路径

(一) 政策兴业

高质量发展的核心内涵是从总量扩张向结构优化转变。因此成都在推进乡村公共文化服务高质量的过程中，充分利用上位政策，通过顶层设计进行整体布局和统一谋划。

1. 不断完善乡村公共文化方面的政策支持，为高质量构建乡村公共文化服务体系铺好基础保障

成都市委、市政府制定的《关于实施乡村振兴战略建立健全城乡融合发展体制加快推进农业农村现代化的意见》《成都市实施乡村振兴战略若干政策措施（试行）》等文件，为深入实施乡村文化现代化建设工程、促进乡村公共文化设施提档升级、创新乡村公共文化服务产品和手段、壮大乡村公共文化人才队伍、打造乡村文化活动品牌等打下坚实的政策基础。成都市委《关于弘扬中华文明发展天府文化加快建设世界文化名城的决定》中，更是要求推动乡村文化振兴。培育新乡贤文化，营造文明乡风、良好家风、淳朴民风、焕发乡村文明新气象，凝聚乡村发展新动能。成都市在乡村公共文化建设方面不断强化顶层设计，全方位、多角度地进行政策优化调整，以统筹思维抓落实，确保了常态长效。

2. 夯实政策的贯彻执行，加大基层特别是乡村公共文化服务"四个落实"力度

一是推进阵地标准化建设落实，推动基层文化站、活动室提档升级。一方面在原有功能区的基础上，根据群众服务需求拓展新的特色功能区。另同时，通过装修改造不断改善服务环境，营造彰显地域特色的文化氛围。二是推进经费落实，按照《成都市基本公共文化服务实施标准（2021 年版）》，刚性落实镇（村）公共文化服务常年经费。三是推进人员落实，按照相关政策要求和编制标准，抓好人员落实，配备到位。四是推进常规性活动落实。按照乡镇、村公共文化服务标准，积极开展宣传文化、党员教育、全民阅读、全民普法、全民健身、全民科普、艺术普及和优秀传统文化传承等活动。

（二）资源赋能

1. 乡村文化资源赋能

推进乡村公共文化高质量发展，整合优势资源赋能发展是关键。上述乡村对辖区内的历史文化资源、自然资源、农耕文化资源、民俗文化资源等乡村资源进行系统梳理，形成具有特色的、辨识度较高的乡村文化名片，提高了乡村文化资源的附加值。从乡村产业发展、风貌营造、乡风重塑等方面对特色文化资源分类进行再加工、再创造，变资源优势为品牌优势，推动乡村文化资源的共享，实现融合发展。

2. 人才赋能

乡村文化人才是乡村公共文化服务高质量发展的内在保障。成都市采取多元化方式打造"人才洼地"：一是乡村通过外引人才、内挖潜力、吸引回流的方式，充分发挥人才在乡村文化建设中的引导、培育、涵养作用，形成人才引人才，人才育人才的良好格局；二是成都市积极培育乡村文化骨干，抓好市、县、乡、村四级指导和培训，全年市、县两级开展骨干培训不少于110场；三是探索建立基层文化人才及文化队伍库，积极培养乡村文化活动骨干、带头人和专职网格员。

3. 经济赋能

成都市的乡村善用农村集体经济发展政策，为高质量构建公共文化服务体系增添动力。农村集体经济赋能不仅可以盘活乡村存量资源，优化公共文化设施布局，其带来的收入还能为公共文化服务的创新发展提供更多的经费保障，而盘活后的公共文化资源又对发展农村集体经济提供更多的机遇。这种不断"输血""造血"的过程实现了良性循环。

4. 技术赋能

成都市整合利用现有公共文化数字资源，开展数字文化馆、数字图书馆等建设，通过实施基层综合文化活动室免费 Wi-Fi 工程建设项目，促进"天府文化云"和"文旅 e 管家"的推广应用，真正打通公共文化服务走进基层、走进乡村的"最后一公里"。

（三）环境造势

1. 时代背景

2020 年脱贫攻坚战取得全面胜利，乡村振兴是在脱贫攻坚的基础上向高质量、可持续发展迈进。成都市抓住实施脱贫攻坚战略和乡村振兴战略的双重机遇，围绕活化利用、文化赋能、融合发展等方面发力，乘势而上做好两项改革"后半篇"文章，实现"精神富裕"促进"共同富裕"。

2. 人文背景

公共文化服务的本质是"公共性"，这一属性决定公共文化服务的价值体现。成都市将构建高质量公共文化服务体系作为乡村文明与美好生活的"连接器"，通过保护传承，开放利用优秀传统文化，增强乡村居民归属感和认同感，不断为乡村文明赋予时代内涵和人文价值。

3. 生活背景

重塑乡村文化生态，提高乡村社会文明程度是公共文化服务高质量发展的使命所在。成都市通过重塑乡村公共文化空间，盘活地方特色资源，在充分尊重当地传统习惯和生活方式的同时，把乡土文化元素融入居民的生活，以文化点缀乡村旅游，赋能乡村振兴。

五、阶段性思考

（一）乡村公共文化政策的有效制定和充分实施

随着国家战略重点从脱贫攻坚向乡村振兴变化，我们既要把握好这一时期国家对乡村发展的宏观战略，也要制定好微观措施。乡村公共文化服务的设施配套、人员配置及活动形式等方面更要与时俱进，并做出相应调整。要准确把握乡村文化振兴的科学内涵，立足新发展理念，担当新时代使命，开创新发展局面，在推动乡村公共文化服务高质量发展中，实现巩固拓展脱贫攻坚成果同乡村振兴有效衔接。

（二）乡村公共文化建设的标准化与特色化

当前，成都正面临着国家公共文化示范区建设的新一次更迭，在完善乡村公共文化服务体系建设中，既要打破城乡二元化结构，又要遵循城乡差异化特色。要注重阵地空间氛围营造，建设更多功能完备、设施齐全、符合乡村特色的乡镇综合性文化服务中心。要保护乡村文化多样性，丰富乡村文化业态，进一步满足乡村居民的文化和精神需求。要进一步因地制宜增强公共文化服务乡村振兴的效能，为乡村提供更多更好的公共文化产品和服务，增强乡村居民的获得感、幸福感。

（三）乡村公共文化服务的"硬条件"与"软实力"

成都市在乡镇行政区划调整中撤乡并镇 100 多个，乡镇政府也由此减少对应数量，但有近半数的被撤并的乡镇的公共文化设施被保留了下来，作为新的乡镇文化站的分馆继续发挥着公共文化作用。这些分馆通过文化属性的辐射带动，以及政府对被撤并乡镇文旅资源活化利用的具体举措，最大限度地减少居民聚集板块的损失度。通过文化保护、业态植入、形貌优化等方式，形成"一镇一名景、一片一人文"新形态，让乡村的时代变迁，在文化的保留与传承中，既塑形，也铸魂。

乡村公共文化设施的新建、扩建和保留都属于硬条件，培育挖掘更多的乡土文化人才和文艺骨干才是乡村公共文化高质量发展的软实力。乡村人力资源质量的提高，有助于乡村本土文化的精准提取与高质量转化，能为乡村公共文化服务提供更好的生产要素。我们要将"送"文化人才变为"种"文化人才，不断加强乡村文化人才队伍配置，广泛开展乡村居民乐于参与、便于参与的文化活动，让文化人才既是组织者，也是参与者，更是受益者，才能更深层次地丰富乡村文化新业态。

（四）乡村文旅农商的有机结合

公共文化是基础，要通过文化事业的落地来助推文化产业的发展和文化产品的消费。在这方面，乡村有富饶的土地优势和优美的环境优势，乡村的人文资源和自然资源大多都得到有效的保护和利用。我们要加强农耕文化遗产的调查，掌握乡村在地文化现状，挖掘提升乡村人文价值，增强乡村审美韵味，充分发挥文化对乡村旅游、农产品的赋能作用，丰富乡村居民和入乡游客的精神文化享受和物质文化体验，推动乡村经济社会全面发展。与此同时，有条件的乡村可以通过村民入股的形式，组建文旅农商联合体经营管理，推进文化增值旅游大力发展休闲旅游产业、特色节庆民俗经济、传统美食品鉴、田园风光体验，以及农耕研学、民宿等文商农旅结合新业态。充分利用互联网、新媒体等手段和平台，挖掘好农产品的文化内涵，讲述好乡村传统技艺的文化历史故事在有效保护基础上加强展示宣传，形成品牌影响力，促进村集体经济的壮大，来带动乡村高质量发展。

习近平总书记指出，"一个地方的发展，关键在于找准路子、突出特色"。在乡村公共文化服务高质量发展中，要充分发挥党和政府对乡村振兴的政治功能和组织优势，着力践行和培育社会主义核心价值观，突出传承发展中华优秀传统文化的核心理念，以乡村公共文化服务体系建设为载体，以乡村文化典型案例为示范，培养乡村居民的主动意识和创新意识，培育文明乡风，推动乡村文化全面振兴。

参考文献

[1] 郑崇远，冯佳.文化馆事业掀开高质量发展新篇章（2019—2020 年）［M］//白雪华，李国新.文化馆蓝皮书：文化馆改革与服务创新发展报告 2019—2020.北京：国家图书馆出版社，2022：18.

[2] 唐健春.中国文化馆（站）历史进程与高质量发展［M］.武汉：长江出版社，2021：136.

[3] 成都年鉴社.成都年鉴 2021［M］.成都：成都年鉴社，2021：2.

云南省村级综合性文化服务中心效能研究[*]

陈荷蝶 吴 杵 白玉宝 王 凡 苏克胜（云南省文化馆）

农村基层是公共文化服务的重点。加强基层综合性文化服务中心尤其是村级综合性文化服务中心的建设，实现乡村公共文化服务设施全覆盖，服务效能全面提升，是推进现代公共文化服务体系一体化建设的内在要求，也是实现乡村文化振兴的重要手段。随着一系列政策措施的密集出台，云南省基层综合性文化服务中心管理和运行体系建设逐步推进，文化人才队伍不断扩大，设施网络建设成效明显。基层综合性文化服务中心作为公共文化服务体系建设"最后一公里"的角色定位日益突出，成为集文化、教育、党建、体育健身等多功能于一体的阵地服务提供和保障平台。

一、云南省村级综合性文化服务中心效能实证调研

（一）场馆设施设备总体指标

据统计，截至 2020 年，云南省各地基层综合性文化服务中心，通过新建、改建、扩建等方式，基本实现了全覆盖。全省共有乡镇（街道）1405个，村（社区）14524 个，有农家书屋 13994 个，覆盖率达 96%；村（社区）综合性文化服务中心 14441 个，覆盖率达 99%。其中，已建设达标的村（社区）综合性文化服务中心 12273 个，达标率 85%[1]。

---

* 本文系文化和旅游部全国公共文化发展中心乡村公共服务研究院 2021 年度课题研究项目"云南省村级综合性文化服务中心建设及效能研究"（课题编号：XCGGWH2021014）的研究成果之一。

2022 年，本文通过全面调查研究，对全省 6581 个村级综合性文化服务中心样本进行统计分析，发现村级综合性文化服务中心几个重点建设指标完成情况如下：

1. 文化活动室

根据《云南省人民政府办公厅关于推进基层综合性文化服务中心建设的实施意见》（云政办发〔2016〕84 号，以下简称 84 号文）对村级综合性文化服务中心的建设指导标准，以及《云南省基本公共文化服务实施标准（2015—2020 版）》对村级综合性文化服务中心的设置要求，文化活动室建筑面积应不低于 100 平方米。云南省宣传部牵头的村级综合性文化服务中心自治州覆盖工程（以下简称"自治州工程"）建设指导标准中，文化活动室建筑面积应不低于 70 平方米。对全省 6581 个村级中心样本进行分析，文化活动室建筑面积共计 793385 平方米，平均建筑面积 120.56 平方米，比照 84 号文和"自治州工程"标准，样本达标率分别为 120.56% 和 172.23%。

2. 文化活动广场

根据 84 号文对村级综合性文化服务中心的建设指导标准，以及《云南省基本公共文化服务实施标准（2015—2020 版）》对村级综合性文化服务中心的设置要求，文化活动广场建筑面积应不低于 600 平方米。"自治州工程"建设指导标准中，文化活动广场建筑面积应不低于 500 平方米。对全省 6581 个村级中心样本进行分析，文化活动广场建筑面积共计 3592988 平方米，平均建筑面积 545.96 平方米，比照 84 号文和"自治州工程"标准，样本达标率分别为 90.99% 和 109.19%。

3. 图书阅览室（农家书屋）

读书看报是《云南省基本公共文化服务实施标准（2015—2020 版）》的基本服务项目，也是 84 号文指导标准的规定项目，每个村级综合性文化服务中心必须配置 1 个图书阅览室（农家书屋）。"自治州工程"对此项没有要求。对样本进行分析，6581 个村级中心样本中，配置图书阅览室（农家书屋）的有 6557 个，配置率 99.64%。样本统计藏书量平均 1960 册，超过《云南省基本公共文化服务实施标准（2015—2020 版）》规定的可借阅图书不少于 1500 册的基本要求。

4. 电子阅览室（农民素质网络培训学校）

公共电子阅览室是《云南省基本公共文化服务实施标准（2015—2020

版）》对村级综合性文化服务中心数字文化信息服务的要求内容。84号文建设指导标准中，电子阅览室（农民素质网络培训学校）是规定项目，每个村级综合性文化服务中心必须配置1个电子阅览室（农民素质网络培训学校）。"自治州工程"对此项没有要求。对样本进行分析，6581个村级中心样本中，配置电子阅览室（农民素质网络培训学校）的有3091个，配置率46.97%。

5. 棋牌室

84号文建设指导标准中，棋牌室是规定项目，每个村级综合性文化服务中心必须配置1个棋牌室。"自治州工程"对此项没有要求。对样本进行分析，6581个村级中心样本中，配置棋牌室的有1509个，配置率22.93%。

6. 多功能厅

84号文建设指导标准中，多功能厅是规定项目，每个村级综合性文化服务中心必须配置1个多功能厅。"自治州工程"对此项没有要求。对样本进行分析，6581个村级中心样本中，配置多功能厅的有5188个，配置率78.83%。

7. 舞台（戏台）

舞台（戏台）在84号文中不是规定项目。但是84号文对建设有舞台（戏台）的村中心，有建筑面积不低于120平方米，并配备灯光音响等演出设备的建设指导标准。在"自治州工程"标准中，一个简易戏台（长10米、宽5米、高0.8米）是规定项目。对6581个村级中心样本进行分析，配置舞台（戏台）的有2993个，配置率45.48%。

8. 宣传栏（阅报栏）

一个宣传栏是84号文对文化活动广场的具体配置要求，也是"自治州工程"的规定项目。对6581个村级中心样本进行分析，宣传栏配置总数达19086个，平均每个村中心配置2.9个宣传栏，配置率达290.02%。

9. 文化活动器材

配置群众文体活动器材设备是《云南省基本公共文化服务实施标准（2015—2020版）》的要求。一套文化活动器材是84号文对文化活动室的具体配置要求，也是"自治州工程"的规定项目。对6581个村级中心样本进行分析，文化活动器材配置总数7965套，平均每个村中心配置1.21套，配置率121.03%。

10. 体育健身器材

村（社区）建设篮球场，并配备群众体育活动器材设备是《云南省基本公共文化服务实施标准（2015—2020 版）》的要求。一套体育健身器材是 84 号文对文化活动广场的具体配置要求，也是"自治州工程"的规定项目。对 6581 个村级中心样本进行分析，体育健身器材配置总数 10150 套，平均每个村中心配置 1.54 套，配置率 154.23%。

11. 广播器材

收听广播是《云南省基本公共文化服务实施标准（2015—2020 版）》要求的基本服务内容，一套广播器材也是"自治州工程"的规定项目。6581 个村级中心样本的广播器材配置总数 8884 套，平均每个村中心配置 1.35 套，配置率 135%。

12. 非遗展览展示室

非遗展览展示室是 84 号文指导标准的自选项目，非必备要求。6581 个村级中心样本的非遗展览展示室配置数为 508 个，配置率 7.72%。

13. 村史馆

村史馆是 84 号文指导标准的自选项目，非必备要求。6581 个村级中心样本的村史馆配置数为 1293 个，配置率 19.65%。

14. 妇女之家（儿童之家）

妇女之家（儿童之家）是 84 号文指导标准的自选项目，非必备要求。6581 个村级中心样本的妇女之家（儿童之家）配置数为 5688 个，配置率 86.43%。

15. 便民厅（办事大厅）

便民厅是 84 号文指导标准的自选项目，非必备要求。6581 个村级中心样本的便民厅配置数 5018 个，配置率 76.25%。

16. 农村居家养老服务中心（日间照料中心）

农村居家养老服务中心是本文自行增加的统计项目，6581 个村级中心样本的农村居家养老服务中心（日间照料中心）配置数为 1063 个，配置率 16.15%。

课题组对样本进行统计分析发现，云南省村级综合性文化服务中心场馆设施建设情况总体良好，文化活动室和文化活动广场、农家书屋、宣传栏等基本场馆设施设备覆盖程度比较高；文化活动器材、广播器材、体育健身器材等基本设施设备比较齐全；棋牌室、电子阅览室、舞台（戏台）、多功能厅等部分场馆设施配置不够充分。部分村级综合性文化服务中心结合实际，建设有非遗展览展示室、村史馆、妇女之家（儿童之家）、居家养老服务中心等特色场舍，大部分村级综合性文化服务中心与便民厅功能融合较为良好。

（二）人员、经费保障总体指标

人才是村级综合性文化服务中心工作正常运转和服务开展的基本保障。84 号文指导标准和《云南省基本公共文化服务实施标准（2015—2020 版）》，都把至少购买一个公益性文化岗位列入村级综合性文化服务中心的建设要求。但根据走访调研和样本统计分析情况来看，人才短缺是村级综合性文化服务中心发展的突出短板和弱项。对 6581 个村级综合性文化服务中心的数据进行分析表明，能够购买政府公益性文化岗位的村级中心数量很少，仅有 688 个村级中心购买了 1 个及以上公益性文化岗位，仅占样本总量的 10.45%，该部分公益性文化岗位平均补贴为月均 1235.03 元。样本显示有 1064 个村级中心聘请了文化志愿者或文化助理员，占样本总量的 16.17%，这些文化志愿者（文化助理员）的平均报酬为月均 390.54 元。其他 4829 个村级综合性文化服务中心工作人员由三委成员或其他人员兼任，占样本总量的 73.38%，这些人员基本没有专门的文化岗位补贴。

除了专职工作人员匮乏，云南省村级综合性文化服务中心的活动经费也有限。从样本统计数据来看，6581 个村级中心年投入活动经费为 4444.76 万元，每个村级中心年均投入活动经费仅 0.67 万元。

（三）服务开展情况总体指标

通过调研发现，在人员和经费条件双重受限的情况下，村级综合性文化服务中心能够发挥群众自我管理、自我服务、自我娱乐的精神，在村三委成员、业余文艺骨干、文化站工作人员、文化志愿者等人员的组织下，在农闲时节、节假日期间开展一些文体健身、娱乐活动，一定程度上丰富了农村群众的业余文化生活，满足了基层群众的精神文化需求，发挥着公共文化服务"最后一公里"不可或缺的作用。

从样本统计数据来看，云南省村级综合性文化活动中心年均组织开展的节庆活动、文体赛事、培训等群众文体活动次数约为 5.2 次，比较接近《云南省基本公共文化服务实施标准（2015—2020 版）》对于村级综合性文化服务中心年均开展活动不少于 6 次的要求，但离目标任务还有差距。此外，云南省农村业余文艺团队组建情况良好，6581 个村级样本平均组建农村业余文艺团队 2.96 支，平均每个村级中心指导辅导业余文艺团队成员 50 余人。

（四）对比统计分析

1. 各地州场馆设施建设情况比较

从样本场馆设施建设总体指标来看，各地州整体水平稍有差距，昆明、曲靖指标相对较高，昭通、临沧、西双版纳指标相对较低，其他各州市整体持平。

比较全省民族自治州市和非民族自治州市样本指标发现，非民族自治州市场馆设施建设整体水平略高于民族自治州市。

比较全省国家公共文化服务体系示范区昆明、曲靖、楚雄、保山四个州市和其他州市的样本指标发现，国家公共文化服务体系示范区的场馆设施建设整体水平高于其他地区。

2. 各地州工作人员保障情况比较

通过对样本进行统计分析可见，目前各地州村级综合性文化服务中心专职工作人员很少，大多为村（社区）三委成员或其他人员兼职。在购买政府公益性文化岗位方面，做得好一点的地州是昆明、楚雄、大理、西双版纳，但购买率也仅为 12% 至 27%，月均报酬从 680 元至 2750 元不等。在聘请有酬文化志愿者或文化助理员方面，做得好一点的地州是昆明、楚雄、保山、丽江，前三个地州聘请率在 30% 左右，月均报酬在 190 元至 380 元不等。丽江市的文化志愿者工作在全省位于前列，样本显示丽江市村级中心聘请文化志愿工作人员的概率达到 91%，志愿工作人员月均报酬为 853.6 元。

3. 各地州经费保障情况比较

云南省村级综合性文化服务中心经费保障能力比较低，样本显示除了昆明和迪庆年均活动经费投入分别为 1.62 万元和 1.77 万元外，其他州市年均活动经费投入都不足 0.7 万元，普遍在 0.5 万元左右。尤其是昭通市的村级综合性文化服务中心基本没有活动经费投入。

4. 各地州活动开展情况比较

通过样本分析显示，云南省各地州村级综合性文化服务中心开展活动情况不一，每年开展 3—4 次群众文体活动的居多。丽江、怒江、昆明、玉溪、楚雄等地达到了《云南省基本公共文化服务实施标准》对于村级综合性文化服务中心年均开展活动不少于 6 次的要求，尤其以丽江、怒江开展群众文体活动比较丰富。昭通、德宏两地开展活动情况效果不佳。各地州村级综合性文化服务中心指导辅导的农村业余文艺团队平均超过两支，玉溪、大理、西双版纳、丽江、怒江超过了 4 支，平均每支业余文艺团队人数约 20 人。

5. 社区和行政村中心的比较

城乡公共文化服务不均等是现实存在的问题。从云南省村级综合性文化服务中心样本数据对比来看，社区综合性文化服务中心的场馆设施建设总体水平高于行政村综合性文化服务中心。主要表现在文化活动室和文化活动广场的建筑面积上，社区综合性文化服务中心文化活动室平均建筑面积达到 191.46 平方米，村综合性文化服务中心平均建筑面积为 100.32 平方米，前者是后者的 1.91 倍。社区综合性文化服务中心文化活动广场平均面积达到 759.01 平方米，村综合性文化服务中心平均建筑面积为 479.81 平方米，前者是后者的 1.58 倍。此外，社区综合性文化服务中心的宣传栏、体育设施设备、棋牌室、电子阅览室配备情况也优于村综合性文化服务中心。而村史馆的配置率则是村综合性文化服务中心高于社区，其他指标二者基本相似。

从人员保障程度上看，社区综合性文化服务中心工作人员配备情况和行政村综合性文化服务中心差距不大。社区中心政府购买公益性文化岗位的配置率为 11.02%，月均工资报酬为 1481.35 元；村中心政府购买公益性文化岗位的配置率为 10.13%，月均工资报酬为 1049.34 元。社区中心文化志愿者（文化助理员）的配置率为 13.32%，月均岗位补贴为 415.44 元；村中心文化志愿者（文化助理员）的配置率为 16.32%，月均岗位补贴为 354.22 元。社区和村中心专职工作人员配置率都很低，绝大部分都是由三委成员或其他人员兼任。

从经费保障能力和活动开展情况上看，社区综合性文化服务中心的总体情况优于行政村综合性文化服务中心。社区中心投入的活动经费年均 1.3 万元，村级中心投入的活动经费年均 0.52 万元，前者是后者的 2.5 倍。社区中心平均每年开展群众文体活动 8.05 次，平均指导辅导业余文艺团队 3.51 支，村级中心平均每年开展群众文体活动 4.48 次，平均指导辅导业余文艺团队 2.78 支，社区开展服务情况优于行政村。

二、云南省村级综合性文化服务中心效能存在的问题

基层综合性文化服务中心的建设是一个需要持续发力、不断完善的过程。尽管云南省村级综合性文化服务中心建设已经取得了较为明显的成果，但仍然存在基础设施设备规范化建设程度不够高，经费保障、人才保障能力偏低，活动开展不够充分的问题。

（一）基础设施设备规范化建设程度不够高

一是场馆设施建设和规模水平各地不一，存在发展差距。在经济条件好一点、政策强度大一些、政府重视程度高一点的地区，村级中心能够配备独立的院落场址，文化活动室、文化体育活动广场等宽敞大气，建筑面积和使用面积能达到标准，且能规范化配备文化活动器材、体育健身器材等设施设备，人气聚集也比较旺盛。但是在相对偏远闭塞、发展比较落后、政府重视程度不够、地形地势限制、人口居住比较分散的地区，村级综合性文化服务中心建设水平就要差很多。样本数据显示，在6581个村级中心样本中，仍有4.98%的村级综合性文化服务中心还没有建设文化活动室，或者其文化活动室尚在改扩建中，或者被拆迁、被租用。实地调研还发现，个别村级综合性文化服务中心存在场馆设施被借用的情形。在6581个村级中心样本中，仍有19.27%的村级综合性文化服务中心没有文化活动广场。

二是部分村级综合性文化服务中心设施设备不齐全，配备标准不规范，功能设置不合理，无法很好地满足人民群众的精神文化需求。虽然国家和省均出台了一系列政策标准来规范村级综合性文化服务中心建设，但因各地财力不均，重视程度不一，具体执行情况并不一致。样本中部分村级综合性文化服务中心文化活动室和文化活动广场老化陈旧、面积狭小，无法达到国家和省要求的标准。部分村级综合性文化服务中心没有独立的办公场址，与村（居）委会合并办公。对6581个村中心样本进行分析发现，5487个村级综合性文化服务中心设在村（居）委会办公区域内，占样本总量的83.38%。部分村级综合性文化服务中心虽配置了文化活动室和文体活动广场，但相应的文化活动器材、体育健身器材等种类不齐全，功能单一，或者出现损坏。大部分村级综合性文化服务中心没有充分配置棋牌室、电子阅览室、舞台（戏

台）、多功能厅等完整的场馆设施，服务功能不健全。特别是电子阅览室，在村级综合性文化服务中心普遍缺乏。一些建设情况较为良好的村级综合性文化服务中心，能够结合自身文化资源特色，建立非遗展览展示室、村史馆等特色功能馆室。

三是存在场馆设施设备利用率偏低的问题。在场馆设施设备利用方面，长效服务运行机制未能建立。虽然许多地方也建立了设施设备相对完备的村级综合性文化服务中心，也有免费开放服务制度，但因工作人员大都为兼职，且基层工作任务繁重，工作人员经常被抽调，流动性强，文化工作队伍不稳定，加之农村群众生产生活繁忙的实际，很多村级综合性文化服务中心在节假日时间组织节庆活动比较多，而大部分时间则不开展活动。重建轻管、设施资源闲置状况比较常见，关门闭户的情况比较明显。从实际调研情况来看，村级综合性文化服务中心图书阅览室（农家书屋）的利用率尤其偏低，其配置率在村级综合性文化服务中心很高，样本分析显示为 99.64%，平均藏书量达到 1960 册，但现实中经常到村级综合性文化服务中心读书看报的群众并不多。

（二）经费和人才保障能力不足

资金供给和投入不足，是当前云南省村级综合性文化中心建设发展中较为突出的问题。云南省大多数县（市、区）经费由财政统筹使用，对文化事业的投入仍显不足。2020 年全省文化和旅游公共预算支出为 485541 万元，占财政总支出的比例为 0.7%。人均文旅事业费 102.83 元，远远低于全国125.84 元的平均水平。经济发展水平决定了地方公共文化建设工作的能力和水平。

目前国家对村级综合性文化服务中心尚未免费开放专项经费，云南省也没有出台专门的针对村级综合性文化服务中心免费开放补贴标准的政策。村级综合性文化服务中心日常活动的开展缺乏经费保障，少有或几乎没有专项经费补助，主要为村集体经济自筹、群众自筹的方式进行。此外，村级综合性文化服务中心的活动经费保障来源主要有两个方面，一是上级文化主管部门、文化馆（站）等在基层组织开展文化活动，进行文化工作指导和辅导，从而使上级的文化工作专项资金和免费开放经费得以下沉。二是通过活动的共融共建，村（社区）办公经费、党建经费等其他渠道的资金来源惠及群众文化活动，村级中心的文化服务工作得以开展。除此之外，村级综合性文化服务中心基本没有活动经费。

由于全球新冠疫情的持续性影响，各地财政比较困难，经费开支收紧。通过对样本数据进行分析，云南省 6581 个村级综合性文化服务中心在 2021 年平均投入活动经费仅 0.68 万元，其中 1916 个村级综合性文化服务中心年投入文化活动经费为 0 元，占样本总量的 29.11%。在实地调研过程中发现，一些地方财政非常紧张，村委会（社区）办公经费、党建经费都无法正常下达，个别地方甚至无法正常保障"三保"支出，村委会主任、副主任的工资待遇几个月没有落实。在如此困难的情况下，文化活动经费就更无法保障。

与经费保障能力密切关联的，是人才保障能力。没有一支比较规范的专兼职工作人员队伍是制约村级综合性文化服务中心发展的重要因素。从样本统计分析来看，当前云南省村级综合性文化服务中心专职工作人员很少，6581 个村级中心样本中，由政府购买服务的公益性文化岗位仅有 688 个，带薪文化志愿者或文化助理员有 1064 个，两者合计仅占样本总量的 26.62%。这部分公益性文化岗位和文化志愿者的工资报酬也很低，月平均工资只有 722.39 元，此种情况是很难保证这部分人员能够安心专职从事村级综合性文化服务中心工作的。

除了政府购买服务的公益性文化岗位和文化志愿者（文化助理员），一般村级综合性文化服务中心的工作人员主要由两类人员组成：一种是由村（居）委会成员兼任，比如由村（居）委会主任、副主任，或是宣传委员、妇女主任等中的一个兼任，各地情况大致雷同。一种是由村（社区）的业余文艺骨干、退休干部、乡贤达人等志愿担任或参与，成为村级综合性文化服务中心工作的中坚力量。

无论是由三委成员兼任，或由村（社区）业余文艺骨干、文艺爱好者或乡贤达人等志愿担任，他们都存在这样的共同特点：心有余而力不足，无法保证持续性、常态化、规范化地开展工作。三委成员在基层一般工作事务繁杂，特别是在过去几年的脱贫攻坚、到现如今的继续巩固脱贫攻坚成果，实施乡村振兴战略工作中，任务艰辛繁重，经常可能被抽调，同时还要兼顾家庭事务，大部分时间分身乏术。同时，很多基层工作人员思想意识较为局限，对文化建设工作认识不足，重视度不够，也缺乏相应的文化专业技能，对开展基层群众文化工作缺乏经验，缺少思路和能力。业余文艺骨干、文艺爱好者、乡贤达人等，更是各有主业，无法安排大量的时间和精力在村级综合性文化服务中心的工作上。

人员短缺问题不仅在村级基层综合性文化服务中心常见，在文化站亦是如此。据云南省某街道宣传文化服务中心工作人员介绍，该街道有 6 个编制，4 个在编，其中 2 个长期借调到街道工作，只有 2 个在岗，其中 1 个马上要调走，相当于只有 1 人在岗工作。文化站在人权、事权、财权上没有自主权力，人员招聘和使用由全区统筹，或者隶属乡镇政府管理，招聘不到称心如意符合需求的人才。而文化站承担的政府其他工作任务又多，如食品安全、创文创卫、防艾、疫情防控等，哪里需要补哪里，工作人员真正专职做群众文化工作的时间、精力不够，功能发挥相当受限。文化站尚且如此，更何况是在无编制、无经费保障的村级基层，专兼职人员短缺问题始终是影响初级综合性文化服务中心效能发挥的紧要因素。

（三）文化活动开展不够充分

文化活动开展不够充分，和村级中心的基础设施建设水平低，以及经费和人才保障能力欠佳有直接关系。近年来，随着公共文化服务设施和资源向基层倾斜和向一线下沉，通过"文化大篷车·千乡万里行"等文化公益惠民演出项目，省级、州市级、县级的公共文化服务资源深入到农村、社区基层，为基层百姓送上了文化大餐。但以村级综合性文化服务中心为主体，充分发挥村级综合性文化服务中心的阵地功能，组织基层群众进行自我文化创造、文化参与、文化娱乐的功能体现不明显，由村级综合性文化服务中心组织开展的文体活动不够丰富。

一方面是村级综合性文化服务中心组织开展的活动较少，对辖区基层群众的辐射力、影响力和带动力不够强。样本显示云南省村级综合性文化服务中心每年组织群众开展的文体活动次数平均为 5.16 次，活动大部分为在传统节假日期间，如春节、元宵节、端午节、重阳节、中秋节等，以及少数民族特有节假日期间举办的文体娱乐活动。而在其他大部分时间，村级综合性文化服务中心处于活动空窗期。即使是免费开放，时间安排上大多无法做到错时服务，无法有效满足基层群众，尤其是边远山区农村留守儿童、空巢老人等特殊群体的文化服务需求。

再者是村级综合性文化服务中心对高质量文化活动品牌的打造能力不足。

百姓在村级综合性文化服务中心，能享受到的一般限于广场舞、健身操、打跳等简单的文化娱乐活动，且以自娱自乐为主。农村基层文艺团队在内容、形式上呈现出高度同质化、低标准化的特征。村级综合性文化服务中心工作人员对于农村基层群众文化活动的组织、指导、辅导不够，对文化活动精品的打造能力不足，没有依托云南民族地区丰富的民族文化传统和特有的资源禀赋，打造富有美感、具有特色、符合当地百姓欣赏习惯、价值审美认同、具有传承力的优秀文化活动品牌。

另一方面是基层群众对于村级综合性文化服务中心的认知不足，对自身文化权益的认知不足，参与活动的积极性和主动性弱。由于闲暇时间少、文化程度低、生活习惯固定等原因，许多民众缺乏主动参与村级综合性文化服务中心工作的意识。许多村级综合性文化服务中心设置在村（居）委会大院内，百姓无事很少进入。倘若村级综合性文化服务中心所在位置再偏远一点，民众到村级综合性文化服务中心开展文体活动，进行精神文化娱乐的可能性更少。

三、未来工作的理念、路径和方向

基于云南省村级综合性文化服务中心建设发展现状、存在的问题以及发展趋势，本课题组对于云南省村级综合性文化服务中心未来的工作理念、路径和发展方向作出了如下思考。

（一）资源的统筹融合是未来村级综合性文化服务中心发展的基本方向

从建设之初，村级综合性文化服务中心的功能定位就是建成集宣传文化、党员教育、科技普及、普法教育、体育健身等多功能于一体的基层综合性公共文化服务设施和场所。多功能的职责定位，使得建设和运行资源来源多元化与多领域融合发展成了村级综合性文化服务中心建设和发展的必然。越是到基层，村级综合性文化服务中心越是成为各种来源、各种渠道，多系统、多领域资金、技术、人才、设施和服务内容等资源的聚集地，其对于基层公共文化服务资源的共建共享优势明显。

1. 可以统筹融合的平台资源

调研发现，目前村级综合性文化服务中心主要融合的功能平台和资源领域有几个方面：一是宣传文化资源，主要是指由宣传部门负责牵头的重大文化惠民工程和项目。代表性项目有"贫困地区百县万村综合文化服务中心示范工程""贫困地区民族自治县、边境县村综合文化服务中心覆盖工程""贫困地区民族自治州所辖县村综合文化服务中心工程"等。目前在云南省村级基层，文化活动开展态势最好、取得效果最佳的，是由宣传部门负责牵头打造的新时代文明实践中心（所、站）建设。二是组织、党建资源，大部分村级综合性文化服务中心与党群活动室，党群议事中心合并办公，每年普遍按照 5 万—10 万元不等配套党建活动经费。三是文旅系统资源，包括上级文旅主管部门、文化馆（站）的下沉资源，如公共文化服务体系建设示范区（项目）建设、"国门文化"建设、公共数字文化共享工程、全国文化信息资源共享工程、"文化惠民示范村"建设、农家书屋建设等项目资源。四是广电、教育、体育资源，以家长学校、未成年人教育、体育健身运动、广播设施器材等为主要内容，也是在基层比较受欢迎和使用率比较高的资源之一。五是工会、共青团、妇联系统资源，以妇女之家、儿童之家为代表。六是民政系统资源，民政资源向基层倾斜、向特殊群体倾斜也是近年来的发展趋势，如在村（社区）基层打造社会工作服务站，广泛开展社会救助，试点建设日间照料中心（农村居家养老服务中心）等。这些站点大多和村级综合性文化服务中心一起挂牌。七是科技、法律资源，主要指面向基层百姓开展种养技术、科学知识、法律知识普及宣讲和教育等。八是村（居）委会的办公资源，特别在疫情期间，农村基层文化活动经费紧张，许多文化活动项目是融合在村、社区办公经费中开支的。

最近几年来，很多地方通过新时代文明实践中心建设项目，把村级基层的大部分公共文化服务资源比较有效地统筹融合在一起，展现出生动活泼的工作态势。

2. 新时代文明实践站与村级综合性文化服务中心工作的深度融合

新时代文明实践站建设整合了现有基层宣传思想文化阵地、涉农惠农服务项目、各类志愿服务队伍等各个部门、各个渠道的资源，在一个主题下向基层聚集发力。它的保障措施有力，由宣传部门牵头，多部门联动，县（市、区）、乡镇财政给予经费补助和资金支持。新时代文明实践站的工作被纳入经济社会发展综合考核指标和文明创建指标中，考评有力，有效促进了乡村文化振兴。它的六大基本功能与村级综合性文化服务中心的创建宗旨和基本功能不谋而合。其指导思想、功能定位、实践内容与村级综合性文化中心的工作密切相关,所以二者功能融合比较深入和自然,容易达成,各地基本实现了一个场所、两块牌子、一套人马、活动共享的局面。从实际调研可见,目前村级综合性文化活动中心的服务工作基本已经融合在新时代文明实践站的年度活动计划中。

3. 玉溪市"百千万"文化工程——资源统筹融合的典型案例

"百千万"文化工程是云南省玉溪市于 2022 年 2 月推出的重大文化惠民工程项目。工作思路是用三年的时间,在全市提升完善 100 个以上乡级文化站,建设提升 1000 个以上村级综合文化服务中心,建设命名 10000 个以上"文化家庭"。其中村级综合性文化服务中心的建设任务为:在全市农家书屋的基础上,在村委会(社区)、较大自然村、各类住宅小区、企业生活区等,建设、完善、提升公共文化服务设施,按照"八有"标准(有牌子、有服务用房、有活动、有设备、有队伍、有制度、有台账、有成效),打造 1000 个村级综合性文化服务中心;在村级综合性文化服务中心广泛开展文化服务活动,组织指导村小组开展群众文化活动,丰富村小组群众文化生活;为每个村小组培训 1 名以上文艺骨干,带动每个村小组组织一支以上乡村文艺队;推动村级综合性文化服务中心与新时代文明实践站融合发展,打通联通贯通基层阵地资源、载体资源、项目资源和志愿服务力量。

"百千万"文化工程的突出特点在于创新管理机制,强化资源的统筹融合。主要表现为对玉溪市公共文化服务资金和人才资源的统筹融合。一是积极争取上级补助地方公共文化服务体系建设专项资金,统筹整合各级资金对"百千万文化工程"建设所需资金进行补助,纳入财政预算,专款专用。2022年,每个乡级文化站补助 9 万元,市级示范村(社区)综合性文化服务中心补助 1 万元,县级示范村(社区)综合性文化服务中心补助 5000 元。同时整合乡村振兴、美丽乡村等建设资金推动村级综合性文化服务中心建设,对每个"文化家庭"给予相应的物质激励。二是建立"结对子、种文化"工作机制,广泛吸纳玉溪市文艺院团等专业人员作为文艺帮扶志愿者,大力发展中小学校、幼儿园教师、文艺爱好者、大中专院校学生、退休文化工作者为文化志愿者,组建市、县两级文艺帮扶志愿者服务队伍,制定文艺人才帮扶基层计划联系表,帮助培养基层文艺骨干,指导辅导基层文艺团队。

为加强组织领导能力,保障"百千万"文化工程落到实处,玉溪市专此成立高标准"百千万文化工程"联席会议制度。召集人为市委常委、宣传部部长、市人民政府副市长，副召集人为市委宣传部常务副部长、市政府办副主任、市文化和旅游局局长，成员为市直属各相关部门领导，形成团结协作、推动有力的工作机制和共建共享的工作格局。

（二）拓宽人才资源渠道是目前改善村级综合性文化服务中心人才短缺问题的主要方式

村级综合性文化服务中心的管理运行和服务开展离不开人才队伍。从云南省目前的经济发展水平和财政能力来看，在每一个村级综合性文化服务中心配备专职工作人员显然是无法做到的，建立一支待遇比较稳定，保障能力比较高，留得住、干得好的专兼职人才队伍也存在很多困难。在此情况下，尽量拓宽人才资源渠道，创造更多的条件和机会，吸引尽可能多的人才投入到基层公共文化服务和建设中，是目前改善云南省村级综合性文化服务中心人才短缺问题的主要方法。

1. 建立村级综合性文化服务中心人才资源库

当前村级综合性文化服务中心可有效利用的人才资源有：

（1）乡镇文化站工作人员

目前上下五级群众文化服务机构网络中，文化站是和村级综合性文化服务中心工作联系最为直接、最为紧密的层级。乡镇文化站有着正式的编制和工作人员，有固定的免费开放专项经费，具备开展规范性、可持续性工作的基本条件。组织、指导、辅导辖区内村级综合性文化服务中心开展工作，本就是文化站评估定级的标准和要求。应当充分发挥乡镇文化站的效能，尤其是乡镇文化站长的作用，把指导、辅导、培养基层文艺骨干作为文化站的重要职责来抓，提高其在文化站评估定级标准中的考核比重，切实把文化站在村级综合性文化服务中心人才队伍建设中的领头羊作用发挥出来。云南省基层有很多优秀的文化站长，他们在乡镇党委、政府，县（市、区）文化馆的支持下，常年奋战在农村基层，对培养农村基层文艺骨干、文艺爱好者做出了积极的贡献。

（2）村（社区）三委班子成员

当前村级综合性文化服务中心的工作大多数是由村（社区）三委班子成员兼任。三委成员是基层发展的中坚力量，乡村的建设和发展被他们引领，他们对于公共文化服务的认识、理解和重视程度，直接影响着村级综合性文化服务中心的建设水平。在对三委班子成员的职业道德培训、技能培训中增加公共文化服务的内容，增强他们的文化自觉和自信，加深对文化工作的认识和理解，对村级综合文化服务中心的建设和发展具有至关重要的作用。调研发现，有些地区村（社区）带头人非常优秀，甚至成长为全国劳模或全国人大代表等，他们对于当地经济、社会、文化各方面发展的认识往往都很不一般，影响和带动能力十分强大。

（3）农村业余文艺爱好者、新乡贤等

常年活跃在广大农村基层的文艺爱好者、文艺骨干、文化名人、文化能人、非遗传承人，以及热心公益文化事业的退休老干部、企业家、乡贤达人等，在农村基层有着强大的号召力和影响力，也最了解农村，最熟悉农村的文化，往往是政府部门、基层自治力量和普通老百姓之间沟通连接的桥梁。发动好他们，对于政策措施的落实、执行能起到良好的润滑、助推功效。文化站在村级中心抓工作、三委班子抓文化建设工作，应积极充分利用好这批人员的带头示范作用，认真倾听他们的文化诉求、意见建议，让他们出谋划策，群策群力、对接需求，才能做好村级综合性文化服务中心的工作。

（4）文化志愿者

文化志愿者的组成有多种渠道，上述农村业余文艺爱好者、乡贤达人等可算一类，只是专门单列讨论。除此之外，还可注意挖掘长期在基层一线工作的中小学、幼儿园、机关、事业单位、企业职工中具有文艺特长者，以及州（市）、县（市、区）文艺院团职工，以挂牌帮扶等形式吸纳他们参与到村级公共文化服务体系建设中来。成立文化志愿者队伍最主要的是要建立一套有激励和约束能力的体制机制，探索有效的考评办法，给予相应的奖励，才能最大程度保证文化志愿服务的实效。

（5）广大基层群众

广大群众是基层的真正主人，做好村级综合性文化服务中心的工作，最终目的也是急群众之需，解群众之盼。因此，要培养基层群众的文化权益意识，培养他们的主人翁精神，提高基层群众自我管理、自我服务、自我参与的能力。基层文化工作要建立在充分了解和钻研当地文化底色、文化特色和文化内涵的基础之上，结合当地文化传统、风土人情开展工作，才能契合需求，有效融入。

2. 四级管理模式——丽江市村级综合性文化服务中心文化志愿服务典型案例

丽江市把文化志愿者工作作为公共文化服务体系建设的重点项目，列入县区级公共文化支出预算。具体做法为制定管理制度，签订文化志愿服务协议，根据各县市区财力的不同，划定 500—1200 元不等的补贴标准，按月发放。全市范围内的村级综合性文化服务中心，其文化志愿者覆盖率达到 90% 以上。从调研来看，丽江市村级综合性文化服务中心文化志愿者服务项目，是一个有制度、有保障、规范度比较高、成效比较好的人才使用案例，在全省村级中心范围内具有示范作用。

以玉龙县为例，玉龙县村级综合性文化服务中心文化志愿者的补贴标准为每人每月 500 元。玉龙县制定文化志愿者管理制度，要求文化志愿者必须完成以下工作：每个村（居）委会每周至少开展 1 次读书看报、文化艺术等活动；每个村（居）委会每月开展 1 期培训活动，每年共组织开展 12 期以上培训活动；要求文化服务中心正常开放运行，积极开展文化阵地活动，做好活动痕迹材料的整理工作。制定文化志愿者管理体系，文化站站长担任乡镇文化志愿队队长，协助乡镇党政宣传干部工作；每个村（社区）聘请一名文化志愿者，一般由村（社区）文艺骨干担任；每个村（社区）文化志愿者再负责发展两名辖区内文化助理员，文化助理员暂无补助，由文艺爱好者担任。如此形成了乡镇党委宣传干事+文化站长+村（社区）文化志愿者+自然村（组）文化助理员的四级相互辅助支持的管理模式。

丽江市还通过其他途径大力发展文化志愿者，如与教育体育局合作，针对大中小学校教师，搭建文化志愿服务平台，设置美术写生班等优质培训机会，通过积分制，鼓励具有文艺特长的教师就近参与村级综合性文化服务中心文化志愿服务工作，对比较缺少外出培训机会的基层教师很有吸引力。

（三）因地制宜，分类指导是推进村级综合性文化服务中心服务
　　　　工作的策略选择

通过数据分析和实地调研发现，全省村级综合性文化服务中心建设在存在普遍不足的基础上，又呈现出各自发展的不平衡性。因地制宜、分类指导，探索符合各地实际的特色化发展模式，是应对村级综合性文化服务中心发展差异的基本思路。

1. "单位+"共建共创发展模式

此种模式适用于城市社区，以及机关、事业、企业单位和单位小区较为聚集的地区。这种模式的特点在于通过共建共创、对口帮扶、联谊等方式，充分利用驻地单位资金、人才、技术等资源，用于村级综合性文化服务中心的建设和发展。

葫田社区隶属于玉溪市红塔区凤凰街道办事处，成立于 2003 年 5 月，是个典型的城市社区。社区面积 0.75 平方公里，下辖 9 个居民小组，驻社区单位有玉溪市社保局、玉溪电影管理中心、玉溪市税务局、玉溪师范学院、玉溪市残疾人综合服务中心、红塔区审计局、玉溪市住房公积金管理中心、玉溪市文广局等十余家，单位生活区 19 个，居民小区 11 个。

葫田社区综合性文化服务中心位于社区居委会内部，与新时代文明实践站同挂牌，同办公。内设便民服务大厅、志愿服务站、群团之家、未成年人活动室、社工服务站、综合文化站、图书室、乐龄家园、DIY 活动室、水墨轩、理论宣讲活动室、市民教育活动室、文化活动室、科普宣传活动室、家长学校、普法宣传活动室、老年大学、健身活动室等，功能部室非常齐全，融合效果非常突出。

葫田社区综合性文化服务中心的工作与新时代文明实践站的工作基本实现了同安排、同部署，活动计划内容详尽。具体表现为：以居民需求为导向，创新性建立葫田社区需求清单、资源清单和项目清单；积极与专业机构和辖区社会资源开展共建共创活动，在社区办公经费有限的情况下，争取了较多共建单位资金和业务支持，实现机构资源、社会资源、志愿服务资源等的统筹融合；与红塔区老干局联合成立老年大学葫田社区分校，为社区离退休党员提供了学习教育、休闲娱乐的好去处；成立葫田社工服务站，与市关爱老人慈善会、玉溪好媳妇家政、金凤凰自助餐厅等社会服务力量联合，推出互助送餐、安全联系、爱心洗剪、助医服务、助老家政、结伴同乐等"爱心帮帮卡"服务；培育孵化"圆梦微心愿""邻里文化节""乐老汇为老服务""暑期成长营""国学经典诵读班"等社区服务品牌；成功组建"百人合唱团""金秋乐队""老来乐"等 9 支文艺队，11 支志愿者队伍。包括文化服务在内的各项公共服务开展效果良好。

2. "便民+"功能融合发展模式

此种模式适用于地形地势较为平缓，人口聚集度较高，且经济条件相对较好的城市社区、农村坝区和山区。特点在于村级综合性文化服务中心较好地融合了基层公共服务内容，通过功能融合增强村级综合性文化服务中心的吸引力和聚合力，引导更多的群众走进村级综合性文化服务中心，同步提高公共文化服务设施的利用率，达到文化惠民、文化乐民、文化富民的效果。

北门社区隶属于迪庆州香格里拉市建塘镇，于2002年成立，是一个藏族、纳西族、彝族、汉族等多民族聚居的社区。

北门社区综合性文化服务中心设在社区居委会内，与新时代文明实践站、社区办事大厅、社区综合养老服务中心等在同一栋楼里办公，其工作基本融合在了新时代文明实践站的年度活动计划里。内设新思想大讲堂、便民服务厅、图书阅览室、电子阅览室、文体活动室、书画室、棋牌室、家长学校、青少年禁毒教育基地、健身室等。设有规范化文体活动广场（篮球场）1个，老年幸福食堂1个（60岁以上老人及12岁以下儿童餐标8元，其余人员12元），几乎囊括了所有的公共文化服务和其他公共服务的内容。特别是老年幸福食堂的设立，把辖区内居民聚集在一起，极大地增加了社区综合性文化服务中心的人气，也增加了群众的幸福感。

3. "农文旅+" 业态融合发展模式

云南是文化旅游大省，以其独特的地理条件、气候环境、人文风光吸引了世界各地的游客，文旅产业已经成为云南重要的支柱产业之一。不管是山区、坝区、还是城区，云南很多地方都具备发展旅游产业的基础，很多地方走出了各自独特的农文旅融合发展道路，村级综合性文化服务中心在其中大有可为。通过农文旅的有效融合，老百姓从中获得了实实在在的经济效益，在收入增加的同时，能够自觉增强对本民族传统文化的热爱，提高文化自觉和自信。

（1）山区农文旅融合发展典型案例

大密罗社区隶属于玉溪市红塔区大营街道，是一个典型的山区少数民族聚居社区，人口以彝族为主。依托其良好的生态环境资源和少数民族人文资源，基于大密罗山谷的生态本底，以文化旅游为拓展，通过深挖原乡农耕文化、永续农业文化、地域民俗文化、绿色生态文化，大密罗致力于打造具有品质享受、身心治愈特质的"乐活山谷·彝韵密罗"农业产业生态谷项目，积极发展乡村休闲旅游，作为城市休闲文旅功能、康养功能的空间延续。目前，大密罗社区乡村旅游基础设施布局初见成效，大密罗观景台、民族团结文化广场、滇中农耕文化馆、游客接待中心、彩色水稻田、健身步道等已相继建成并投入使用。

作为乡村旅游整体项目规划的一部分，大密罗社区文化基础设施建设情况良好。社区综合性文化服务中心在滇中农耕文化馆挂牌，与旅游设施设备充分融合，内设非遗展览厅、党建书屋、文明讲堂、文化活动室、科普宣传活动室、未成年人活动室、党员活动室、便民服务站、志愿服务站、健身活动室等，进行免费开放。通过与旅游设施的自然融合，文化服务中心积极宣传推介、展览展示少数民族文化、农耕文化，达到了以文促旅、以旅彰文的效果。

（2）坝区农文旅融合发展典型案例

启别村是位于迪庆州金沙江沿岸，以纳西族为主，多民族杂居的行政村，隶属于迪庆州维西傈僳族自治县塔城镇，被农业农村部办公厅公布为 2020 年中国美丽休闲乡村。启别村以民族团结进步工作为切入点，依托相濡以沫、共荣共生的多元民族文化和得天独厚的自然资源，大力发展乡村旅游。纳西、藏、傈僳、白、汉等民族汇居此地，各民族间文化相互渗透，说纳西话、行藏家礼。三朵节、火把节、丰收节、纳西杀猪饭、春游会等各民族传统节庆活动在这里和谐共生，民族风情浓郁。启别村利用河谷气候条件和自然资源条件发展农旅产业，种植中药材、冰葡萄、生态米，养蜂、稻田养鱼养鸭等，民宿经济发展较快。

经济的发展反促文化的繁荣。在良好的经济条件下，启别村综合性文化服务中心基础建设良好，设施设备比较完备，新时代文明实践站、文化活动室、党群活动室、农家书屋、民族团结广场、篮球场、妇女之家、健身器材等一应俱全。文化服务中心注重挖掘传承民族文化，每年组织腊普好声音文艺赛事活动和民俗文化展演活动，在旅游活动中融入民间歌舞、篝火晚会体验等项目，极大提高了群众的文化自信和幸福指数。

玉溪市通海县秀山街道大树社区是一个典型的坝区城郊农转城社区，人多地少，人地矛盾比较突出。社区党总支书记赵思旺是全国劳模，立志让农村人有城市人的幸福感。借助城郊接合部这个特殊的地理区位优势，以及通海县较好的农业基础，大树社区大力发展蔬菜园产业及衍生产业，打造摸鱼节观光体验文化旅游品牌，取得了较大的成功，社区经济快速增长。

大树社区综合性文化服务中心在人流密集的街心古建筑文昌宫的基础上

改扩建，功能齐全，人气旺盛。内设文体活动室 3 个、党建书屋 1 个、儿童之家、儿童道德素质教育室 2 个、健康 e 站 2 个、居家养老服务室 1 个。文化服务中心通过居家养老服务项目开办食堂，面向社区及城区来客提供餐食，常住居民 5 元一餐，来客 10 元一餐，健身 e 站 1 元每天，为社区老年人、务工人员、外来人员等提供良好的休闲娱乐场所，便利群众生活，切实增强了社区居民的幸福感和获得感，把人心聚拢在了一起。

在提高社区居民福利的同时，大树社区特别重视传统美德和道德秩序的维护，较好地解决了发展过程中凸显出来的人地矛盾问题及家族利益冲突等问题。社区综合性文化服务中心经常举办文明讲堂，随处可见文明道德标语。内设善行美德光荣榜，每年评选文明交通好司机、保护生态好标兵、诚信立业好商户、勤劳致富好青年、尊老爱幼好媳妇、持家有道好婆婆、家园整洁好公民、互敬互爱好夫妻、文明和睦好家庭、和谐友爱好邻里、品学兼优好学生、助人为乐好公民、孝敬父母好儿女等荣誉称号，对光荣上榜者给予一定的奖励。制定旅游发展中的道德准则，对村民进行特别教育和培训，对外着力塑造文明、干净、便宜的休闲旅游目的地形象。在发展旅游过程中嵌入传统歌舞表演和饮食文化，以文铸魂、以文促旅、以旅彰文。

4. "文化+" 助力经济突围发展模式

优先发展经济，以经济发展带动文化发展是比较普遍的做法。但云南还有一些地区资源贫瘠，交通不便，产业产能较为落后，发展难度特别大。在这样的情况下，当地政府可能会改变思路，优先发展文化，以文化为突破口获得关注，获得资源，从而实现弯道超车，创新发展模式。这对于村级综合性文化服务中心而言，则提供了良好的发展机遇。

玉溪市元江县羊街乡，位于滇中南部哀牢山区，山路崎岖曲折，地理位置比较偏远，以农业种植业为主，长期以来经济发展比较缓慢。在元江县历任领导以及当地专家学者的不懈努力下，羊街乡依托独特的少数民族文化资源优势，不断深入挖掘，最终以地方特色民间艺术哈尼族棕扇舞突围。棕扇舞申报成为国家级非物质文化遗产，羊街乡也被命名为"棕扇舞之乡"。在各级政府和社会各界的持续关注和支持下，羊街乡经济社会文化发展取得了较大的进步，特别是民族文化空前繁荣，群众参与热情高、参与面广。

羊街乡大部分地区地势坡陡沟深，哈尼族喜居山区半山区，村庄聚集地大多罕有平地，村级综合性文化服务中心等公共文化服务设施建筑面积一般难以扩展。为做好棕扇舞传承发展工作，羊街乡在尼果村建设了哈尼族万人棕扇舞传习广场——迷都普思广场。迷都普思广场的建设跳出建在人口集中地区的思维定式，建在村庄下面公路旁地势平缓处，建成为梯田式的生态舞台，容纳能力大大增强，在重大节庆活动时涌现出万人齐欢的盛况。从实际调研来看，村级综合性文化服务中心有些地方设在村（居）委会内部，有些地方设在公房等固有建筑之上，有些是单独设立，不管是什么情况，只要能满足群众需求都是可以的，不能一概而论。

四、云南省村级综合性文化服务中心效能指标

《云南省人民政府办公厅关于推进基层综合性文化服务中心建设的实施意见》（云政办发〔2016〕84 号）针对云南省村级综合性文化服务中心的建设标准作了具体的规定。《云南省基本公共服务实施标准（2021 年版）》对于村级综合性文化服务中心的建设标准和服务标准也有相关要求。本课题组在实证调研数据分析以及实际观察思考的基础上，借鉴《行政村（社区）综合性文化服务中心服务规范》中山市地方标准（DB 4420）、山东省地方标准（DB 37）等经验，在主要参考样本平均值，兼顾地区差异的思路下，尝试提出云南省村级综合性文化服务中心的主要效能指标。

（一）场馆设施建设指标

• 文化活动室建筑面积指标为：村（社区）常住人口>2000 人，建筑面积应≥300 平方米；1000 人≤常住人口≤2000 人，建筑面积应≥200 平方米；常住人口<1000 人，建筑面积应≥100 平方米。并配备文化活动器材 1 套，包括基本的演奏乐器、演出服装、道具、灯光音响、棋牌、文化信息资源共享工程设备、教育培训及电教设备等。

• 文体活动广场面积≥500 平方米，并配建阅报栏、宣传栏 15 平方米以上；配备体育健身器材 1 套，包括 1 副篮球架、2 架乒乓球台、1 套体育健身路径。

• 舞台、戏台要求户外简易戏台（长 10 米、宽 5 米、高 0.8 米）。

• 应提供免费 Wi-Fi 上网服务。

• 应建党建书屋、图书阅览室（农家书屋）1 个，并且藏书量不少于

1200 种 1800 册。

- 应建多功能室（党群活动室、会议室、电教室等）1 个。
- 应建老龄汇、妇女之家、儿童之家等其中 1 个。
- 自选项目包括村史室、非遗展览展示室、电子阅览室、便民服务站、日间照料中心（农村养老服务中心）等。

（二）服务指标

- 每天提供阵地免费开放服务，每周免费开放时间不少于 36 小时，错时开放时间不少于总时间的三分之一。
- 每个月组织 1 期针对辖区群众的培训活动，内容可涉及读书分享、全民阅读、讲坛讲座、科技、法律、餐饮、就业、种养殖业、党建、书画、歌舞乐等。时间不少于半天，每年每个村（居）委会共组织开展培训活动不少于 12 次。
- 每个季度组织 1 次针对辖区群众的文体娱乐活动，内容可涉及节庆文体娱乐赛事、演出、展览展示等。时间不少于 1 天，每年每个村（居）委会共组织 4 次以上文体娱乐活动。
- 培养 1 支以上业余文艺团队，每支队员 20 人以上。

（三）人员保障指标

- 每个村级综合性文化服务中心聘用 1 名以上由政府补贴的文化专兼职管理人员，补贴标准不少于每人每月 500 元。
- 村级综合性文化服务中心专兼职工作人员，每年参加集中学习培训时间不少于 5 天。

（四）经费保障指标

每年每个村级综合性文化服务中心通过政府拨款、集体自筹等方式，用于开展文化服务工作的活动经费不少于 1 万元。

参考文献

[1]云南省人民政府办公厅.云南省人民政府办公厅关于推进基层综合性文化

服务中心建设的实施意见[EB/OL].[2021-10-25]. https://www.yn.gov.cn/zwgk/zfxxgkpt/fdzdgknr/zcwj/zfxxgkptyzbf/201608/t20160819_144225.html.

乡村振兴背景下"中国民间文化艺术之乡"建设路径研究报告

马维彬　刘珂辛　皇甫华　滕　鑫　张曼玉

(河北省群众艺术馆　河北省非物质文化遗产保护中心)

《中华人民共和国国民经济和社会发展第十四个五年规划和 2035 年远景目标纲要》提出,优先发展农业农村,全面推进乡村振兴;推进城乡公共文化服务体系一体建设,传承弘扬中华优秀传统文化[1]。民间文化艺术植根于乡野沃土,既是中华农耕文明发展水平和成就的标志,也是当代中国建构国民文化身份的重要资源,是中华优秀传统文化的重要组成部分。民间文化艺术之乡的建设,既是挖掘、抢救和保护各民族民间文化的有效方式,也是立体保护文化、贮存文化、创新文化、实现文化的一项重要举措。如何充分利用好民间文化艺术资源,把民间文化艺术之乡建设成为传承弘扬中华优秀传统文化的重要载体,培育成为促进当地文旅产业发展的孵化园地,是实现乡村振兴战略的题中之义。

在新时代,"中国民间文化艺术之乡"作为文化品牌项目,对丰富当地群众文化生活、健全乡村公共文化服务体系、传承保护优秀传统文化艺术、发展文化创意产业,以及繁荣地方经济起到积极作用。当前,对民间文化艺术之乡的研究更多集中在命名评审上,而对命名后的发展状况、后续管理、政策引导则很少涉及,也未能充分发掘民间文化艺术之乡传承中华优秀传统文化、助推地方文旅产业发展的作用。"中国民间文化艺术之乡"的独特性、地域性要求其发展必须因地制宜。如何有效利用乡村振兴,尤其是文化振兴的契机,探寻"中国民间文化艺术之乡"的建设路径,以"中国民间文化艺术之乡"高质量建设助推乡村振兴意义重大。

本文对"中国民间文化艺术之乡"存续状态及当代价值进行深入分析，以历年入选项目，尤其是 2008 年后建设项目为考察重点，着重选取河北省"中国民间文化艺术之乡"建设较好的地区进行走访调查，主要择取石家庄市井陉县（井陉拉花）、保定市（曲阳石雕）、沧州市吴桥县（吴桥杂技）、邯郸市永年区（太极拳）、张家口市蔚县（剪纸）、康保县（二人台）、唐山市乐亭县姜各庄镇（乐亭大鼓）、霸州市胜芳镇（花灯）等地 8 个项目进行考察；同时对河北省"民间文化艺术之乡"进行调研，择取承德市丰宁满族自治县（剪纸）、秦皇岛市昌黎县舞蹈（地秧歌）、衡水市武强县美术（木板年画）等 3 个项目进行考察，通过走访传习基地、校园辅导基地，与当地文旅部门负责人座谈，深入了解民间文化艺术之乡的发展现状、面临的问题，以及在当地民众生活中所起的作用。此外，借鉴浙江省、江苏省和四川省等地民间文化艺术之乡建设经验，在此基础上进一步明确做大做强民间文化艺术之乡品牌具体举措，着力推动民间文化艺术之乡品牌发挥辐射带动作用，进一步助力实现乡村振兴。

一、"中国民间文化艺术之乡"的建设历程和发展现状

（一）"中国民间文化艺术之乡"的建设历程

"中国民间文化艺术之乡"文化品牌项目雏形肇始于 1987 年，该文化品牌项目由原文化部设立，在全国开展"民间艺术之乡"和"特色艺术之乡"命名活动，旨在推动民间文化艺术事业的繁荣发展、丰富活跃基层群众文化生活[2]。为用好"中国民间文化艺术之乡"品牌，盘活全国优秀的民间文化资源，整体推进县乡一级的公共文化服务体系建设，文化部于 2018 年 3 月公布《"中国民间文化艺术之乡"命名和管理办法》，进一步明确界定："'中国民间文化艺术之乡'是指经文化部命名，具有某一特色鲜明、群众喜闻乐见并广泛参与的民间文化艺术，并在全国产生较大影响的特定区域，主要指乡镇（街道），也包括部分县（县级市、区）。"[3]至此，民间文化艺术之乡概念更为明确、清晰。除了涵盖传统非物质文化遗产项目，还包括摄影、合唱、油画等当代新兴的文化艺术形式。"中国民间文化艺术之乡"评选综合考虑各省市发展状况、县乡数量，以乡镇为主，确定各省市分配名额和县乡比例。2018 至 2020 年，共计入选 175 个艺术之乡，2021 年至 2023 年，共计入选

183 个艺术之乡，充分体现了"中国民间文化艺术之乡"建设总量控制、动态管理、确保质量、均衡发展的原则。

（二）"中国民间文化艺术之乡"建设的意义与问题

1. "中国民间文化艺术之乡"建设的当代价值

（1）"中国民间文化艺术之乡"建设为中华传统优秀文化传承发展提供广阔场域

习近平总书记强调："要增强文化自信，在传承中华优秀传统文化基础上发展社会主义先进文化，加快建设社会主义文化强国。"中华优秀传统文化是当代中国最为厚重的软实力。"中国民间文化艺术之乡"的建设始终立足于传承中华优秀传统文化，以促进中华优秀民间文化艺术更好地融入广大群众、融入当代社会、融入现实生活为重要目标，为中国优秀传统文化传承和创新开辟新的发展场域。依托"中国民间文化艺术之乡"建设，众多传统优秀文化能够被挖掘、整理、扶持，焕发新的生机。

（2）"中国民间文化艺术之乡"建设为我国乡村文旅业发展奠定坚实基础

近年来，全国文化和旅游行业坚持以文塑旅、以旅彰文，持续深化文化和旅游融合发展，着力推动文化和旅游业高质量融合发展。随着我国进入大众旅游时代，乡村休闲文化旅游成为人们的重要选择之一。"中国民间文化艺术之乡"成为乡村文化和旅游协同发展的最佳结合点，在区域社会效益提升和经济发展方面发挥了巨大的作用。

（3）"中国民间文化艺术之乡"建设为重塑乡村文化生态提供有力抓手

走乡村文化兴盛之路是走中国特色社会主义乡村振兴道路的题中之义。各地民间文化艺术之乡在建设过程中，注重传承与活化，通过进学校、进社区、进景区等方式开展多种多样的宣传推广活动，丰富群众文化生活，唤醒人民群众对本土文化、区域文化和民族文化的尊重与热爱，充分发挥"中国民间文化艺术之乡"品牌的重要引领和推动作用，进而提高乡村社会文明程度，改善乡村治理结构，不断提升群众的文化参与感、获得感、幸福感。

2. "中国民间文化艺术之乡"建设的短板

（1）"中国民间文化艺术之乡"评选机制有待优化

一是现有评选机制导致"中国民间文化艺术之乡"发展不平衡。"民间文化艺术之乡"的建设和命名基本以县、乡为基本单位。截至 2020 年底，我国共有 2844 个县级行政区划单位，38741 个乡级行政区划单位[4]。综合考虑各地行政区划面积、文化资源、区域内常住人口等因素，各地命名数量并不均衡。且就目前已经命名的总量来看，要实现民间文化艺术之乡的全覆盖，还有数额庞大的县（市、区）、乡镇（街道）需要挖掘或培养具有传统特色或具有时代特色群众喜闻乐见的民间文化艺术。二是"中国民间文化艺术之乡"建设的地域之争。各个行政区进行项目建设时，往往忽略了文化的整体性和系统性，各自为政，造成地域上的人为割裂与对立，部分品牌存在同质化的情况。例如，2021—2023 年度以"农民画"为评选内容的项目就有 10 项。三是"中国民间文化艺术之乡"评选周期短、评选成本高。"中国民间文化艺术之乡"由省级民间文化艺术之乡优中选优推荐参与评选，各省代表性的民间文化艺术之乡相对固定，入选"中国民间文化艺术之乡"的项目呈现出固化趋势。由于民间文化艺术之乡评选对象以乡镇为主，且需满足"经常性开展有关民间文化艺术的创作、演出、展示、培训、交流"等活动，并需具备"经常开展民间文化艺术活动的设施场地"等评审要求，因此无形中增加了参评成本。其评选周期为 3 年，周期较短，且需在下一周期重新申报，这增加了参评对象的工作量和工作难度，地方政府的积极性在一定程度上被削弱。四是"中国民间文化艺术之乡"与非物质文化遗产项目的建设混淆不清。近年来，国家对非物质文化遗产保护工作支持力度空前，非遗项目的建设在很大程度上得到了保障，"中国民间文化艺术之乡"内容上与非遗项目有重合，因此出现了以非遗项目建设代替民间文化艺术之乡整体规划的以偏概全的现象。且现有管理方案中，仅有对非物质文化遗产相关的资金扶持，以非遗项目为内容建设的民间文化艺术之乡，挤压了本地区其他民间文化艺术形式的生存空间，导致民间文化艺术之乡的存续受限。

（2）"中国民间文化艺术之乡"建设缺乏必要的配套政策和资金的扶持

现有《"中国民间文化艺术之乡"命名和管理办法》重在对命名评审进行细化规定，明确了评选所要达到的硬性标准，但存在以下短板：一是在标准设立方面，多是对参评资格的认定，量化指标不明显，这致使各地在申报时缺少具体参照，建设方向性不强。二是在命名前的建设方案指导和命名后的后续管理方面指导性意见缺位，直接经省级选拔向文化和旅游部推荐，后经由专家评审命名，前端命名管理程序起点较高，同时缺乏后续建设管理追踪，一般的民间文化艺术项目距离达标差距大，建设和申报积极性有可能被打消。三是政策激励措施不足。在"中国民间文化艺术之乡"建设中，国家层面上未设置明确的奖励机制和政策倾斜办法，扶持政策仅限于非物质文化遗产代表性项目，覆盖面过窄，不利于民间文化艺术的保护和多样化发展。

（3）"中国民间文化艺术之乡"建设现代化的运营机制缺位，品牌建设、成果转化专业性不强

总体来看，"中国民间文化艺术之乡"品牌有力带动各地区民间艺术资源的保护、利用、开发。但从调研结果来看，目前多数"中国民间文化艺术之乡"相关民间文化艺术资源保护与开发力量比较薄弱，途径比较单一，一般以政府为主导，社会力量参与度不高，导致民间文化资源开发中绝大多数人力物力财力投入在建设基础好、品牌成熟和经济效益高的项目，多数产业价值有限或在短期内难以实现经济效益高转化率的民间文化艺术资源面临被边缘化的风险。部分地区甚至出现一味追求经济效益，对民间文化艺术资源过度开发、无序开发的情况，违背了民间文化艺术之乡建设的根本初衷。

（4）"中国民间文化艺术之乡"代表性项目群众参与度不高，人才队伍后继乏人，影响力逐渐弱化趋势明显

我国拥有丰富的民间文化艺术资源，但受互联网信息多元化影响，大众群体的思想更加多元化，大多数民间文化艺术生存空间遭到挤压，民间文化艺术出现了萎缩，甚至灭绝的现象。随着生活工作节奏加快，很多人没有条件对民间文化艺术进行了解，民间文化艺术工艺品流水线式的大规模生产又在一定程度上降低了大众群体的期待，这导致当下大众群体对民间文化艺术的认知度和参与度均不高。同时，项目传承人老龄化问题突出，人才队伍断层等问题严重制约项目的后续发展。

二、乡村振兴背景下"中国民间文化艺术之乡"建设面临的新机遇

自党的十九大报告提出实施乡村振兴战略以来，围绕乡村振兴工作，国家相继出台《乡村振兴战略规划（2018—2022年）》[5]《关于全面推进乡村振兴加快农业农村现代化的意见》[6]《关于加快推进乡村人才振兴的意见》[7]等重要规划、意见，全方位持续推动乡村振兴发展。实施乡村振兴战略，是传承和发展中华优秀民间文化艺术的有效途径。

（一）乡村振兴的历史使命为"民间文化艺术之乡"建设提出新要求

《乡村振兴战略规划（2018—2022 年）》专门提出乡村文化繁荣兴盛的 8 项重大工程，其中特别提及"中国民间文化艺术之乡"建设。要通过建设"中国民间文化艺术之乡"，深入发掘农村地区各类优秀民间文化资源，通过培育特色文化品牌，培养能够长期扎根农村的乡土文化人才，推动中华优秀传统文化创造性转化与创新性发展，做好作为活态的中国乡土文化的中国乡村传统的民间艺术、戏曲曲艺、手工技艺、民族服饰、民俗活动等非物质文化遗产，以及各类文化庆祝活动的保护、传承和建设，通过保护这些最具乡村区域特色的文化样态，繁荣兴盛乡村文化。

（二）"农文旅"融合推进"民间文化艺术之乡"建设

当下，我国全面进入大众旅游时代，《"十四五"旅游业发展规划》[8] 将乡村旅游视为"助力乡村振兴的重要生力军"。乡村旅游成为推动乡村经济与社会发展以及产业转型升级的重要引擎，其繁荣兴盛离不开乡村文化的滋养。乡村旅游在发展过程中，通过不断整合本地文化资源，发掘文化资源独特价值，打造乡村旅游发展的高地。将本区域固有优秀传统文化融入旅游开发之中，正确引导、利用、开发本区域具有地域特色、体现民俗传统的非物质文化遗产、传统庙会等，深层次挖掘乡村传统文化的内在精髓与时代价值，有效推进"民间文化艺术之乡"建设，在对传统文化的保护和传承中变被动为主动，既促进传统文化的深度发掘，又使乡村旅游与传统文化的结合更为紧密，从而创造出良好的经济、社会双重效益，进一步夯实农民农村共同富裕的物质基础和精神基础。

（三）国家文化数字化战略实施和乡村数字经济兴起促进"中国民间文化艺术之乡"创新建设

中共中央办公厅、国务院办公厅印发的《关于推进实施国家文化数字化战略的意见》，明确提出，到"十四五"时期末，基本建成文化数字化基础设施和服务平台，形成线上线下融合互动、立体覆盖的文化服务供给体系。到2035 年，中华文化全景呈现，中华文化数字化成果全民共享[9]。该文件提出8 项重点任务，在中华文化数据库建设、搭建文化数据服务平台、发展数字化文化消费新场景、提升公共文化服务数字化水平等方面作出部署。国家文化数字化战略的实施可为"中国民间文化艺术之乡"创新发展提供新的路径。

三、"中国民间文化艺术之乡"建设的创新路径

各地要创新建设"中国民间文化艺术之乡",就要充分考虑其本身兼具的在提升文化事业和振兴文化产业两个方面的重要意义,发挥其对发展社会主义先进文化,弘扬中华优秀传统文化,推动民间文化艺术的繁荣发展,以及激发全民族文化创造活力,发展文化产业的重要作用,将"中国民间文化艺术之乡"建设深植乡村振兴全过程。

(一)加强顶层设计,护航"中国民间文化艺术之乡"建设

各地要充分认识民间文化艺术之乡在基层公共文化服务体系建设、非物质文化遗产项目保护、丰富民间特色群众文化活动中的重要意义,并结合《中华人民共和国公共文化服务保障法》[10]《中华人民共和国非物质文化遗产保护法》[11]等相关法律法规的贯彻实施,对民间文化艺术之乡的命名、建设和管理、运营工作予以重点保障。保障在民间文化艺术之乡内开展的创作、培训、演出及社会普及等工作稳定有序。对于在民间文化艺术之乡内建设的能够传承中华优秀传统文化、突出地方特色、保护文化生态,且有基础、有优势的文化产业项目要依照法律鼓励,严格落实支持政策。

1. 因时制宜配套制定政策文件

本文建议国家文化行政部门配套制定《推进"中国民间文化艺术之乡"建设的指导意见》。一是将"中国民间文化艺术之乡"建设与乡村振兴紧密结合。确保二者在政策层面的一致性和互补充,在乡村振兴范畴内,充分发挥美丽乡村、艺术乡村、文化乡村等建设的政策扶持,推进"中国民间文化艺术之乡"建设。二是注重"中国民间文化艺术之乡"布局的均衡与合理。将"中国民间文化艺术之乡"与各省民间文化艺术之乡建设一体统筹,在一县一品,即在一县、一乡或一个社区设立一个特色鲜明的民间文化艺术之乡品牌基础上,在全国范围内形成民间文化艺术之乡的网络系统,合理安排彰显地域特色、民族特色的民间文化艺术之乡项目参与评选。针对"中国民间文化艺术之乡"建设地域之争问题,或可参照非物质文化遗产名录打包申报的方

式，几个同处一种地域文化范围的县、乡同时申报一个品牌，并各自有所侧重。三是注重"中国民间文化艺术之乡"评选评选周期的合理性。各地经济文化发展，一般按照当地 5 年规划进行，而"中国民间文化艺术之乡"建设每 3 年需要重新申报评审，与多数地区文化经济发展规划不符。调研中河北省石家庄市井陉县小作镇和河北省张家口市康保县均表示"中国民间文化艺术之乡" 5 年申报一次更符合当地申报实际。四是注重"中国民间文化艺术之乡"评价激励机制和管理配套措施，形成综合政策支持体系。通过制定层级分明、量化有效、落实有力的建设办法，按照项目不同分类、不同分级制定建设标准，制定省—市—县—乡一体化建设标准体系，全面将民间文化艺术之乡命名和管理标准以量化形式确定下来，确保民间文化艺术保护发展、民间文化艺术之乡建设管理有法可依。力使各地将民间文化艺术之乡项目纳入业务指导和组织管理的工作范围，并制定专项规划、长期目标和相关政策措施，推动形成梯次发展格局。各地要将民间文化艺术之乡创建工作列入对下一级行政组织的考核指标体系和目标管理责任制，并依据评价结果设置相应的淘汰机制，利用制度手段推进"中国民间文化艺术之乡"建设。

2. 综合配置扶持手段，保障财政、税收、金融支撑

各地要综合配置扶持手段，保障财政、税收、金融支撑。要深入落实《中华人民共和国乡村振兴促进法》[12]和各地关于全面推进乡村振兴的实施意见，充分发挥政府部门的组织协调优势，持续优化财政投入机制、完善支持政策，配套切实可行的税收优惠政策，推动"中国民间文化艺术之乡"建设高质量发展。例如，曲阳县委、县政府根据实际财政每年设立雕塑行业扶持发展基金，以奖励、贴息、资助等方式，用于对全县雕塑行业企业、大师和优秀从业人员的资金扶持、科技创新和贡献奖励。同时各地要更好发挥银行服务乡村文化战略及中长期融资优势和引领带动作用，加大政策性金融对中国民间文化艺术之乡建设支持力度。

（二）推动"中国民间文化艺术之乡"与乡村公共文化服务融合发展

各地要明确"中国民间文化艺术之乡"创建的初衷是传承中华优秀传统文化，弘扬社会主义先进文化，丰富广大人民群众精神文化生活，促进经济、政治、文化、社会全面发展。"中国民间文化艺术之乡"的传统类型的代表项目是我国特色民间文化艺术的瑰宝，是民族文化的精髓。对于"中国民间文

化艺术之乡"建设中具有重大社会价值、急需传承保护,但不适宜市场化发展的项目,国家应将其作为公共文化事业进行扶持,推进发展。

1. 将中国民间文化艺术之乡纳入地方特色文化建设范畴

一是要将民间文化艺术作为公共文化场馆免费开放的重要内容。通过公共文化服务机构,如文化馆在民间文化艺术之乡设立分馆以及群众文化活动的联排联动等方式,开展地方特色文化项目的艺术普及活动。二是要利用其社会影响力,营造其活态传承和展示的氛围,运用生动活泼的形式对国家的有关政策、法规进行宣传推广,使群众易于了解,乐于接受,便于传播。各地要依托代表性项目打造地方特色群众文化品牌活动,聘请业内的专家,从活动品牌的顶层规划、视觉设计,以及与国风流行元素结合等方面,实现优秀传统艺术呈现效果的创新与发展,带动当地公共文化服务水平的提高。

2. 加强队伍建设,培育民间文化艺术特色团队和人才,开展面向在校学生的民间文化艺术教育普及活动

在"中国民间文化艺术之乡"建设过程中,各地要重视文化传承,稳定人才队伍,重视文化人才培养。要强化乡村特色文化普及与文化交流活动,通过各类文化活动,夯实民间艺术群众基础,重建乡村文化认同。一是要在民间文化艺术培训、辅导、创作、研究常态化、制度化建设方面下功夫,创新人才队伍传承和保障机制,通过培训、交流、展览等学习形式,努力培养一批扎根基层、服务基层的专业的民间文化队伍及乡土文化人才,精心打造一批老、中、青结构合理的民间特色团队和代表人物,充分发挥他们在民间文化艺术活动中传、帮、带示范作用,推进人才队伍稳步扩大。二是要扩大人才培养覆盖面,在群众中培养一批真正的民间文化艺术爱好者,提高民间文化艺术的普及率。开展民间文化艺术之乡建设项目进社区、进农村、进学校、进单位活动,依托非遗传习所和非遗活动举办场所,为乡村文化共同体重构提供乡村文化活动空间。经常性地开展创作、展演、展览、竞赛、交流等活动,营造创建民间艺术之乡的良好文化艺术氛围,让群众认识、了解、学习、掌握民间艺术,让他们成为民间文化艺术的传承者、创造者、爱好者和传播者,带动更多的群众积极参与其中。

3. 提高经费保障,创新民间文化艺术传承方式

各地要利用非遗保护经费、公共文化服务经费,有条件的地区可配套开辟民间文化艺术之乡专项经费等,召开专家座谈会,对代表性项目本身进行

创新和提升，另外通过现场培训、多媒体慕课教学等手段扩大对代表项目的辅导培训覆盖面，丰富广大人民群众的精神生活，使得传统文化能活态传承，不断提升群众对传统文化的认同感。

（三）依托"文化+旅游+乡村"的产业发展模式，深挖"中国民间文化艺术之乡"的产业价值

1. 借力"中国民间文化艺术之乡"孵化文旅产业

各地要充分发挥"中国民间文化艺术之乡"的产业孵化器作用，针对具有产业开发潜力的项目。当地政府应当做好前期的文化产业转化工作，要借力乡村数字经济发展，打造"文化+旅游+乡村"的产业发展模式，要加大资金投入和政策倾斜，找准开发角度，实现文化、旅游、科技三者在"中国民间文化艺术之乡"建设中的同频共振。

（1）就地打造民间文化之乡文化旅游项目吸引游客观光

各地要把民间文化艺术之乡的开发纳入乡村振兴的大局，打造"文化+旅游+乡村"的产业发展模式，积极开发民俗依托型、城市依托型、景区依托型的乡村旅游开发模式。例如，"中国民间文化艺术之乡"唐山市乐亭县乐亭镇，可围绕当地特色民间文化艺术皮影戏这一瑰宝，打造集展、演、售为一体的特色皮影小镇，满足京津冀群众短途旅游的需求。

（2）建设文化旅游产业基地，发展输出型文化旅游产品

适合生产加工型的民间文化项目，应根据当地特色文化资源，借助创意元素与科技手段发展文创产品，使产品的生产、销售等被赋予文化内涵与艺术意蕴，建立研发、生产、销售基地，实现大规模批量化生产。表演型的民间文化项目，应打造具有区域特色的文化艺术演出的理念，着力打造精品节目，培养高素质、专业化的表演人才，建设特色表演型产品输出基地，通过表演型产品输出这一平台，实现与景区长期合作，将"中国民间文化艺术之乡"项目特色精品演艺节目，融入旅游景点，使广大群众在潜移默化中感受到传统文化艺术魅力，同时提升旅游景点的吸引力。

（3）建设大型特色人文旅游园区

各地可以在文化底蕴深厚、配套设施完善、交通便捷的民间文化艺术之乡内，采用吸收社会力量参与投资的方式，建设主题文化旅游园区，如借鉴方特动画集团开发模式；若单独一个"中国民间文化艺术之乡"不具备建设

主题文化旅游园区条件，可探索邻近区域联合开展建设，如借鉴"云南民族村"开发模式。

2. 打造"中国民间文化艺术之乡"IP，实现产业全链条发展

成功的文化 IP 兼具被广泛认同的文化价值和可挖掘的商业价值，并且其应用场景需具有丰富的延展性。打造"中国民间文化艺术之乡"项目特色 IP 有利于提升文化和旅游产品的附加值、促进文旅深度融合和各类文化、旅游品牌建设，对于弘扬传承地方文化、丰富人民群众文化生活、提高民族文化素质有着积极作用。在"中国民间文化艺术之乡"建设过程中打造民间文化艺术领域的文化 IP，就要做好以下几点：一是要持续深挖本地区民间文化艺术在情感共鸣及价值观塑造等方面的内容，彰显人文特色。二是要打造强文化符号作为支撑，如"刘三姐歌谣"的文化背景。要在强文化符号内嵌入独特的表现形式，如"歌谣"等表现形式，吸引人们更深入地体验独特的民间文化艺术。三是要综合发掘 IP 的故事性、独特性、娱乐性、场景感，以及布局衍生品市场等，形成独特的竞争优势，增加体验者的黏性和回头率，提升体验感；围绕 IP 开发一系列产品和带有 IP 标识的服务，要打通 IP 产业链的上下游，形成 IP 的全线产品，如围绕 IP 形象开发礼品、消费品等衍生品，以及上下游文创旅游、主题美食、主题民宿等。

3. 紧抓乡村数字化经济发展和文化数字化转型机遇

一是要抓住乡村数字经济发展契机，在"中国民间文化艺术之乡"的建设中融入传统文化载体的管理、保护与利用理念，通过数字化技术保护民间文化艺术，尤其是"创意下乡"和"科技下乡"等活动，将现有乡村文化资源同人工智能相结合，利用虚拟现实、增强现实等技术记录和演示中国民间文化艺术之乡优秀传统文化，进一步提升乡村传统文化载体的时代内涵和市场价值。数字技术也将使中国民间文化艺术与具有城市特色、与科技融合的文化节、博览会、戏剧节等进行全方位数字化营销，为推广方式的创新提供技术支撑。二是可将"中国民间文化艺术之乡"建设融入战略实施全过程。推动"中国民间文化艺术之乡"中国民间文化艺术数据采集完善、服务平台打造，发展"中国民间文化艺术之乡"项目衍生的各类产品消费新场景，自觉将"中国民间文化艺术之乡"数字化转型作为提升公共数字化水平的重要方面，充分发挥"中国民间文化艺术之乡"建设在推动文化数字化发展中的重要作用。

4. 做好品牌宣传，提升社会影响力传播力

各地要想切实加强"中国民间文化艺术之乡"民间文化艺术传播与保护工作的宣传力度。各地应积极开展以"中国民间文化艺术之乡"为主题的演出、座谈、艺术节等线下活动，使得民间文化艺术深入社会群体的日常生活，拉近民间文化艺术与社会群体的距离，激发社会群体参与民间文化艺术传播与保护工作的积极性和主动性，进一步扩大民间文化艺术在社会群体当中的影响力。例如，曲阳县在过去 30 多年间，创办了中国曲阳文化节暨雕刻艺术节、曲阳县石雕（定瓷）文创大赛、非遗主题展演活动和曲阳县石雕技艺大赛及优秀作品展，通过演出、展览、活动、研讨、大赛等方式提升了曲阳石雕的影响力。还要在宣传过程当中加强信息化建设，充分利用现代信息技术的优势，凭借互联网平台对于信息传递快捷高效的特点，利用数字化媒介加大对中国民间文化艺术之乡的传播力度。通过网站、微信客户端、抖音、快手等平台对中国民间文化艺术之乡及其代表项目进行全方位宣传报道，使得社会群体能够对于民间文化艺术有一个更加深入的认知和了解。例如，利用"国家公共文化云"对民间艺术之乡及其代表项目或围绕项目开展的群众文化品牌活动进行展演展播以达到宣传目的。云南省文化和旅游厅联合文旅头条融媒体矩阵，共同推出"力挺云南文旅'国字号'"民间文化艺术之乡系列报道，带大家走进充满文化艺术气息的乡土大地。另外，还可以开展线上咨询业务，及时对社会群体有关于民间文化艺术的疑问进行解答，加深社会群体对于民族民间文化艺术内涵的理解。与此同时，对于民间文化产品可通过淘宝、京东等传统平台进行销售，亦可利用直播带货的方式进行销售，使市场拓展至全国甚至全世界，使人们感受到产品带来的文化体验。

参考文献

[1] 中华人民共和国国民经济和社会发展第十四个五年规划和 2035 年远景目标纲要 [EB/OL].［2022 - 03 - 06］. http://www. xinhuanet. com/politics/2021lh/2021-03/13/c_1127205564. htm.

[2] 向柏松. 中国民间文化艺术之乡建设的发展与规范[J]. 中南民族大学学报（人文社会科学版），2019(4)：23-29.

[3] "中国民间文化艺术之乡"命名和管理办法［EB/OL］.［2022-03-06］.

https：//www. askci. com/news/finance/20180319/095504119959. shtml.

［4］中国统计年鉴 2021［EB/OL］.［2022－04－12］. https：//www. stats. gov. cn/sj/ndsj/2021/indexch. htm.

［5］乡村振兴战略规划（2018—2022 年）［EB/OL］.［2022－05－06］. http：//www. gov. cn/zhengce/2018－09/26/content_5325534. htm.

［6］中共中央，国务院. 关于全面推进乡村振兴加快农业农村现代化的意见［EB/OL］.［2022－05－17］. http：//www. gov. cn/zhengce/2021－02/21/content_5588098. htm.

［7］中共中央办公厅，国务院办公厅. 关于加快推进乡村人才振兴的意见［EB/OL］.［2022－05－22］. http：//www. gov. cn/xinwen/2021－02/23/content_5588496. htm.

［8］国务院."十四五"旅游业发展规划［EB/OL］.［2022－05－22］. http：//www. gov. cn/xinwen/2022－01/20/content_5669507. htm.

［9］中共中央办公厅，国务院办公厅. 关于推进实施国家文化数字化战略的意见［EB/OL］.［2022－05－23］. http：//www. gov. cn/xinwen/2022－05/22/content_5691759. htm.

［10］中华人民共和国公共文化服务保障法［EB/OL］.［2022－05－23］. http：//www. hgxa. gov. cn/index. php？c＝article&id＝3308.

［11］中华人民共和国非物质文化遗产法［EB/OL］.［2022－05－23］. http：//www. npc. gov. cn/zgrdw/huiyi/lfzt/fwzwhycbhf/2011－05/10/content_1729844. htm.

［12］中华人民共和国乡村振兴促进法［EB/OL］.［2022－05－27］. http：//www. yinjiang. gov. cn/jgsz/xzjdbsc/ttz_5698365/zfxxgk/fdzdgknr_5698460/xz js_5876548/202110/t20211015_70918943. html.

"乡村网红"短视频营销传播对旅游消费者态度的影响及优化对策研究

吴肖淮（广东科学技术职业学院）

中国互联网络信息中心（China Internet Network Information Center, CNN-IC）第51次报告显示，截至2022年12月，我国网民规模达10.67亿，较2021年12月增长3549万，互联网普及率达75.6%[1]。在互联网平台流量和资本的助力下，短视频传播范围广泛和粉丝量增长迅速，随着国家"三农"政策的出台和乡村振兴战略的提出，"乡村网红"快速崛起[2]。在"互联网+"时代，网红短视频传播逐渐成为旅游目的地品牌营销策略的重要选择之一[3]。截至2021年底，以账号名为"李子柒""牛爱芳的小春花""乡愁"等为代表的粉丝量最高的三大"乡村网红"，为其所在地吸引了大量游客，促进当地旅游业收入的增加。

目前，国内外学者有关"乡村网红"短视频的研究主要集中在"乡村网红"、"网红"短视频的概念及其特征等方面[4-13]，关于"乡村网红"短视频营销传播对旅游消费者态度的影响及其优化对策的研究相对较少。鉴于此，本文构建"AISAS"网络消费者行为模型，包含"引起关注"（Attention）、"产生兴趣"（Interest）、"主动搜寻"（Search）、"采取行动"（Action）、"进行分享"（Share）五大要素，对"乡村网红"短视频营销传播对消费者态度的影响及其优化对策进行研究，有利于提升目的地"网红"短视频营销效果转化为变现流量的实践价值。

一、研究设计

（一）"乡村网红"及其短视频营销传播现状研究

1. 研究对象

短视频平台主要有抖音、快手、火山小视频、小红书、视频号、bilibili等。经过对粉丝、"网红"数量、推送内容等的查询和筛选，本文最终确定以抖音、快手、火山小视频等短视频平台上的评论文本为研究对象。

2. 研究步骤

首先，从短视频 App 中选取相关视频评论作为分析样本，删除感叹词、表情符号、数字顺序、乡村网红短视频概况描述等词汇，建立 word 文本，再将 word 文本转换为 txt 格式后，运用 ROST Content Mining 软件，排除过滤词与单字词后进行高频词汇统计；其次，通过 ROST CM6 中的"情感分析"功能，对文本内容的情感属性进行判断和分类；最后，通过 ROST CM6 中的"社会网络与语义分析"功能分析词汇之间的连接性与指向性，形成语义网络图。

3. 数据来源与样本选取

以"'乡村网红'排名"为关键词进行检索，本文筛选乡村短视频粉丝量排名前三的主播，三名主播中各选 5 个流量最高的视频，选取每个视频中点赞量排名前 250，20 字及以上，且具有明显的情感倾向的评论。根据筛选原则，三位主播共选取 3750 条评论，总字数为 7 万多字。

4. 结果分析

（1）排名前三的"乡村网红"分析

①高频词分析

根据所收集的"乡村网红"的视频评论，通过计算研究样本中某个词语出现的频次，最终得到结果，当该结果大于 5 次的时候，作为词语的频次得分。具体公式如公式 1 所示。

$$N_a{'}=N_a \times \frac{100}{N_{max}} \qquad \text{（公式1）}$$

据表 1，在排名前 20 的"乡村网红"短视频高频特征词中，使用频率最高的词汇基本上是名词和形容词。名词反映出短视频内容的特点和主播的视频特色。以此来吸引粉丝和视频观众的名词有"姥姥""桃子""李子""春花""饺子""一家人""妈妈"等。还有一些如"幸福""能干""羡慕""快乐""勤劳""厉害"等形容词词汇，代表了粉丝和观众在看视频时的内心感受。在词频上，"姥姥"一词出现的频率最高，远超于位居第二、三位"桃子"和"泣不成声"，这说明网友和粉丝对"姥姥"这一词汇的印象最为深刻，其是吸引粉丝和视频观众一大亮点，其次是"桃子"一词，出现频率也比较高，由此可见，"乡村网红"李子柒的粉丝量最多、点赞量最高、人气最高，也正由于这样独特的视频风格和严谨的取景和视频制作的行为特征，吸引了大量的粉丝和视频观众。

表1　排名前20的"乡村网红"短视频高频特征词

排序	特征词	词频	排序	特征词	词频
1	姥姥	449	11	奶奶	134
2	桃子	236	12	饺子	117
3	泣不成声	220	13	羡慕	108
4	幸福	214	14	一家人	107
5	好吃	201	15	快乐	95
6	李子	184	16	勤劳	93
7	爸爸	162	17	加油	86
8	女人	152	18	感谢	85
9	能干	146	19	厉害	80
10	春花	145	20	妈妈	80

②社会语义网络分析

对评论网络文本进行处理后，运用 ROST Content Mining 软件在"社会网络与语义分析"功能模块分析词汇之间的连接性与指向性，形成语义网络图，具体情况请详见表2。

表 2　词义分析排名前 20 词汇分析表

序号	词汇	词汇	频次	序号	词汇	词汇	频次
1	爸爸	春花	55	11	美貌	勤劳	27
2	幸福	一家人	44	12	姥姥	好吃	27
3	能干	女性	33	13	勤劳	智慧	25
4	健康	身体	32	14	坚韧	勤劳	25
5	中国	勤劳	32	15	坚韧	女性	25
6	中国	女性	31	16	传统	勤劳	25
7	勤劳	女性	31	17	传统	女性	24
8	妈妈	爸爸	30	18	尊老	勤劳	24
9	冬至	快乐	30	19	爱幼	勤劳	24
10	传统	中国	28	20	吃苦	勤劳	24

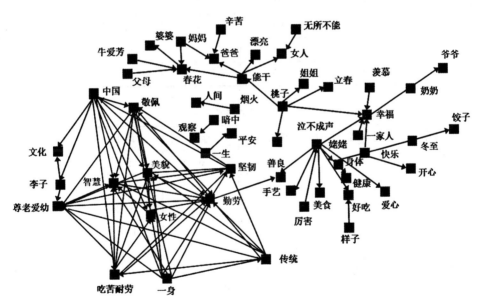

图 1　消费者对 "乡村网红" 态度的社会网络分析图

由图 1 可知，在社会网络分析图中，目前 "勤劳" 是核心词汇，其他中心词汇有 "女性" "智慧" "美貌" "吃苦耐劳" "一身" "尊老爱幼" "敬佩" "中国" "幸福" "姥姥" 等形成乡村网红短视频突出的特征节点，可利用优势和特点将短视频向外推销。

③情感分析

在调研样本中，粉丝、网友、短视频观众在浏览和观看短视频中做出了一定的评价，主要通过形容词进行表达，从中心词汇中可看出粉丝对短视频的评价，因此，通过网络爬虫对评论进行爬取，使用 Hownet 情感词典提取相应高频词，按算法进行词汇筛选，根据情感倾向标准最终选取的正面词汇 15 个，负面词汇 6 个，中性情感词 10 个，具体情况请详见表 3 至表 5。

表 3　正面情感词汇

排序	词汇	频次	排序	词汇	频次
1	幸福	214	9	开心	76
2	好吃	201	10	美食	72
3	能干	146	11	漂亮	67
4	羡慕	108	12	健康	63
5	快乐	95	13	可爱	53
6	勤劳	93	14	善良	41
7	加油	86	15	享受	37
8	厉害	80			

表 4　中性情感词汇

排序	词汇	频次	排序	词汇	频次
1	人间	44	6	干活	37
2	手艺	44	7	人生	35
3	每次	44	8	文化	34
4	真实	40	9	暗中	31
5	会做	38	10	永远	28

表 5　负面情感词汇

排序	词汇	频次	排序	词汇	频次
1	辛苦	34	4	心酸	11
2	好久	31	5	不像	11
3	拒绝	14	6	可怜	10

通过调研可知,"乡村网红"短视频的非负面评价占比为90.76%,其中正面词汇占比为61.53%,中性词汇占比为29.23%,而负面词汇占比为9.23%,由此可见,绝大多数游客对"乡村网红"短视频的评价是正面的。

在从情感情感强度方面,网友通过看短视频所产生的正面情感约是负面情感强度的7倍,占据绝对性优势。"幸福""好吃""能干""快乐""勤劳""开心""享受"等词汇是网友和粉丝喜欢"乡村网红"短视频的主要原因。在情感词数量方面,正面情感词汇数量最多,说明了网友和粉丝观看"乡村网红"短视频以娱乐为主。

在负面情感方面,其仅占比为9.23%,并未超过研究其他研究短视频的负面评价程度。然而,在样本词中,负面情感词虽然数量不多,但是占比却是比较高的,因此,"乡村网红"短视频在后续的发展中仍需注意这一方面。在负面情感中,"辛苦""好久""拒绝""心酸""不像""可怜"出现频次较高,经分析,其原因可能是:一是视频内容与网友情感产生共鸣,二是视频真实度高与"网红"和粉丝现实生活相呼应。

(2)排名前3名的"乡村网红"分析

①李子柒

A. 高频词分析

本研究针对李子柒的视频,选取其热度和点赞量最高的前5个视频,每个视频中点赞量和热度最高的前250条评论,将5个视频的前250条,共1250条评论,经过处理后,利用ROST Content Minig软件对其进行分析,详见表6。

表6 "乡村网红"李子柒视频评论数据来源

序号	短视频内容	选取的评论数
1	吃一颗如意蜜枣,万事皆如意	前250条
2	玫瑰豌豆黄	前250条
3	糯米藕最早的记载是源自清代文学家袁枚编著的《随园食单》,跟我一起守护古籍	前250条
4	又麻又辣又上头——水煮牛肉	前250条
5	清凉爽口,凉菜界知名选手——拍黄瓜	前250条
总计		1250条

依据公式 1 进行测算，得出词语的频次，具体请详见表 7。

表 7 "乡村网红"李子柒短视频评论排名前 20 的高频特征词

排序	特征词	词频	排序	特征词	词频
1	李子	175	11	人间	23
2	泣不成声	59	12	羡慕	23
3	蜜枣	34	13	幸福	23
4	南瓜	33	14	婆婆	23
5	奶奶	32	15	好吃	23
6	文化	31	16	向往	21
7	农村	30	17	小时候	21
8	厉害	29	18	姐姐	20
9	中国	29	19	美食	19
10	加油	24	20	享受	19

由表 7 可知，"乡村网红"李子柒短视频的前 20 的特征词中使用频率最高的是名词和形容词。名称反映出"乡村网红"李子柒的视频是如何用自身田园生活的特点来吸引网友的，包含了"李子""蜜枣""南瓜""奶奶""文化""农村""中国""人间""羡慕""婆婆"等；还有一些"厉害""幸福""美好""好吃""佩服""舒服"等词汇，充分体现了网友和视频观众在看视频时的内心感受和心理活动。在词频统计中，"李子"这一词汇出现频率最高，说明在李子柒的视频中"李子"一词给予观众印象最深。此外，从特征词中发现，"农村""文化"这两个名词知晓度较高，而且李子柒的视频中也充分体现了农村的生活和食品特产制作文化的独特特征，是吸引网民和粉丝的重要前提和保证。

B. 情感词汇分析

在调研样本中，粉丝、网友、短视频观众在浏览和观看短视频中做出了一定的评价，主要通过形容词进行表达，从中心词汇中可看出粉丝对短视频的评价，因此，通过网络爬虫对评论进行爬取，使用 Hownet 情感提取相应高频词，按算法进行词汇筛选，最终选取的正面词汇 17 个，负面词汇 4 个，中性情感词 10 个，具体请详见表 8 至表 10。

表8 "乡村网红"李子柒视频评论前17名正面情感词汇表

排序	词汇	频次	排序	词汇	频次
1	厉害	29	10	舒服	12
2	加油	24	11	期待	12
3	羡慕	23	12	佩服	10
4	幸福	23	13	健康	9
5	好吃	23	14	可爱	9
6	向往	21	15	开心	9
7	享受	19	16	努力	9
8	美好	16	17	快乐	7
9	治愈	16			

表9 "乡村网红"李子柒视频评论前10名中性情感词汇表

排序	词汇	频次	排序	词汇	频次
1	文化	31	6	天天	11
2	真正	18	7	样子	11
3	团队	18	8	人生	10
4	传播	13	9	真实	10
5	每次	12	10	传统	9

表10 "乡村网红"李子柒视频评论前4名负面情感词汇

排序	词汇	频次	排序	词汇	频次
1	不敢	5	3	吃苦	4
2	胆小	4	4	绝不	3

通过分析可知，正面情感词汇加中性情感词汇在调研中词汇占比远远高于负面情感词汇，说明了网友和粉丝非负面的情感占据了绝大部分内容。"厉害""加油""羡慕""幸福""好吃""向往""享受""美好""开心""快乐"等视频特点，是网民和粉丝喜欢"乡村网红"李子柒的视频的主要原因。然而，基于负面情感视角，其在一定程度上反映了"乡村网红"李子柒视频中仍存在问题，需加以改进，充分发挥正面情感词汇优势，才能将高质量视频呈现给网友和粉丝。

C. 社会语义网络分析

社会语义网络分析是以李子柒为关键词在抖音、快手、火山小视频等平台中进行检索，收集其热度、流量粉丝最高的个 5 视频，每个视频取热度和点赞量前 250 名的评论，总计 1250 条评论，经过处理后，运用 ROST Content Mining 软件进行分析，详见表 11。

表 11　社会语义网络分析排名前 20 词汇表

序号	词汇	词汇	频次	序号	词汇	词汇	频次
1	中国	文化	17	11	李子	舒服	6
2	李子	文化	12	12	奇女子	人间	5
3	传播	文化	12	13	美好	李子	5
4	中国	李子	11	14	看见	小时候	5
5	传播	中国	10	15	传统	文化	5
6	烟火	人间	9	16	李子	画面	5
7	加油	李子	9	17	李子	同学	5
8	泣不成声	李子	8	18	作品	李子	5
9	奶奶	幸福	7	19	李子	永远	5
10	人间	仙女	6	20	暗中	观察	4

通过分析可知，在"乡村网红"李子柒视频中，"中国"和"文化"共同出现频次最高，说明粉丝和视频观众看到"中国"，第一印象就会想到"文化"，可见，在"李子柒"的视频里，中国及中国文化被得到广泛传播和宣传，在前 20 的词汇排名中，"李子""文化"出现频次最多，词义组合范围最广，与"李子"的组合分别为"李子"和"文化"，"中国"和"李子"、"加油"和"李子"等；与"文化"的组合分别为"中国"和"文化"、"李子"和"文化"、"传播"和"文化"、"传统"和"文化"等，这说明在"乡村网红"李子柒五个短视频中大多突出的是"李子柒"和中国传统文化，给网友留下了深刻的印象。

在社会语义网络分析图中，"李子"是核心词汇，其他中心词汇有"中国""文化""幸福""泣不成声""人间""仙女""奶奶""治愈""作品""乡愁"等形成"乡村网红"短视频突出的特征节点，可利用优势和特点将短视频向外推销，如图 2 所示。

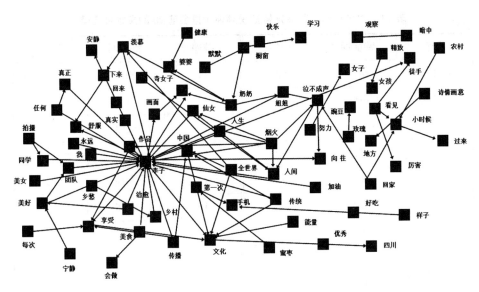

图 2   社会网络分析图

②潘姥姥

A. 高频词分析

本研究针对潘姥姥的视频，选用其热度和点赞量最高的前5个视频，每个视频中点赞量和热度最高的前250条评论，将5个视频的前250条评论，共1250条评论，对文本进行处理后，运用 ROST CM6 软件进行分析，详见表12。

表 12   "乡村网红"潘姥姥短视频评论数据来源

序号	短视频内容	选取的评论数
1	祝愿所有老人身体健康，开心快乐	前 250 条
2	玫瑰豌豆黄。在家也能做的章鱼烧，你们能吃几个	前 250 条
3	柚子还可以做成柚子糖柚子茶，你们长见识了吧	前 250 条
4	做炸串的万能蘸酱，你们想吃吗	前 250 条
5	姥姥说这个入冬"四件套"学会了女朋友就有了	前 250 条
总计		1250 条

依据公式1进行测算，得出词语的频次，详见表14。

表 13 "乡村网红"潘姥姥短视频评论排名前 20 的高频特征词

排序	特征词	词频	排序	特征词	词频
1	姥姥	449	11	奶奶	28
2	好吃	82	12	厉害	26
3	泣不成声	61	13	健康	25
4	感谢	50	14	潘姥姥	24
5	柚子	43	15	幸福	22
6	爱心	36	16	身体	20
7	老人	36	17	口水	20
8	饺子	33	18	平安	20
9	开心	31	19	章鱼	19
10	手艺	29	20	善良	18

由表 13 可知，"乡村网红"潘姥姥短视频评论数前 20 的特征词中，使用频率最高的是名词和形容词，包含了"姥姥""柚子""爱心""老人""饺子""手艺""奶奶"等；还有一些"好吃""泣不成声""幸福""感谢""开心""幸福"等词汇，表现了网友和视频观众在看视频时的内心感受和心理活动。在词频统计中，"姥姥"一词出现频率最高，说明在"乡村网红"潘姥姥的视频中。"姥姥"给予网友、粉丝和观众的印象最深刻，同时也反映了"潘姥姥"这一人物极强的感染力。此外，在特征词中，"柚子""饺子"这两个名词出现的频率也较高，而且潘姥姥的视频也充分展示了农村的生活和食品特产制作文化的独特文化特征，是吸引网民和粉丝的重要前提和保证。

B. 情感分析

在调研样本中，粉丝、网友、短视频观众在浏览和观看短视频中做出了一定的评价，主要通过形容词进行表达，从中心词汇中可看出粉丝对短视频的评价，因此，通过网络爬虫对评论进行爬取，使用 Hownet 情感提取相应高频词，按算法进行词汇筛选，最终选取的正面词汇 16 个，负面词汇 8 个，中性情感词 9 个，详见表 14 至表 16。

表 14　正面情感分析表

排序	词汇	频次	排序	词汇	频次
1	好吃	82	9	快乐	17
2	爱心	36	10	美食	14
3	开心	31	11	漂亮	13
4	厉害	26	12	可爱	10
5	健康	25	13	加油	10
6	幸福	22	14	能干	10
7	平安	20	15	好看	10
8	善良	18	16	勤快	10

表 15　中性情感分析表

排序	词汇	频次	排序	词汇	频次
1	一生	15	6	再也	4
2	也好	7	7	必须	4
3	心里	5	8	好久	4
4	看见	5	9	从未	3
5	每次	5			

表 16　负面情感分析

排序	词汇	频次	排序	词汇	频次
1	心酸	9	5	可怜	4
2	可惜	7	6	莫名	3
3	辛苦	6	7	伤心	3
4	失败	5	8	反而	2

通过数据分析可知，正面情感词汇和中性情感词汇占比远远高于负面情感词汇，说明了网友和粉丝非负面的情感占据了绝大部分内容。"好吃""爱心""开心""厉害""健康""幸福""平安""善良""快乐""美食"等视频特点，是网民和粉丝喜欢"乡村网红"潘姥姥的视频的主要原因。基于负面情感视角，负面情感一定程度上反映了"乡村网红"潘姥姥视频中仍存在的问题，需加以改进，发挥正面情感词汇优势，才能将高质量视频呈现给网

友和粉丝。

C. 社会语义网络分析

社会网络词义网络分析是以潘姥姥为关键词在抖音、快手、"火山小视频"中进行检索，收集其热度、流量粉丝最高的个 5 视频，每个视频取热度和点赞量前 250 名的评论，总记 1250 条评论，经过处理后，利用 ROST Content Minig 软件对其进行分析，详见表 17。

表 17　社会语义网络分析排名前 20 词汇表

序号	词汇	词汇	频次	序号	词汇	词汇	频次
1	姥姥	好吃	27	11	一生	平安	11
2	姥姥	手艺	22	12	姥姥	健康	11
3	厉害	姥姥	19	13	姥姥	身体	11
4	姥姥	爱心	18	14	姥姥	善良	11
5	健康	身体	17	15	姥姥	你家	10
6	泣不成声	姥姥	16	16	姥姥	开心	9
7	姥姥	幸福	13	17	姥姥	饺子	8
8	姥姥	孙女	13	18	姥姥	组团	8
9	奶奶	爷爷	11	19	姥姥	好人	8
10	姥姥	美食	11	20	姥姥	会做	8

通过分析可知，在"乡村网红"潘姥姥视频中，"姥姥"和"好吃"共同出现频次最高，说明粉丝和视频观众看到"姥姥"时，第一印象就会想到"好吃"，这说明了"好吃""美食""好吃的东西"等在"潘姥姥"的视频里出现频率较高。在前 20 的词义排名中，"姥姥"出现频次最多，词义组合范围最广，与"姥姥"的组合分别为"姥姥"和"好吃"、"姥姥"和"手艺"、"姥姥"和"厉害"、"姥姥"和"幸福"、"姥姥"和"美食"等，说明在"乡村网红"潘姥姥五个短视频中，大多的突出"姥姥"的个人生活和视频特色，也让网友对其印象更加深刻，将粉丝和网友吸引到视频当中去，促进短视频营销。

在社会网络分析中，目前"姥姥"是核心的词汇，其他中心词汇有"善良""好吃""感谢""平安""漂亮""人间"等形成"乡村网红"短视频突出的特征节点，可利用优势和特点将短视频向外推销，如图 3 所示。

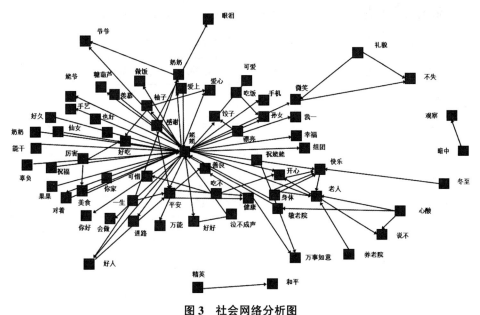

图3 社会网络分析图

③蜀中桃子姐

A. 高频词分析

本研究针对蜀中桃子姐的视频，选用其热度和点赞量最高的前5个视频，每个视频中点赞量和热度最高的前250条评论，将5个视频的前250条评论，共1250条评论，对其文本进行处理后，利用 ROST Content Minig 软件对其进行分析，详见表18。

表18 "乡村网红"蜀中桃子姐短视频评论数据来源

序号	短视频内容	选取的评论数
1	冬至，桃子姐约上姐妹一起包饺子，煮一大锅饺子，皮薄肉厚，真美味	前250条
2	桃子姐一家四口回娘家给爸爸庆生，做一桌好菜，这就是简单的幸福吧	前250条
3	周末放假，桃子姐给孩子们做一盘紫薯发糕，外加一筐薯片，大家都爱吃	前250条
4	桃子姐从土里扯完豆子回家，做一大盘豆子烧鹅，嚼劲十足，一家人都爱吃	前250条
5	秋分时节，桃子姐和包立春卖完猪肉回家，一家人围坐一起吃烤肉	前250条
总计		1250条

依据公式 1 进行测算，得出词语的频次，具体请详见表 19。

表 19 "乡村网红"蜀中桃子姐短视频评论排名前 20 的高频特征词

排序	特征词	词频	排序	特征词	词频
1	桃子	227	11	爸爸	32
2	幸福	82	12	大哥	30
3	泣不成声	73	13	棉袄	29
4	饺子	66	14	妈妈	26
5	一家人	58	15	孩子	25
6	快乐	50	16	爷爷	24
7	立春	43	17	小聪	23
8	冬至	41	18	可爱	23
9	羡慕	39	19	吃饭	22
10	好吃	32	20	漏风	21

由表 19 可知，"乡村网红"蜀中桃子姐短视频的前 20 的特征词中使用频率最高的是名词和形容词。包含"桃子""饺子""一家人""立春""冬至""爸爸""大哥"等；还有一些"好吃""快乐""羡慕""聪明""开心""可爱""健康"等词汇，表现了网友和视频观众在看视频时的内心感受和心理活动。在词频统计中，"桃子"一词出现频率最高，这说明了在"乡村网红"潘姥姥的视频中，"桃子"一词给网友和观众留了下深刻的印象，由此可见，"桃子姐"这一人物的强大感染力。此外，特征词当中的"饺子"出现频率也比较高，而且桃子姐的视频中也充分展示了农村的生活和食品特产制作文化的独特文化特征，是吸引网民和粉丝的重要前提和保证。

B. 情感词汇分析

在调研样本中，粉丝、网友、短视频观众在浏览和观看短视频中做出了一定的评价，主要通过形容词进行表达，从中心词汇中可看出粉丝对短视频的评价，因此，通过网络爬虫对评论进行爬取，使用 Hownet 情感词典提取相应高频词，按算法进行词汇筛选，根据情感倾向标准，最终选取的正面词汇 15 个，负面词汇 6 个，中性情感词 10 个，详见表 20 至表 22。

表20　正面情感分析

排序	词汇	频次	排序	词汇	频次
1	幸福	82	9	加油	7
2	快乐	50	10	长寿	7
3	好吃	32	11	礼貌	6
4	可爱	23	12	和谐	6
5	健康	18	13	阳光	5
6	能干	15	14	温馨	5
7	勤快	12	15	温柔	5
8	好看	7			

表21　中性情感分析

排序	词汇	频次	排序	词汇	频次
1	安逸	17	6	也好	10
2	观察	16	7	每次	8
3	长大	15	8	静静	8
4	真实	14	9	简单	6
5	每天	12	10	记得	5

表22　负面情感分析

排序	词汇	频次	排序	词汇	频次
1	漏风	21	4	遗憾	3
2	不像	6	5	拒绝	3
3	辛苦	6	6	忘记	2

通过分析可知，正面情感词汇和中性情感词汇占比远高于负面情感词汇，说明了网友和粉丝非负面的情感占据了绝大部分内容。"幸福""快乐""好吃""可爱""健康""勤快""好看""加油""长寿""礼貌""阳光""温馨""温柔"等视频特点是网民和粉丝喜欢"乡村网红"蜀中桃子姐的视频的主要原因。基于负面情感视角，负面情感一定程度上反映了"乡村网红"蜀中桃子姐视频中仍存在问题，需加以改进，发挥正面情感词汇优势，才能以视频高质量呈现给网友和粉丝。

C. 社会语义网络分析

社会网络词义网络分析是以"蜀中桃子姐"为关键词在抖音、快手、火山小视频等平台中进行检索，收集其热度、流量粉丝最高的个 5 视频，每个视频取热度和点赞量前 250 名的评论，总记 1250 条评论，对其文本进行处理后，运用 ROST Content Mining 软件进行分析，详见表 23。

表 23　语义网络分析表

序号	词汇	词汇	频次	序号	词汇	词汇	频次
1	一家人	幸福	25	11	暗中	观察	10
2	冬至	快乐	20	12	健康	快乐	10
3	棉袄	漏风	19	13	冬至	饺子	9
4	桃子	泣不成声	14	14	幸福	羡慕	9
5	桃子	姐姐	13	15	桃子	贤惠	8
6	桃子	立春	13	16	羡慕	家庭	8
7	桃子	幸福	11	17	桃子	吃饭	8
8	桃子	能干	11	18	桃子	快乐	8
9	健康	身体	10	19	氛围	家庭	8
10	妈妈	爸爸	10	20	桃子	一家人	8

通过词汇语义分析可知，在"乡村网红"蜀中桃子姐视频中，"一家人"和"幸福"共同出现频次最高，说明粉丝和视频观众看到"一家人"时，就会想到"幸福"，也说明了"一家人"在"蜀中桃子姐"的视频里出现频率高。在前 20 的词义排名中"桃子"出现频次最多，词义组合范围最广，与"桃子"的组合分别为"桃子"和"泣不成声"、"桃子"和"姐姐"、"桃子"和"立春"、"桃子"和"幸福"、"桃子"和"能干"、"桃子"和"贤惠"、"桃子"和"吃饭"、"桃子"和"快乐"、"桃子"和"一家人"等组合，说明在"乡村网红"蜀中桃子姐五个短视频中大多的突出"桃子"的个人生活和视频特色，也让网友对其印象更加深刻，将粉丝和网友吸引到视频当中去，促进短视频营销。

在社会网络分析图中，目前"桃子"是最重要的词汇，其他中心词汇有"好吃""健康""幸福""泣不成声""快乐""姐姐""羡慕""好吃""立春""可爱"等形成"乡村网红"短视频突出的特征节点，可利用优势和特点将短视频向外推销，如图4所示。

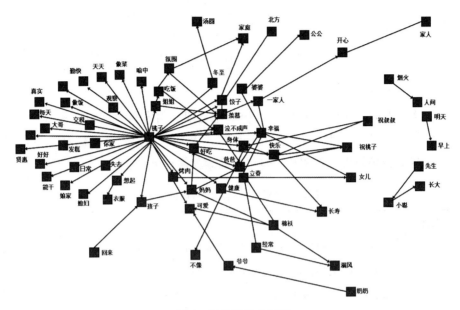

图4　社会网络分析图

（二）"乡村网红"短视频对消费者态度影响及对策研究

1. 指标与题项设计

（1）消费者态度指标设计

本文依据前人研究成果[14]，从认知态度、情感态度和行为态度三个维度对消费者态度进行测算，各指标的题项请详见表24。

表24　消费者态度各指标题项

变量	题项
消费者 认知态度	通过"乡村网红"的短视频，我觉得其短视频中的产品更有使用价值
	通过"乡村网红"的短视频，我对产品有更加深入的认知和了解
	通过"乡村网红"的短视频，我对他们有了新的认知
消费者 情感态度	通过"乡村网红"的短视频，我更加喜欢他们和他们推荐的产品
	观看"乡村网红"的短视频时我感到十分愉悦
	在同类"网红"短视频中，我对关注的"乡村网红"短视频及他们推荐的产品更感兴趣

续表

变量	题项
消费者 行为态度	在我需要购买同类型产品时，我会优先考虑"乡村网红"推荐过的
	"乡村网红"的短视频中推荐过的产品，我购买的可能性更大
	我愿意继续关注"乡村网红"的短视频账号并购买他们的产品

（2）短视频营销效果指标设计

本文依据前人研究成果[15]，从场景化呈现、内容相关度与真实度、"乡村网红"个人魅力、"乡村网红"活跃度、互动、评论六个指标对"乡村网红"短视频营销效果进行测算，各指标的题项请详见表 25。

表 25 短视频营销效果各指标题项

变量	题项
场景化 呈现	短视频以乡村自然风光为背景，更能吸引我的注意
	短视频展示乡村特色美食更能吸引我的注意
	短视频中出现具有民族特色的服饰、美食更能吸引我的注意
	短视频中出现美食教程的更能吸引我的注意
	短视频中出现乡村农活劳作的更能吸引我的注意
	短视频中女主播比男主播更具有吸引力
	短视频中男主播比女主播更能吸引我
	我更喜欢搞笑性质的"乡村网红"短视频
	我更喜欢看种植类的乡村短视频
	相比起以乡村生活为主的视频，我更喜欢具有技术性的视频，如雕刻、泥塑等
	我更喜欢豪放型的视频，这样能使我身临其境
内容相关度 与真实度	内容展示乡村人民日常生活的短视频，更能吸引我的注意
	短视频中呈现出的乡村特色越浓厚，更能吸引我的注意
	短视频的内容越符合我的兴趣，我对其产品的关注度越高
	短视频内容越突出乡村农产品特产特点，我对其短视频营销产品的认知越全面
	短视频的内容或话题标签带有扶贫助农的特点，我会有想要帮助扶贫的想法
	短视频的内容看起来真实可信，我会有想要去实地体验的想法

变量	题项
"乡村网红" 个人魅力	我认可"乡村网红"在短视频中呈现的生活方式
	我认可"乡村网红"淳朴与自然的风格
	我认为我所关注的"乡村网红"有特殊的人格魅力
"乡村网红" 活跃度	我认为"乡村网红"在短视频平台上很活跃
	"乡村网红"在短视频平台发布的频率越高,我越喜欢
	我熟悉"乡村网红"发布短视频的时间及频率
互动	"乡村网红"经常在短视频中和粉丝互动
	我愿意参与乡村短视频中的互动
	我愿意和"乡村网红"进行短视频中的互动
评论	我喜欢看短视频的评论
	我喜欢看"乡村网红"短视频下面的评论
	我认为"乡村网红"的短视频中的评论值得参考

2. 研究假设

首先,"乡村网红"通过短视频的方式,向用户展示乡村场景与特色产品,与用户建立互动关系,消费者可根据短视频中显示购买方式,购买自己感兴趣的产品,因此,观看视频的用户都有可能成为潜在的消费者。由此可见,场景化呈现、内容相关度与真实度以及"乡村网红"个人魅力、活跃度、互动情况与消费者态度间存在一定的关系;其次,消费者可在短视频评论区分享产品体验,这不仅能促进短视频的二次传播,而且对消费者的态度也产生了一定影响。此外,短视频营销效果的各指标与消费者态度的各指标也存在一定关系。鉴于此,本文提出如下假设,详见表26。

表 26 研究假设

序号	解释变量	被解释变量	影响方向
H1	场景化呈现	消费者认知态度	正向
H2	场景化呈现	消费者情感态度	正向
H3	场景化呈现	消费者行为态度	正向
H4	内容相关度与真实度	消费者认知态度	正向
H5	内容相关度与真实度	消费者情感态度	正向

序号	解释变量	被解释变量	影响方向
H6	内容相关度与真实度	消费者行为态度	正向
H7	乡村网红个人魅力	消费者认知态度	正向
H8	乡村网红个人魅力	消费者情感态度	正向
H9	乡村网红个人魅力	消费者行为态度	正向
H10	乡村网红活跃度	消费者认知态度	正向
H11	乡村网红活跃度	消费者情感态度	正向
H12	乡村网红活跃度	消费者行为态度	正向
H13	互动	消费者认知态度	正向
H14	互动	消费者情感态度	正向
H15	互动	消费者行为态度	正向
H16	评论	消费者认知态度	正向
H17	评论	消费者情感态度	正向
H18	评论	消费者行为态度	正向
H19	消费者认知态度	消费者行为态度	正向
H20	消费者情感态度	消费者行为态度	正向

3. 数据来源

本研究主要采用线上+线下的方式进行问卷发放，此次发放问卷共计 500 份，回收问卷 498 份，回收率为 99.6%。对回收的 498 份问卷进行数据完整性检查，剔除重复和无效问卷后，获得有效问卷 495 份，数据的有效率高达 99%。

4. 数据分析

（1）信度和效度分析

问卷的 α 系数值为 0.88，说明问卷数据信度较高。问卷的 KMO 值为 0.87，表明数据的效度较高。总而言之，研究数据信度和效度较高，可进一步开展研究。

（2）描述性统计分析

通过分析发现，在研究样本中，"乡村网红"的受众群体汉族人群占比最高，比例为 63.6%。在性别方面，男女比例基本持平，女性占比略大，说明

"乡村网红"短视频对男性和女性的营销效果基本相同。在地区方面，居住在三线城市的人数最多，占比为37.8%，依次为三线城市以下、一线二线城市和五大藏区，占比分比为25.7%、22.4%和14.1%，说明"乡村网红"短视频在三线城市及以下地区营销效果更好。在年龄方面，18—35岁的人数最多，占比高达60%以上，35—45岁人群占比为23.6%，18岁以下群体人数最少，说明"乡村网红"短视频更容易吸引青年、中年人群体。在学历方面，主要以大专为主，占比为45.3%，其次为本科及以上学历，占比21.8%，说明"乡村网红"短视频对高学历群体营销效果更好。在职业方面，公司职员人数最多，占比为43.8%，其次为学生群体，占比27.3%，说明"乡村网红"短视频更容易吸引公司职员与学生群体。

（3）相关性分析

通过测算Pearson相关系数分析各变量之间的相关性，详见表27。

表27　各变量与消费者态度相关性分析结果

项目名称	场景化	内容	魅力	活跃度	互动	评论	认知	情感	行为
场景化	1								
内容	0.937**	1							
个人魅力	0.891**	0.867**	1						
活跃度	0.886**	0.871**	0.846**	1					
互动	0.888**	0.863**	0.850**	0.854**	1				
评论	0.875**	0.855**	0.824**	0.828**	0.822**	1			
认知态度	0.890**	0.871**	0.843**	0.841**	0.857**	0.833**	1		
情感态度	0.901**	0.888**	0.840**	0.848**	0.847**	0.825**	0.851**	1	
行为态度	0.895**	0.877**	0.836**	0.842**	0.837**	0.822**	0.850**	0.855**	1

＊$p<0.05$，＊＊$p<0.01$

通过分析可知：①在0.01的显著性水平下，"乡村网红"短视频营销效果的各变量与消费者的认知态度、情感态度和行为态度存在正向的显著性关系，相关系数均超过0.8，说明短视频营销效果与消费者态度之间存在强度正向相关关系，其中以场景化呈现与消费者情感态度的相关性最强，相关系数达到了 0.901。②在 0.01 的显著性水平下，消费者认知态度、情感态度与行为态度相互之间也存在正相关关系，且相关系数大于 0.8，属于强相关关系。

（4）回归性分析

本文将短视频营销效果的各变量作为解释变量，消费者态度各指标分别作为被解释变量进行回归分析，具体请详见表28。

表28　各变量与消费者态度相关性分析结果

被解释变量	解释变量	回归系数	标准误差	标准化	T值	T值
消费者认知态度	（常量）	0.360	0.236		1.530	0.127
	场景化呈现	0.077	0.019	0.271	4.029	0.000
	互动	0.200	0.043	0.209	4.696	0.000
	评论	0.126	0.041	0.126	3.086	0.002
	内容相关度与真实度	0.079	0.029	0.156	2.750	0.006
	"乡村网红"个人魅力	0.108	0.044	0.109	2.462	0.014
	"乡村网红"活跃度	0.088	0.044	0.090	2.012	0.045
N	495					
R^2	0.827					
F	394.836**					
消费者情感态度	（常量）	−0.117	0.237		−0.495	0.621
	"乡村网红"个人魅力	0.068	0.044	0.067	1.550	0.022
	"乡村网红"活跃度	0.114	0.044	0.112	2.585	0.010
	互动	0.116	0.043	0.117	2.708	0.007
	评论	0.056	0.041	0.054	1.374	0.037
	场景化呈现	0.105	0.019	0.354	5.433	0.000
	内容相关度与真实度	0.134	0.029	0.253	4.595	0.000
N	495					
R^2	0.837					
F	424.922**					

续表

被解释变量	解释变量	回归系数	标准误差	标准化	T值	T值
消费者 行为态度	（常量）	−0.387	0.254		−1.522	0.129
	"乡村网红"个人魅力	0.084	0.047	0.079	1.771	0.048
	"乡村网红"活跃度	0.125	0.047	0.119	2.644	0.008
	互动	0.096	0.046	0.094	2.089	0.037
	评论	0.079	0.044	0.074	1.804	0.027
	场景化呈现	0.115	0.021	0.377	5.553	0.000
	内容相关度与真实度	0.113	0.031	0.207	3.610	0.000
N	495					
R²	0.824					
F	385.961**					

* p<0.05，** p<0.01

通过分析可知：

• 场景化呈现、内容相关度与真实度、"乡村网红"个人魅力、"乡村网红"活跃度、互动和评论等变量在 0.01 的显著性水平下对消费者认知态度具有显著影响，并且模型通过了 F 检验，拟合程度为 82.7%，说明模型有效且拟合度较好。此外各变量的回归系数均大于 0，说明它们对消费者认知态度的影响是正向的，根据标准化系数，各变量影响程度依次为：场景化呈现>互动>评论>内容相关度与真实度>"乡村网红"个人魅力>"乡村网红"活跃度。

• "乡村网红"短视频营销效果的各指标对消费者情感态度亦存在显著影响，模型有效且拟合程度为 83.7%，其中"乡村网红"个人魅力和评论在 0.05 的显著性水平下显著，其余变量在 0.01 的显著性水平下显著，且均为正向影响，即"乡村网红"短视频营销效果越好，消费者情感态度越高。

• 除了"乡村网红"个人魅力与互动、评论在 0.05 显著性水平下对消费者行为态度产生显著正向影响之外，其余变量在 0.01 显著性水平下对消费者行为态度具有显著的正向影响，影响程度依次为：场景化呈现>内容相关度与真实度>"乡村网红"活跃度>互动>评论>"乡村网红"个人魅力。

5. 研究结论

假设检验结果请详见下表 29。

表 29　假设结论表

序号	解释变量	被解释变量	影响方向	结论
H1	场景化呈现	消费者认知态度	正向	成立
H2	场景化呈现	消费者情感态度	正向	成立
H3	场景化呈现	消费者行为态度	正向	成立
H4	内容相关度与真实度	消费者认知态度	正向	成立
H5	内容相关度与真实度	消费者情感态度	正向	成立
H6	内容相关度与真实度	消费者行为态度	正向	成立
H7	"乡村网红"个人魅力	消费者认知态度	正向	成立
H8	"乡村网红"个人魅力	消费者情感态度	正向	成立
H9	"乡村网红"个人魅力	消费者行为态度	正向	成立
H10	"乡村网红"活跃度	消费者认知态度	正向	成立
H11	"乡村网红"活跃度	消费者情感态度	正向	成立
H12	"乡村网红"活跃度	消费者行为态度	正向	成立
H13	互动	消费者认知态度	正向	成立
H14	互动	消费者情感态度	正向	成立
H15	互动	消费者行为态度	正向	成立
H16	评论	消费者认知态度	正向	成立
H17	评论	消费者情感态度	正向	成立
H18	评论	消费者行为态度	正向	成立
H19	消费者认知态度	消费者行为态度	正向	
H20	消费者情感态度	消费者行为态度	正向	

根据实证分析结果可知：

● 消费者对"乡村网红"短视频的认知度、喜爱度越高，其购买短视频中营销产品的意愿就越强。

● "乡村网红"短视频中场景化呈现（如独特的乡村风光、特色民族美食等）越明显，消费者对其的认知度和喜爱度就会越高，购买意愿也会更强。

● "乡村网红"短视频内容与用户的兴趣越匹配、真实度越高，用户越可能转化成消费者，并且会更喜爱、支持"乡村网红"。

● 消费者对"乡村网红"在短视频中所呈现的生活方式和个人风格等认

可度越高，"乡村网红"的个人魅力就越显著，从而使得消费者的认知态度、情感态度和行为态度都有所上升，产生更强烈的购买营销产品的意愿。

- "乡村网红"越活跃，消费者对其越喜爱、越认可，也更愿意购买其所推销的产品。
- "乡村网红"与消费者之间的互动频率越高、消费者对互动和评论的认可度越高时，消费者的认知态度、情感态度和行为态度都会升高，用户黏度、消费者转化率也会随之上升。

二、存在的问题

（一）短视频内容质量不高，同质化严重

快速的"复制+粘贴"模式是短视频的一大特点，这就使得视频内容质量不高，容易出现同质化甚至是低俗化现象。这主要是网络平台参与门槛低，"网红"素质参差不齐、网络平台监管不力的因素造成的。部分"乡村网红"最刚开始主要是模仿"爆款"，在点赞数方面取得了一些成绩，但这种模仿缺乏创新，没有自身的优势和独特性，因此也没能得到受众的持续关注。

短视频是"技术+艺术"的融合体，因此，如何在短视频呈现艺术性和赋予其内涵价值，也是值得乡村网络探索和思考的问题。然而，在传播娱乐浪潮的影响与冲击下，"乡村网红"短视频行业在向受众呈现过程中，注重形式，内容缺乏创新，这就使得乡村网络短视频内容同质化较为严重。若"乡村网红"无法保障其短视频优质内容输出，那么他们将会失去其核心竞争力。

（二）缺乏专业和系统的内容生产体系

在信息碎片化严重的时代，虽有不少"乡村网红"的短视频的点赞数和视频播放量超十万，但其粉丝数仅为几千人，点赞量和播放量较高主要是"网红"复制和模仿他人视频内容获得的，其自身尚未持续输出优质的原创内容，不利于吸引受众，留住粉丝。此外，由于"乡村网红"素质及技能水平参差不齐，因此，其发布出来的视频作品的内容质量也是参差不齐，他们走红主要是依靠短视频中的乡村风土人情文化标签，但乡村风土人情文化标签较为碎片化，尚未系统、整体和连续地向受众呈现，这就严重阻碍了"乡村

网红"的持续发展。

（三）文化程度不高，专业技能不足

"乡村网红"在短视频中起步较晚，加之自身文化水平不高等原因，尚未接受过专业训练的他们，缺乏拍摄短视频的技术和技巧，在内容与形式方面较为单一。

因此，在科学技术迅猛发展的时代，"乡村网红"预想抢占流量高地，需不断学习，提升自身专业技能，同时加强对相关政策法规的学习，不断提高自身的文化素养。

三、乡村网红短视频营销传播优化策略

（一）依托乡村资源，打造自身特色，呈现真实场景

在"互联网+"信息超载时代，只有具备鲜明的特色，才能突出重围，"乡村网红"利用乡村标签打造自身鲜明的乡村特色，开始进入大众视野。由于场景化呈现能够刺激消费者的购买意愿，因此，"乡村网红"在短视频营销过程中，可依托当地特色资源，将乡村特色风光、特色美食、特色文化等标签同短视频内容深度融合，多元化展现乡村场景。此外，可以选择技术类、种植类等场景，重点体现乡村与城市的不同之处，利用乡村生活场景吸引用户注意力。

（二）精心设计内容，迎合用户取向，巧妙植入产品

"乡村网红"短视频内容需精心设计并不断优化，以满足各类人群的兴趣取向，并且在保证真实度的前提下，根据营销目的将带有营销产品特点的内容巧妙设计，并植入到短视频内容中，从而提高消费者的认知态度、情感态度和行为态度。

（三）发掘个人魅力，提升个人技能，精准定位内容

独特的短视频风格是自身得以突围的重要因素。因此，在短视频内容的定位和选取方面，"乡村网红"应充分了解自身特点，选取合适的题材，制作与自身特点相适应的短视频内容，发挥个人优势，展示自己的生活态度、生

活方式中所体现出来的个人魅力，吸引更多消费者。同时，积极参加官方组织的各类培训，不断学习短视频制作方面专业技能，不断提升自己，提高短视频制作质量。此外，还可与当地网红开展合作与交流，实现优势互补，双方共赢。

（四）保持一定活跃，定期浏览评论，及时进行互动

根据研究结论可知，"乡村网红"的活跃度、与消费者之间的互动以及短视频下的评论都会对消费者态度产生影响，因此，"乡村网红"应保持一定的活跃度以保证用户黏性，定期开展互动活动、阅读回复消费者评论等，并鼓励已购买产品的消费者多发表个人评论，以提升更多消费者的认知度、喜爱度和购买意愿。

参考文献

[1]中国互联网络信息中心.第51次中国互联网络发展状况统计报告[EB/OL].[2023-04-03].https://www.cac.gov.cn/2024-03/25/c_1713038218396702.htm.

[2]金韶，褚婉宏."乡村网红"的传播特征、影响和趋势研究[J].视听理论与实践，2021（4）：87-92.

[3]张可，许可，吴佳霖，等.网红短视频传播对消费者旅游态度的影响——以丁真走红现象为例[J].旅游学刊，2022（2）：105-119.

[4]刘玉.网红短视频的受众购买决策研究——基于准社会互动理论的实证分析[D].重庆：重庆理工大学，2020.

[5]奚路阳，程明.试论网红经济及其发展路径——基于传播逻辑与商业逻辑的双重视角[J].企业经济，2017（12）：102-108.

[6]魏萌，张博.新浪微博"网红"的微博内容特征及传播效果研究[J].情报科学，2018（2）：88-94.

[7]王卫兵.网红经济的生成逻辑、伦理反思及规范引导[J].求实，2016（8）：43-49.

[8]张昊，董智琦，王弘苏.时尚网红参与价值共创对时尚产品设计属性影响的量表开发与实证研究[J].管理学报，2017（9）：1351-1361.

［9］胡丽霞.电商网红粉丝冲动购买机制研究——基于准社会互动视角［D］.大连：东北财经大学，2017.

［10］朱芳.网红参照群体对消费者购买意愿的影响研究［D］.深圳：深圳大学，2017.

［11］方方.社会化媒体时代短视频热潮解析［J］.新闻研究导刊，2016(10)：349.

［12］LEE J，PARK D H，HAN I. The effect of negative online consumer reviews on product attitude：an information processing view［J］. Electronic commerce research and applications,2008(7):341-352.

［13］ZHANG W，WATTS S A. Capitalizing on content：information adoption in two online communities［J］. Journal of the association for information systems, 2008,9(2):73-94.

［14］周欣悦.消费者行为学［M］.2 版.北京：机械工业出版社，2021：1-414.

［15］何日辉.短视频的应用类型与盈利模式［J］.新闻战线，2019(17)：95-97.

以各地传统节日文化为主体打造乡村
文化旅游产业

——非物质文化遗产生产性保护助力乡村振兴研究报告

王晨（北京师范大学艺术与传媒学院）

传统节日文化是实施乡村文化振兴战略中可被大力挖掘与开拓的重要资源。在非物质文化遗产（以下简称"非遗"）生产性保护、文化和旅游融合的大趋势下，本文以传统节日文化发展为契机，探讨传统节日非遗资源转化为旅游资源的有效途径，着力于打造传统节日文化品牌、激活本土民族文化资源以及培育乡村旅游新动能，为乡村文化旅游可持续发展添砖加瓦。

一、相关政策分析和解读

自 2009 年发布《全国乡村旅游发展纲要（2009—2015）》以来，中央及各部委共发布一系列涉及乡村旅游发展的政策文件，这些文件基本构建了中国乡村旅游政策体系[1]。乡村旅游政策中，文化振兴占据了重要部分，其对于乡村振兴来说起到了重要助力。

2020 年 10 月，党的十九届五中全会审议通过的《中共中央关于制定国民经济和社会发展第十四个五年规划和二〇三五年远景目标的建议》明确提出，"繁荣发展文化事业和文化产业，提高国家文化软实力"，到 2035 年"建成文化强国"。这意味着，"十四五"时期是文化和旅游迎来高质量发展的关键阶段，机遇与挑战并存。

2021 年 5 月，文化和旅游部发布的《"十四五"非物质文化遗产保护规划》，明确了"十四五"非物质文化遗产保护的总体要求、主要任务和保障措施，强调加强非遗项目保护，特别指出要实施传统节日振兴计划。

2022 年，文化和旅游部等六部门印发的《关于推动文化产业赋能乡村振兴的意见》，将"文化引领、产业带动"作为基本原则之一，提出到 2025 年，以文化产业赋能乡村振兴的有效机制基本建立，乡村人文资源和自然资源得到有效保护和利用。文化和旅游融合发展已经是政府开展乡村振兴的有力武器，文化和旅游融合发展的时代来临。

传统节日既作为非物质文化遗产保护的重要部分，也是当地居民生活文化的集中体现。早在 2009 年，《关于促进文化与旅游结合发展的指导意见》强调，要加强推动文化与旅游的结合发展，要举办一些全国性的大型文化旅游节庆活动。2014 年，国务院出台的《关于促进旅游业改革发展的若干意见》要求，节庆旅游要推动文化旅游产品的创新性，发掘最具地方特色的文化元素，塑造旅游产品的品牌形象，协调组织群众积极参与节庆旅行活动。以传统节日为时间契机，大力开拓节庆资源配置，培育乡村旅游新动能，进一步推动非遗与旅游深度融合的发展。

二、传统节日文化的内涵与价值

（一）传统节日文化概念、起源

中国传统节日文化是华夏先祖们在几千年的农耕生产中，根据农业生产中的认识总结农业生产规律，并将其运用于农业生产实践中，从而产生的具有鲜明特色的过节文化。我国最早的传统节日可以追溯到农业节日，农民根据节气来确定节日，同时也编撰了很多农事书籍，如《夏小正》。我国传统节日体系在先秦时期就有了雏形，于隋唐时期走向成熟。在漫长的发展历程中，具有时代特征。

节日、节庆与节事现今经常被混为一谈，这三者相似却有差异，但彼此密不可分。节日，是需要或值得庆祝的日子，它可以是纪念性节日、节气性节日或某一人群、某一行为、某一行业用于庆祝的节日。节庆，就是一个社群的人聚在一起，在节日里就某一事件举行庆祝。节事，有赛事、演艺等，涵盖了所有节庆活动和特殊事件活动。本文所研究的是以节日为时间依托的节庆活动与节庆旅游。

节庆活动种类繁多，本文划分如下：第一，地方节庆活动，一般和地域特征有很大的关联性，蕴含了当地的文化特点，如泼水节、芦笙节等少数民族节日。第二，政治性节庆活动，通常由政府主导来举办的节庆活动，具有浓郁的政治色彩，如国庆节等。第三，传统民俗节庆活动，这是民间自古流传至今的和人们生产生活息息相关的节庆活动，如元旦、清明节等。除了政治性节庆活动，另外两类是本文研究的范畴。

（二）传统节日文化的内核

在人文旅游资源中，传统节日文化起到非常关键性的作用，很多传统节庆活动中都蕴含着非常有价值的文化内涵，能够帮助人文旅游进一步发展。传统节日文化是中华民族精神的精髓，涵盖了人们的观念、信仰等。非遗公约里把节日庆典作为一个重要内容，传统节日作为我国非遗文化资源一般涉及物质层面、社会生活及精神层面资源[2]。

第一，物质层面资源。在古代，祭祀、馈送等一般都需要用到节日饮食，因此这也是中国传统节日物质文化的一部分，每一个节日都有特定的节日饮食，如春节期间的春饼、年糕、春酒、腊肉等年味食品，元宵节的汤圆，清明节的青团、软曲饼、乌米饭、清明茶，端午节的粽子，中秋节的月饼等。

少数民族地区饮食资源更为丰富，正月十五闹元宵的粑粑，二月二的花糯米饭，四月八的牛王粑，六月六的枕头粽，七月半的四色糯米饭，腊月牯脏节的糯米饭、红肉、牛瘪、酸菜鱼等。

节日食品并非简单的物质，同时也蕴含了丰富的文化。不同的节日所食用的食物不同，蕴含的民俗感情也不同。传统节日的物质层面资源是节日最有价值的资源之一。

第二，社会层面资源。传统节日，特别是民族区域节日大多是群体活动，是社会交往与社会团结的时机，地方社会依靠节会进行秩序建构与增进社会联系，如龙舟竞赛、社交娱乐、说春、长桌宴、跳月、坡会、歌会、集体舞蹈、戏曲表演、丰年祭等。这些分布于全年不同时间节点的传统节日形成节日时间轴，人们可以选择在不同节点的节庆中聚集起来，通过形成共同的群体依恋，从而维系家庭及社会组织纽带，作为精神寄托和情感寄托。汉族和一些少数民族地区常过的春节、中秋节及民族地区特有的傣族新年泼水节、苗族"苗年"、蒙古族"白节"等都一以贯之地倡导阖家团圆、社会和美的家国情怀，实现社会群体的高度凝聚[3]。

第三，精神层面资源。节日是民众信仰、精神、伦理道德表达与调整的重要时间。民族节日节俗的形成都有自己的历史传说，民间的口头传统也借助节日进行传承，通过节日祭祀仪式、节日礼仪庆典、节日起源传说与节日风物传说，让节日的参与者获得周期性精神表达、情感释放与口头传统传承的机会，民族文化传统或地方文化传统得到传承。尤其在普遍"追求科学世界"的现代社会，过节就成为释放心情，表达情趣，以调整"精神世界"的重要方式。在春节、清明节、中秋节、端午节等国家法定节假日，也是工作繁忙的人们休闲度假之时。在这样的节日里，人们更能得到精神的愉悦。

（三）传统节日文化资源的特征与价值

传统节日资源不仅是文化资源，同时也具有节庆自身的特征，它的价值和特征体现在传承性、稳定性、持久性等多方面。

1. 多元性与整体性

文化本身的内部结构是一个完整的多元系统。传统节庆资源作为文化资源的子系统，同样具备多元性特征，从上文分析中，我们得知其资源的形态有物质属性的，也有行为（及制度）、语言或精神层面的非物质属性的表现，多元且统一。节庆资源的整体性是建立在多元性的基础之上，是其物质和非物质多元属性的整合。这对于节庆资源的开发与利用，具有很好的指导意义，我们应该从节庆资源的物质、行为和精神等方面的综合开发着手。例如，我们对于传统端午节的开发和利用，便是如此：从吃的粽子、喝的雄黄酒、门口插的艾草、手上戴的五彩线（均为物质元素），到赛龙舟的比赛活动（行为元素），再到纪念屈原、拜神祭祖、祈福辟邪（精神文化元素），是以多元文化属性的整合，来表达传统节日的完整内涵。

2. 符号性与象征性

传统节日活动都是基于某一区域的环境条件，历经长期的发展演化而逐步沉淀下来，稳定成型的，因此知名的节日（活动）往往是一地的符号标志，具有符号性，有的还成为当地的"标志性节事活动"。例如，中国人的春节已成为世界性符号，还有德国慕尼黑啤酒节，美国夏威夷檀香山节等。基于符号性特质，传统节日往往具有鲜明的地域和文化特征，具有对当地的象征与表现的意义和功能。从国内外知名的节庆活动可以看出，这些节庆活动的名称包括当地的独特物产、当地的特色风情或文化现象，使人们一看便可轻松知晓或记住该节庆的地点与特色。这对地方的品牌形象塑造与传播意义深重。

3. 独特性与共享性

不同的节日具有不同的历史渊源、美妙传说、独特情趣和文化特色，这也是其符号象征性所决定的。节庆资源可依托当地独具特色的物质与风情文化，开发出异于同类资源的品牌。

但同时，节日文化资源具有共享性的特征，也就是节日资源是全人类所共同拥有的文化遗产与财富。虽然它是区域性的特色，但并不属于某地域或该地区的人所能独享的。这也就意味着，对于特色节日（文化）资源，所属地（即当地）可以进行利用与开发，但并不能阻碍别地的人进行开发利用，即节日文化资源开发利用的"共享性原则"。就如中国传统文化 IP 花木兰、大熊猫，仍被美国作为品牌输出进行电影拍摄。共享性对于传统节日资源的开发是双刃剑，既是挑战，也是激励。

传统节日所富有的多层次、多类型文化和旅游资源，给乡村文化旅游以传统节日为主体创造了可能。首先，传统节日为乡村文化和旅游提供充分的物质层面和精神层面的资源，满足人们对于物质与精神层面的需求。无论是从时间还是空间都能够给予参与主体充分的选择，让人们能够在乡村文化旅游中得到满足。其次，节庆资源的运行与开发主体，可以促进各种节事活动的运行机构（组织）的发展，进一步加强和完善政府部门、企业、媒体及各类社会组织机构的合作。从文化品牌营销、产品创新、丰富文化市场、满足多元利益等方面提升运行机构的经营水准。此外，传统节日活动对于依托地区的文化传承与传播，促进国内外文化交流有着重要意义；通过传统节日资源为抓手，提升相关基础设施的建设，带动餐饮、住宿、交通运输、旅游观光及其他服务业，可以促进当地经济发展，提升城市地域形象。相应地，传统节日也能在文化旅游中保持活力，可持续发展，从而实现非遗生产性保护。

三、传统节日类非遗资源转化为旅游资源的有效途径

传统节日习俗资源虽然丰富，但不是所有的节日资源都适合转化为旅游资源，我们对前文所述的三类节日资源要予以细致区分，选择适合时代、环境与社会需要并具有旅游特性的资源。

（一）节日资源的选择

首先，物质层面资源是节日中最外显、最易于感知，也易于进行旅游资源开发利用的部分。我们可以选择节日特色饮食、节日歌舞表演、节日用品等作为节日资源转化的重点。

"旅游六要素"中排首位的就是"食"。饮食文化逐渐成为旅游者猎奇、探索本地文化的重要方式。旅游节令饮食也逐渐成为公共民俗饮食，其功能性也开始向审美性、旨趣性、创意性转变。北京稻香村作为在北京的南味糕点老字号品牌，既为本地居民奉上传统节日饮食，又为旅游者提供京味特色旅行伴手礼。国内一些旅游城市也兴起文创食品，长沙"茶颜悦色"、故宫"文创雪糕"、绍兴"黄酒冰棒"、重庆"江小白"、柳州"螺蛳粉"、厦门鼓浪屿"牛轧糖"等消费零食作为文化创意类物质资源受到旅游者追捧。由此可见，饮食文化作为旅游资源的重要性。

其次，社会层面资源是人气集聚的节点，也是文化旅游的重要时机，应当特别关注"节会资源"社会扩散效应，社会性活动资源跨过了国界、种族的界限，让来自不同地域与族群的旅游者与本地居民手拉手围着篝火踏歌起舞；贵州丹寨苗族过"苗年"摆上长桌宴唱起祝酒歌，与游客共享当地美食……这是地方文化最具象的表达，也是最质朴的牵手连心的情感交流。节日成为促进民族团结、增强中华民族共同体意识的场域，也正是城市生活的人们能够最容易和最真切地感受热闹丰富的乡村生活的时刻。

再次，节日的精神资源选择需要格外尊重地方信仰、禁忌，不能简单地转化为旅游观赏对象。在节日资源选择上要注意国家民族和宗教政策、社会公序良俗与地方文化传统规则，可选择民族传统技艺表演作为旅游欣赏资源，以实现文化旅游融合的健康发展。有学者表示，民间文化可以通过"民俗主义"创新成为可生产和复制的旅游景观，还有学者痛惜浙江景宁畲族自治县"三月三"乌饭节被一种嘉年华式的节日氛围所包裹，完全感受不到传统"三月三"乌饭节的气息[4]。所以，对于节日类非遗，尤其是对祖先、神灵信仰崇拜的文化资源的开发使用，要以民众的意愿为前提，尊重其核心文化并随时调整旅游开发策略。

（二）节日资源的优化

在确定了可转化的节日资源之时，旅游规划部门应充分把握非遗内在文化与历史积累，充分重视其核心内涵的保护传承，并充分尊重非遗持有人的感情，再对相关节日资源进行优化萃取。此项工作需要明确适用于旅游的关键性时间节点、旅游路线与旅游产品，并结合节日旅游的季节性与综合性特点，充分发挥节会集中的综合性优势并优化其他类非遗资源。

首先，重视节日旅游的季节特点。春秋时节传统节日密集，节俗丰富，是节日民俗充分展现也最具魅力的节日[5]。我们可梳理不同地区春季、秋季节日资源，对其存在的鲜活节日形态进行提炼，适应春秋时节传统节日在民族地区开展的节律，依照旅游行业季节性特质，规划设计一些符合旅游者的线路，真正实现文化和旅游的深度融合。

其次，重视利用节日时间平台，将传统节日作为非遗相关项目的综合展示传承平台。如节日物品制作的手工艺技术及成品展示与销售、民俗艺术展演、史诗与歌谣的传唱、特色饮食共享与地方历史人物的追念等，将节日文化空间转化为文化和旅游融合的旅游场所[6]。我们将节日特色技艺、文化记忆、传统美食、历史传承等内容横向展陈，有机融入节日时间点的纵向设置中。

2006年，湖北省屈原故里秭归县作为首批国家非物质文化遗产，结合端午节日传统，挖掘了龙舟文化、饮食文化、佩饰与避疫文化、祭祀及节庆文化、屈原诗歌和爱国主义文化。该县举办的龙舟活动，通过赛事等将屈原故里的品牌形象传颂到全国及海外。

(三) 传统节日旅游资源的均衡发展

1. 以传统节日内涵为核心，活化各地旅游资源

非遗资源有特定的文化内涵与文化属性，我们在考虑文化和旅游融合时，应该首先重视非遗内涵与文化属性的保持，不能因为旅游需要而肆意损耗甚至丢弃非遗的文化内涵。

2. 传统文化传承与旅游娱乐并重

非遗资源转化为旅游资源需要文化资源具有可欣赏的文化特性，这种可欣赏性的文化具有吸引人的外在形态与打动人的内在魅力，所以我们需要认真辨析哪些文化资源具有吸引旅游者的特质。

3. 社会文化发展与经济发展相协调

将非遗资源转化为旅游资源还有一个文化建设与经济发展相协调的原则，

换句话说要能够让非遗资源有利于文化建设，也可以让非遗资源通过旅游策划变成可以获取经济效益的资本。一方面，我们坚决反对单纯追求经济指标，忽视非遗传承特性的滥用。另一方面，文化资源是历史积淀的自然存在，对于它的转化需要资金、技术与多种基础设施与物质条件，没有相当的财力投入是达不到预期目标的。

四、安海镇端午民俗旅游文化节调研分析为例

（一）基本概况

安海镇始建于宋代，位于晋江市西南部，与台湾地区一水相隔，唐宋以来，中原文化、闽越文化与海洋文化在这里交汇融合。它是中国历史文化名镇，是闽南物质文化遗产与非物质文化遗产的富集地，是泉州唯一入选中国综合竞争力百强榜乡镇。它用一港一桥一寺一塔一院一街来述说自己的"海丝"传奇。近年来，安海镇依托着千年积淀下来的文化渊源，丰厚的文化底蕴，打造以传统节日文化为主体的乡村文化旅游产业，来提高安海镇的知名度、美誉度，提升文化和旅游的吸引力和影响力。本文以安海镇端午民俗旅游文化节为调研对象，深入安海镇进行实地调研。

（二）发展现状

近年来，安海镇整合社会资源，持续提升元宵、端午、中秋"三大节庆"品牌。以晋江市（安海）两岸端午民俗旅游文化节为例，截至 2022 年，该活动已经举办九届，被纳入海峡论坛，是海峡两岸同根同源的活态传承，凝聚着同风同俗的亲和力，共吸引海内外百万人次的关注，或现场参与，或线上观看。据统计，截至 2022 年，安海传统习俗被列为非遗保护名录项目有 11 个，其中国家级 1 个（安海端午"嗦啰嗹"习俗）；市级以上文物保护单位有 17 处，其中国家级重点文物保护单位有 2 处。该活动成为安海镇对外宣传的重要媒介。央视《记住乡愁》等栏目播出专题，向海内外推介安海，安海的知名度、美誉度不断提升，吸引了大量的游客，带动了全镇的经济发展。

（三）发展优势

第一，适中的区位优势是发展乡村旅游的良好条件。安海镇地处晋江市

西南部，属闽南核心三角地区厦门、泉州、漳州的腹地，既是著名侨乡，也是经济重镇。安海产业多元，名企众多，成为"品牌之都"晋江的总部集中区和重要制造基地。它又是"海丝"的起点，拥有"两横三纵"的路网格局，而且随着城乡公交一体化的步伐加速推进，途经安海的线路已有多条；重要道路节点的交通提升和农村道路建设，有力构筑了安海大交通的区位优势。

第二，淳朴的乡土文化是打造乡村旅游的发展灵魂，非物质文化遗产生产性保护助力乡村振兴。在晋江市民俗旅游文化节中，其端午"嗦啰嗹"习俗已经成为第二批国家非物质文化遗产保护项目。安海古镇时至今日保存得非常完好，沿路踩街表演零距离与游客互动和欣赏，人们抬出供奉的龙王头雕像焚香叩拜，沿路唱着一首闽南人耳熟能详的"嗦啰嗹"歌谣，走街串巷进行采莲活动，既有安海端午习俗"嗦啰嗹"原生态民俗展示，又有艺术加工提炼出来的民间舞蹈"嗦啰嗹"，沿路群众和游客祈求龙王赐福，消灾纳福，祈求国泰民安、风调雨顺，感受安海镇独特的风俗风情，促进传承和发展。

"水上捉鸭"是安海古镇300余年的竞技遗风，已被列为晋江市级非物质文化遗产保护名录，相传是明末郑成功操练水师的遗俗。一根六七米长的圆竹竿，固定在桥墩上，并在上面涂满油脂，末端吊着一个笼子，里面装着一只白色番鸭。选手要赤足走到竹竿尽头去打开鸭笼，番鸭落水并将它抓住即可当作"战利品"免费带回家。这项活动既考验体力，也考验选手的平衡能力，极具挑战性和趣味性。

在安海端午节活动中，也能看到柯派高甲戏的身影。高甲戏是福建五大剧种之一。它孕育于明末清初，被列为第二批国家级物质文化遗产扩展名录，它以丑行表演最具特色，吸引力最强，影响也最大。新编高甲历史剧《浮海孤臣》专场演出在安海端午节活动中呈现，全面展示了高甲戏生、旦、净、末、丑等行当的表演特色。它是当下时代的一种历史回响，有着一种时代意识，一种担当精神，给人思想与艺术的双重震撼和享受，刷新人们对历史、对"海丝"文化的体悟。

此外，"煎堆"是闽南这一带的民间习俗。在闽南地区，端午节前经常下雨，闽南人通过祭祀来祈求老天爷不要再下雨了，于是发明了一道寓意很明确的美食——煎堆。煎成圆形的软饼，像女娲补天一样，堵住雨水，重放天晴，"煎堆补天"也由此而生。在安海，端午节吃"煎堆"不单单只是"补天"，还是纪念屈原的一种形式。

第三，丰富的旅游资源是开发乡村旅游的潜在动力。乡村旅游产品齐全，在端午节文化节时，游客们还可以参观"天下无桥长此桥"的国家 4A 级旅游景区安平桥景区，全国汉传佛教重点寺院——龙山寺，朱松（朱熹之父）捐建的讲学馆所——石井书院，还有安海古镇标志——白塔，等等；还能品尝晋江市第四批非物质文化遗产之一的土笋冻，"古早味"——咸粿仔，中国闽南地区的一种安海镇著名特色小吃——橘红糕，等等。

本文除了对于福建安海镇端午民俗旅游文化节进行调研分析，还对河南内乡县衙立春打春牛、广西"壮族三月三"民族节、湘西芙蓉镇"土家年"、济南市章丘区三德范村正月十五扮玩、河北石家庄井陉县庙会与民俗文化节、安徽省宣城市绩溪县伏岭镇以及龙川村（文化名人的家乡、徽州三雕非遗体验、春节徽剧表演）等多个节庆旅游案例进行调研，按照基本概况、现状与产品模式、优势与不足等多方面，进行案例分析与归纳总结。基于实际调研结果分析，本文形成以传统节日为主体实现乡村文化旅游互融共赢的对策建议。

五、以传统节日为主体实现乡村文化旅游互融共赢的对策建议

文化和旅游的融合，要寻找"内"与"外"的联结。依托文化和旅游的融合，让节日类非遗旅游成为促进地方文化的保护与传承的重要途径，让旅游成为非遗在当代传承的有效载体是可行的。

（一）紧抓民族传统与文化内涵，丰富传统节日内容

文化是节事的根本，因而深挖中华民族传统节日的文化内涵是进行节事旅游产品专业化生产的基础。依据节庆旅游资源中的物质、行为（与制度）及精神文化不同要素，根据一定主题对其文化因子进行深入挖掘，设计科学系统的、丰富多元的、具有鲜明文化特征与文化内涵的节庆旅游产品，这可以形成"以节引人、以节促文、以文兴产"的良性发展。

（二）深度挖掘地域特色，打造节日文化旅游优势品牌

"十四五"时期，诸如故宫、花间堂酒店这样的超级文化和旅游 IP 不断

涌现，传统节日、历史名人、传说故事、文化遗产、旅游景区、特色农产品资源开发将迈入"万物皆可 IP"的新时代。文化和旅游消费将更加注重产品本身的人文内涵和感知体验，文化和旅游品牌 IP 化将成为文化场馆建设、新兴景区开发和文创产品设计的流行趋势[7]。因地制宜地深挖地方节庆资源、旅游资源特征，科学地打造符合区域单元的旅游节庆品牌，最终实现节庆品牌化与可持续化发展。

多元化组合文化产品，让产品形态更丰富。例如，同类旅游资源的组合，像传统与现代节日旅游资源的结合，像节庆旅游中的娱乐游戏资源与文化演出资源的结合等；还可以将节日文化旅游资源与非节日文化旅游资源相结合，如与自然观光资源的结合，将旅游业态进行区域聚集化组合实施。

以文化赋能传统节庆业态，打造围绕乡村传统节庆为核心的旅游体验，可以发展"节日+民宿""节日+非遗展演""节日+文创""节日+美食""节日+美育""节日+休闲养生"等新业态，这都是非常有吸引力的产品业态。

(三) 整合多方资源，开拓区域联动营销

一方面，加强同一区域内的具有相同或相似文化特征的节日资源的整合，实现同一主题下的多地节庆旅游聚集带，从离散型的单一旅游地发展成具有联结关系的节庆旅游路线。另一方面，加强"大旅游"观念下不同区域间的共同相关文化资源的联动开发，形成同一主题下的跨区域、多区域的合作。例如，"广西壮族三月三民族节"全域下近三分之一县市举办相关民族文化推广，大大推动整个广西旅游业的发展。

(四) 打造"文化+旅游+互联网"模式，加强智慧旅游的创新

"文化+旅游+互联网"，融合新技术可以创造出全新的文旅业态，提供全新的消费体验。"云看展""云视听""云旅游"的流行正加速线上文旅消费的发展进程；通过互联网技术，使用大数据方式来对游客喜好进行分析，实行精准销售；利用门票智能预约技术将有效控制文化场馆和景区的客流，提升公共文化和旅游服务的智能化水平；"数字文旅""智慧文旅"建设将成为文化和旅游创新发展的重要手段。

(五) 创新选人用人机制，加大文化和旅游人才的培养引进

人才是资源发展的重要基础，为了让文化和旅游得到进一步发展，需要

对选人用人机制进行创新改革，培养更多优秀的专业化人才，旅游企业应该提供更好的工作环境和晋升机制，吸引更多人才加入其中。本土旅游如果想要更好地发展，需要对旅游从业人员进行定期培训与指导，同时和不同地区的旅游机构展开交流合作，以带薪学习、行业培训等方式为旅游行业培养更多杰出的人才，以此帮助本地旅游业实现又快又好发展。

在进行非物质文化遗产及其资源开发和利用的时候，应该秉承传统节日非遗类文化遗产的真实性、创意性和整体性的保持与继承。借助生产、流通、销售等手段，将非物质文化遗产及其资源转化为文化产品的保护方式，形成"旅游产业+节日文化产业"的产业模式，克服传统的"为了保护而保护"的弊端。以生产性保护的角度发展传统节事活动的文化效益、社会效益与经济效益，实现传统节庆活动在当代的价值最大化，推动乡村文化旅游的发展与振兴，促进我国文化创意经济的蓬勃发展。

参考文献

[1]姚旻，赵爱梅，宁志中.中国乡村旅游政策：基本特征、热点演变与"十四五"展望[J].中国农村经济，2021(5)：13.

[2][3][4][5][6]萧放，周茜茜.文旅融合视阈下节日类非遗传承与非遗资源的开掘利用[J].广西民族大学学报（哲学社会科学版），2021(11)：53-57.

[7]闫祥青."十四五"时期文化和旅游的发展趋势与挑战[J].人文天下，2020(12)：9-13.